崇文国学经典

三国志

史瑞玲 译

微信/抖音扫码查看
- 国学大讲堂
- 经典名句摘抄
- 国学精粹解读

图书在版编目（CIP）数据

三国志 / 史瑞玲译． —— 武汉：崇文书局，2023.4
（崇文国学经典）
ISBN 978-7-5403-7238-5

Ⅰ．①三… Ⅱ．①史… Ⅲ．①《三国志》—译文 Ⅳ．①K236.042

中国国家版本馆CIP数据核字（2023）第053525号

出 品 人	韩 敏
丛书统筹	李慧娟
责任编辑	杨晨宇　何 丹
责任校对	董 颖
装帧设计	甘淑媛
责任印制	李佳超

三国志
SANGUOZHI

出版发行	长江出版传媒　崇文书局
地　　址	武汉市雄楚大街268号C座11层
电　　话	(027)87677133　邮政编码　430070
印　　刷	湖北恒泰印务有限公司
开　　本	880mm×1230mm　1/32
印　　张	7.5
字　　数	181千
版　　次	2023年4月第1版
印　　次	2023年4月第1次印刷
定　　价	38.00元

（如发现印装质量问题，影响阅读，由本社负责调换）

本作品之出版权（含电子版权）、发行权、改编权、翻译权等著作权以及本作品装帧设计的著作权均受我国著作权法及有关国际版权公约保护。任何非我社许可的仿制、改编、转载、印刷、销售、传播之行为，我社将追究其法律责任。

崇 文 国 学 经 典

总　序

现代意义的"国学"概念,是在19世纪西学东渐的背景下,为了保存和弘扬中国优秀传统文化而提出来的。1935年,王缁尘在世界书局出版了《国学讲话》一书,第3页有这样一段说明:"庚子义和团一役以后,西洋势力益膨胀于中国,士人之研究西学者日益众,翻译西书者亦日益多,而哲学、伦理、政治诸说,皆异于旧有之学术。于是概称此种书籍曰'新学',而称固有之学术曰'旧学'矣。另一方面,不屑以旧学之名称我固有之学术,于是有发行杂志,名之曰《国粹学报》,以与西来之学术相抗。'国粹'之名随之而起。继则有识之士,以为中国固有之学术,未必尽为精粹也,于是将'保存国粹'之称,改为'整理国故',研究此项学术者称为'国故学'……"从"旧学"到"国故学",再到"国学",名称的改变意味着褒贬的不同,反映出身处内忧外患之中的近代诸多有识之士对中国优秀传统文化失落的忧思和希望民族振兴的宏大志愿。

从学术的角度看,国学的文献载体是经、史、子、集。崇文书局的这一套国学经典，就是从传统的经、史、子、集中精选出来的。属于经部的，如《诗经》《论语》《孟子》《周易》《大学》《中庸》《左传》；属于史部的，如《史记》《三国志》《资治通鉴》《徐霞客游记》；属于子部的，如《道德经》《庄子》《孙子兵法》《山海经》《黄帝内经》《世说新语》《茶经》《容斋随笔》；属于集部的，如《楚辞》《古诗十九首》《古文观止》。这套书内容丰富，而分量适中。一个希望对中国优秀传统文化有所了解的人，读了这些书，一般说来，犯常识性错误的可能性就很小了。

崇文书局之所以出版这套国学经典，不只是为了普及国学常识，更重要的目的是，希望有助于国民素质的提高。在国学教育中，有一种倾向需要警惕，即把中国优秀的传统文化"博物馆化"。"博物馆化"是 20 世纪中叶美国学者列文森在《儒教中国及其现代命运》中提出的一个术语。列文森认为，中国传统文化在很多方面已经被博物馆化了。虽然中国传统的经典依然有人阅读，但这已不属于他们了。"不属于他们"的意思是说，这些东西没有生命力，在社会上没有起到提升我们生活品格的作用。很多人阅读古代经典，就像参观埃及文物一样。考古发掘出来的珍贵文物，和我们的生命没有多大的关系，和我们的生活没有多大关系，这就叫作博物馆化。"博物馆化"的国学经典是没有现实生命力的。要让国学经典恢复生命力，有效的方法是使之成为生活的一部分。崇文书局之所以坚持经典普及的出版思路，深意在此，期待读者在阅读这些经典时，努力用经典来指导自己的内外生活，努力做一个有高尚的人格境界的人。

国学经典的普及，既是当下国民教育的需要，也是中华民族健康发展的需要。章太炎曾指出，了解本民族文化的过程就是一个接受爱国主义教育的过程："仆以为民族主义如稼穑然，要以史籍所载人物制度、地理风俗之类为之灌溉，则蔚然以兴矣。不然，徒知主义之可贵，而不知民族之可爱，吾恐其渐就萎黄也。"（《答铁铮》）优秀的传统文化中,那些与维护民族的生存、发展和社会进步密切相关的思想、感情,构成了一个民族的核心价值观。我们经常表彰"中国的脊梁",一个毋庸置疑的事实是,近代以前,"中国的脊梁"都是在传统的国学经典的熏陶下成长起来的。所以,读崇文书局的这一套国学经典普及读本,虽然不必正襟危坐,也不必总是花大块的时间,更不必像备考那样一字一句锱铢必较,但保持一种敬重的心态是完全必要的。

期待读者诸君喜欢这套书,期待读者诸君与这套书成为形影相随的朋友。

陈文新

(教育部长江学者特聘教授,武汉大学杰出教授)

崇 文 国 学 经 典

前　言

　　《三国志》记载了从汉末群雄逐鹿至西晋统一的历史,其中主要记载的是魏、蜀、吴三国的兴亡,包括《魏书》三十卷,《蜀书》十五卷,《吴书》二十卷,共计六十五卷。

　　作者陈寿(233—297),字承祚,巴西郡安汉(今四川省南充市)人,早年师从同郡著名学者谯周,曾在蜀汉担任观阁令史、散骑黄门侍郎等职,因不肯屈事宦官黄皓等人而屡遭贬黜。蜀汉灭亡之后,因得到张华和杜预的赏识推荐,先后出任晋朝的著作佐郎、著作郎、治书侍御史等职。

　　陈寿编撰《三国志》之前,魏、吴两国已有史书,官修的有王沈《魏书》和韦昭《吴书》,私修的有鱼豢的《魏略》,这三部书为陈寿编撰《魏书》《吴书》提供了基本材料。蜀汉虽没有官修史书,但因陈寿是蜀人,且是史学家谯周的弟子,早在担任蜀汉观阁令史期间就曾整理编辑过《诸葛亮集》,写过《益都耆旧传》,注意搜集乡邦文献,这为他后来写作《蜀书》提供了有利条件。

《三国志》三书在北宋以后才开始合刻为一书。自问世以来,颇受赞誉,裴松之称其书为"近世之嘉史",《晋书》则称赞陈寿"有良史之才"。

《三国志》与《史记》《汉书》《后汉书》并称为"前四史",是纪传体史书的典范。它继承了《史记》和《汉书》的编撰体例,同时又有所创新,既是一部纪传体的断代史,也是一部纪传体的国别史。

《三国志》三书分立,以曹魏为正统,同时兼顾吴、蜀两个割据政权,这本身就体现了陈寿实事求是的著史态度。陈寿在状写和评价历史人物时,也继承了古代史家的优秀传统,秉笔直书,不虚美,不隐恶,叙事客观,立论公允。他对资料的取舍剪辑比较严谨,文笔简洁流畅,甚得史家之法。

然而需要说明的是,陈寿编撰《三国志》的年代是西晋初年,所依据的原始文献资料毕竟有限。后来,随着新发现的史料逐渐增多,人们感到有必要用这些史料来补充陈寿的原书。于是,到了南朝刘宋时期,便有裴松之出来为《三国志》作注。他的注文旁征博引,在事实的考订和增补上下了很大的功夫。因此,我们在读陈寿原著时,也应该读一读裴松之的注文。

本书选篇所依据的主要标准如下:第一,选取对三国形势发展具有关键意义和重要影响的人物的传记,阅读这些人物传记,有助于我们认识三国历史的概貌。第二,兼顾汉末三国时期不同阶层的历史人物,以求能够比较全面地展示历史风貌。第三,选取叙事生动、文笔优美、可读性较强的篇目;第四,重点关注经常在小说和戏剧中出现的历史人物,他们是国人最感兴趣的,读这些人物传记,有助于认识历史人物的真实面貌。

编者在翻译过程中,力求"信、达、雅",然而限于才力,可能同这个要求还存在一定的距离,祈望读者指正。

魏 书

武帝纪（节选） ………………………………………… 3
董卓传（节选） ………………………………………… 29
袁绍传（节选） ………………………………………… 36
吕布传（节选） ………………………………………… 48
荀彧传（节选） ………………………………………… 59
郭嘉传（节选） ………………………………………… 72
张辽传（节选） ………………………………………… 78
锺会传（节选） ………………………………………… 86
华佗传（节选） ………………………………………… 97

蜀 书

先主传（节选） ………………………………………… 109
诸葛亮传（节选） ……………………………………… 129
关羽传（节选） ………………………………………… 145
张飞传（节选） ………………………………………… 151

马超传（节选） ……………………………………… 155
赵云传（节选） ……………………………………… 159
庞统传（节选） ……………………………………… 162

吴 书

吴主传（节选） ……………………………………… 171
张昭传（节选） ……………………………………… 191
周瑜传（节选） ……………………………………… 199
鲁肃传（节选） ……………………………………… 207
陆逊传（节选） ……………………………………… 217

崇 文 国 学 经 典

武帝纪（节选）

【导读】

　　陈寿所编纂的《三国志》，是有关魏、蜀、吴三个割据政权的一部正史，按理说，三国的历史应该从汉献帝退位、魏文帝曹丕登基写起，而它却是从曹操（被追尊为武帝）写起的，这样处理，一方面，是因为自从董卓之乱尤其是曹操迎汉献帝于许后，汉朝已名存实亡；另一方面，也是因为曹魏的基业实际上是由曹操创立的。陈寿将《武帝纪》冠诸《三国志》之首，是尊重客观历史的一种做法，是优秀史家实事求是精神的体现。

　　陈寿为曹操立传，以帝王本纪的形式状写曹操的一生，但是通篇没有出现后世正史帝王本纪那种流水账式的呆板干瘪的毛病，而是"以传奇笔姿写英雄作用，层层跌宕，字字精神"，诚如旧时评论家李景星在《四史评议》中所说的那样，《武帝纪》"在《三国志》中是最用意文字"。

　　本篇基本按照时间顺序，记述了曹操一生所经历的重大事件，如定黄巾、讨吕布、迎献帝、战官渡、征乌丸、平关中等，都是作为重点来记述的。通过这些重大历史事件，我们可以窥见曹操作为一代政治家、军事家的鲜明个性、熠熠风采，以及无与伦比的文韬武略和赫赫功业。

　　当然，本文在状写大事的同时，也适当穿插了一些逸闻趣事，并且收录了曹操的一些教令，这使整篇传记内容更加充实饱满，人物更加有血有肉。

【原文】

太祖武皇帝，沛国谯人也，姓曹，讳操，字孟德，汉相国参之后。桓帝世，曹腾为中常侍大长秋，封费亭侯。养子嵩嗣，官至太尉，莫能审其生出本末。嵩生太祖。

太祖少机警，有权数，而任侠放荡，不治行业，故世人未之奇也；惟梁国桥玄、南阳何颙异焉。玄谓太祖曰："天下将乱，非命世之才不能济也，能安之者，其在君乎！"年二十，举孝廉为郎，除洛阳北部尉，迁顿丘令，征拜议郎。

光和末，黄巾起。拜骑都尉，讨颍川贼。迁为济南相，国有十余县，长吏多阿附贵戚，赃污狼藉，于是奏免其八；禁断淫祀，奸宄逃窜，郡界肃然。久之，征还为东郡太守；不就，称疾归乡里。

顷之，金城边章、韩遂杀刺史郡守以叛，众十余万，天下骚动。征太祖为典军校尉。会灵帝崩，太子即位，太后临朝。大将军何进与袁绍谋诛宦官，太后不听。进乃召董卓，欲以胁太后，卓未至而进见杀。卓到，废帝为弘农王而立献帝，京都大乱。卓表太祖为骁骑校尉，欲与计事。太祖乃变易姓名，间行东归。出关，过中牟，为亭长所疑，执诣县，邑中或窃识之，为请得解。卓遂杀太后及弘农王。太祖至陈留，散家财，合义兵，将以诛卓。冬十二月，始起兵于己吾，是岁中平六年也。

初平元年春正月，后将军袁术、冀州牧韩馥、豫州刺史孔伷、兖州刺史刘岱、河内太守王匡、勃海太守袁绍、陈留太守张邈、东郡太守桥瑁、山阳太守袁遗、济北相鲍信同时俱起兵，众各数万，推绍为盟主。太祖行奋武将军。

二月，卓闻兵起，乃徙天子都长安。卓留屯洛阳，遂焚宫室。是时绍屯河内，邈、岱、瑁、遗屯酸枣，术屯南阳，伷屯颍川，馥在邺。卓兵强，绍等莫敢先进。太祖曰："举义兵以诛暴乱，大众已合，诸君何疑？向使董卓闻山东兵起，倚王室之重，据二周之险，东向以临天下；虽以无道行之，犹足为患。今焚烧宫室，劫迁天子，海内震动，不知所归，此天亡之时也。一战而天下定矣，不可失也。"遂引兵西，将据成皋。邈遣将卫兹分兵随太祖。到荥阳汴水，遇卓将徐荣，与战不利，士卒死伤甚多。太祖为流矢所中，所乘马被创，从弟洪以马与太祖，得夜遁去。

太祖到酸枣，诸军兵十余万，日置酒高会，不图进取。太祖责让之，因为谋曰："诸君听吾计，使勃海引河内之众临孟津，酸枣诸将守成皋，据敖仓，塞轘辕、太谷，全制其险；使袁将军率南阳之军军丹、析，入武关，以震三辅：皆高垒深壁，勿与战，益为疑兵，示天下形势，以顺诛逆，可立定也。今兵以义动，持疑而不进，失天下之望，窃为诸君耻之！"邈等不能用。

袁绍与韩馥谋立幽州牧刘虞为帝，太祖拒之。绍又尝得一玉印，于太祖坐中举向其肘，太祖由是笑而恶焉。

二年春,绍、馥遂立虞为帝,虞终不敢当。

夏四月,卓还长安。

秋七月,袁绍胁韩馥,取冀州。绍表太祖为东郡太守,治东武阳。

三年夏四月,司徒王允与吕布共杀卓。

青州黄巾众百万入兖州,杀任城相郑遂,转入东平。刘岱欲击之,鲍信谏,岱不从,遂与战,果为所杀。信乃与州吏万潜等至东郡迎太祖领兖州牧。遂进兵击黄巾于寿张东。信力战斗死,仅而破之。购求信丧不得,众乃刻木如信形状,祭而哭焉。追黄巾至济北。乞降。冬,受降卒三十余万,男女百余万口,收其精锐者,号为青州兵。

四年夏,下邳阙宣聚众数千人,自称天子;徐州牧陶谦与共举兵,取泰山华、费,略任城。秋,太祖征陶谦,下十余城,谦守城不敢出。

兴平元年春,太祖自徐州还。初,太祖父嵩,去官后还谯,董卓之乱,避难琅邪,为陶谦所害,故太祖志在复仇东伐。夏,使荀彧、程昱守鄄城,复征陶谦,拔五城,遂略地至东海。还过郯,谦将曹豹与刘备屯郯东,要太祖。太祖击破之,遂攻拔襄贲,所过多所残戮。

会张邈与陈宫叛迎吕布,郡县皆应。荀彧、程昱保鄄城,范、东阿二县固守,太祖乃引军还。布到,攻鄄城不能下,西屯濮阳。太祖曰:"布一旦得一州,不能据东平,断亢父、泰山之道乘险要我,而乃屯濮阳,吾知其无能为也。"遂进军攻之。布出兵战,先以骑犯青州兵。

青州兵奔,太祖阵乱,驰突火出,坠马,烧左手掌。司马楼异扶太祖上马,遂引去。未至营止,诸将未与太祖相见,皆怖。太祖乃自力劳军,令军中促为攻具,进复攻之,与布相守百余日。蝗虫起,百姓大饿,布粮食亦尽,各引去。

是岁,谷一斛五十余万钱,人相食,乃罢吏兵新募者。陶谦死,刘备代之。

二年春,袭定陶,未拔。会吕布至,又击破之。夏,布复从东缗与陈宫将万余人来战,时太祖兵少,设伏,纵奇兵击,大破之。布夜走,太祖复攻,拔定陶,分兵平诸县。布东奔刘备,张邈从布,使其弟超将家属保雍丘。秋八月,围雍丘。

冬十月,天子拜太祖兖州牧。

是岁,长安乱,天子东迁。

建安元年春,太祖将迎天子,诸将或疑,荀彧、程昱劝之,乃遣曹洪将兵西迎,卫将军董承与袁术将苌奴拒险,洪不得进。

秋七月,杨奉、韩暹以天子还洛阳,奉别屯梁。太祖遂至洛阳,卫京都,暹遁走。天子假太祖节钺,录尚书事。洛阳残破,董昭等劝太祖都许。九月,车驾出辗辕而东,以太祖为大将军,封武平侯。自天子西迁,朝廷日乱,至是宗庙社稷制度始立。

冬十月,以袁绍为太尉,绍耻班在公下,不肯受。公乃固辞,以大将军让绍。天子拜公司空,行车骑将军。是岁用枣祗、韩浩等议,始兴屯田。

吕布袭刘备,取下邳。备来奔。程昱说公曰:"观刘备有雄才而甚得众心,终不为人下,不如早图之。"公曰:"方今收英雄时也,杀一人而失天下之心,不可。"

三年春三月,公围张绣于穰。夏五月,刘表遣兵救绣,以绝军后。公将引还,绣兵来追,公军不得进,连营稍前。公与荀彧书曰:"贼来追吾,虽日行数里,吾策之,到安众,破绣必矣。"到安众,绣与表兵合守险,公军前后受敌。公乃夜凿险为地道,悉过辎重,设奇兵。会明,贼谓公为遁也,悉军来追。乃纵奇兵步骑夹攻,大破之。秋七月,公还许。荀彧问公:"前以策贼必破,何也?"公曰:"虏遏吾归师,而与吾死地战,吾是以知胜矣。"

九月,公东征布。冬十月,屠彭城。进至下邳,布自将骑逆击。大破之,获其骁将成廉。追至城下,布恐,欲降。陈宫等沮其计,求救于术,劝布出战,战又败,乃还固守,攻之不下。时公连战,士卒罢,欲还,用荀攸、郭嘉计,遂决泗、沂水以灌城。月余,布将宋宪、魏续等执陈宫,举城降,生禽布、宫,皆杀之。

初,公为兖州,以东平毕谌为别驾。张邈之叛也,邈劫谌母弟妻子;公谢遣之,曰:"卿老母在彼,可去。"谌顿首无二心,公嘉之,为之流涕。既出,遂亡归。及布破,谌生得,众为谌惧,公曰:"夫人孝于其亲者,岂不亦忠于君乎!吾所求也。"以为鲁相。

四年春二月,张杨将杨丑杀杨,眭固又杀丑,以其众属袁绍,屯射犬。夏四月,进军临河,使史涣、曹仁渡河击之。固使杨故长史薛洪、河内太守缪尚留守,自将兵北迎绍求救,与涣、仁相遇犬城。交战,大破之,斩固。公遂济河,围射犬。洪、尚率众降。以魏种为河内太守,属以河北事。

初,公举种孝廉。兖州叛,公曰:"唯魏种且不弃孤也。"及闻种走,公怒曰:"种不南走越、北走胡,不置汝也!"既下射犬,生禽种,公曰:"唯其才也!"释其缚而用之。

是时袁绍既并公孙瓒,兼四州之地,众十余万,将进军攻许。诸将以为不可敌,公曰:"吾知绍之为人,志大而智小,色厉而胆薄,忌克而少威,兵多而分画不明,将骄而政令不一,土地虽广,粮食虽丰,适足以为吾奉也。"秋八月,公进军黎阳,使臧霸等入青州破齐、北海、东安,留于禁屯河上。九月,公还许,分兵守官渡。冬十一月,张绣率众降,封列侯。十二月,公军官渡。

袁术自败于陈,稍困,袁谭自青州遣迎之。术欲从下邳北过,公遣刘备、朱灵要之。会术病死。程昱、郭嘉闻公遣备,言于公曰:"刘备不可纵。"公悔,追之不及。备之未东也,阴与董承等谋反,至下邳,遂杀徐州刺史车胄,举兵屯沛。遣刘岱、王忠击之,不克。

五年春正月,董承等谋泄,皆伏诛。公将自东征备,诸将皆曰:"与公争天下者,袁绍也。今绍方来而弃之东,绍乘人后,若何?"公曰:"夫刘备,人杰也,今不击,必为后患。袁绍虽有大志,而见事迟,必不动也。"郭嘉亦劝公,遂东击备,破之,生禽其将夏侯博。备走奔绍,获其妻子。备将关羽屯下邳,复进攻之,羽降。昌豨叛为备,又攻破之。公还官渡,绍卒不出。

二月,绍遣郭图、淳于琼、颜良攻东郡太守刘延于白马,绍引兵至黎阳,将渡河。夏四月,公北救延。荀攸说公曰:"今兵少不敌,分其势乃可。公到延津,若将渡兵向其后者,绍必西应之,然后轻兵袭白马,掩其不备,颜良可禽也。"公从之。绍闻兵渡,即分兵西应之。公乃引军兼行趣白马,未至十余里,良大惊,来逆战。使张辽、关羽前登,击破,斩良。遂解白马围,徙其民,循河而西。绍于是渡河追公军,至延津南。公勒兵驻营南阪下,使登垒望之,曰:"可五六百骑。"有顷,复白:"骑稍多,步兵不可胜数。"公曰:"勿复白。"乃令骑解鞍放马。是时,白马辎重就道。诸将以为敌骑多,不如还保营。荀攸曰:"此所以饵敌,如何去之!"绍骑将文丑与刘备将五六千骑前后至。诸将复白:"可上马。"公曰:"未也。"有顷,骑至稍多,或分趣辎重。公曰:"可矣。"乃皆上马。时骑不满六百,遂纵兵击,大破之,斩丑。良、丑皆绍名将也,再战,悉禽,绍军大震。公还军官渡。绍进保阳武。关羽亡归刘备。

八月,绍连营稍前,依沙塠为屯,东西数十里。公亦分营与相当,合战不利。时公兵不满万,伤者十二三。绍复进临官渡,起土山地道。公亦于内作之,以相应。绍射营中,矢如雨下,行者皆蒙楯,众大惧。时公粮少,与荀彧书,议欲还许。彧以为"绍悉众聚官渡,欲与公决胜败。公以至弱当至强,若不能制,必为所乘,是天下之大机也。且绍,布衣之雄耳,能聚人而不能用。夫以公之神武明哲而辅以大顺,何向而不济!"公从之。

袁绍运谷车数千乘至,公用荀攸计,遣徐晃、史涣邀击,大破之,尽烧其车。公与绍相拒连月,虽比战斩将,然众少粮尽,士卒疲乏。公谓运者曰:"却十五日为汝破绍,不复劳汝矣。"冬十月,绍遣车运谷,使淳于琼等五人将兵万余人送之,宿绍营北四十里。绍谋臣许攸贪财,绍不能足,来奔,因说公击琼等。左右疑之,荀攸、贾诩劝公。公乃留曹洪守,自将步骑五千人夜往,会明至。琼等望见公兵少,出陈门外。公急击之,琼退保营,遂攻之。绍遣骑救琼。左右或言"贼骑稍近,请分兵拒之"。公怒曰:"贼在背后,乃白!"士卒皆殊死战,大破琼等,皆斩之。绍初闻公之击琼,谓长子谭曰:"就彼攻琼等,吾攻拔其营,彼固无所归矣!"乃使张郃、高览攻曹洪。郃等闻琼破,遂来降。绍众大溃,绍及谭弃军走,渡河。追之不及,尽收其辎重图书珍宝,虏其众。公收绍书中,得许下及军中人书,皆焚之。

六年九月,公还许。

七年春正月,公军谯。绍自军破后,发病呕血,夏五月死。小子尚代,谭自号车骑将军,屯黎阳。

九年春二月,公攻邺。秋七月,尚走中山。八月,邺定。公临祀绍墓,哭之流涕。

初,绍与公共起兵,绍问公曰:"若事不辑,则方面何所可据?"公曰:"足下意以为何如?"绍曰:"吾南据河,北阻燕、代,兼戎狄之众,南向以争天下,庶可以济乎?"公曰:"吾任天下之智力,以道御之,无所不可。"

九月,令曰:"河北罹袁氏之难,其令无出今年租赋!"重豪强兼并之法,百姓喜悦。天子以公领冀州牧,公让还兖州。

十年春正月,攻谭,破之,斩谭,诛其妻子,冀州平。下令曰:"其与袁氏同恶者,与之更始。"令民不得复私仇,禁厚葬,皆一之于法。是月,熙、尚奔三郡乌丸。

初讨谭时,民亡椎冰,令不得降。顷之,亡民有诣门首者,公谓曰:"听汝则违令,杀汝则诛首,归深自藏,无为吏所获。"民垂泣而去;后竟捕得。

九月,令曰:"阿党比周,先圣所疾也。闻冀州俗,父子异部,更相毁誉。昔直不疑无兄,世人谓之盗嫂;第五伯鱼三娶孤女,谓之挝妇翁;王凤擅权,谷永比之申伯;王商忠议,张匡谓之左道:此皆以白为黑,欺天罔君者也。吾欲整齐风俗,四者不除,吾以为羞。"

十一年,三郡乌丸承天下乱,破幽州,略有汉民合十余万户。袁绍皆立其酋豪为单于,以家人子为己女,妻焉。辽西单于蹋顿尤强,为绍所厚,故尚兄弟归之,数入塞为害。

十二年春,将北征三郡乌丸,诸将皆曰:"袁尚,亡虏耳,夷狄贪而无亲,岂能为尚用?今深入征之,刘备必说刘表以袭许。万一为变,事不可悔。"惟郭嘉策表必不能任备,劝公行。夏五月,至无终。秋七月,大水,傍海道不通,田畴请为乡导,公从之。引军出卢龙塞,塞外道绝不通,乃堑山堙谷五百余里,经白檀,历平冈,涉鲜卑庭,东指柳城。未至二百里,虏乃知之。尚、熙与蹋顿、辽西单于楼班、右北平单于能臣抵之等将数万骑逆军。八月,登白狼山,卒与虏遇,众甚盛。公车重在后,被甲者少,左右皆惧。公登高,望虏阵不整,乃纵兵击之,使张辽为先锋,虏众大崩,斩蹋顿及名王已下,胡、汉降者二十余万口。辽东单于速仆丸及辽西、北平诸豪，弃其种人，与尚、熙奔辽东，众尚有数千骑。初，辽东太守公孙康恃远不服。及公破乌丸，或说公遂征之，尚兄弟可禽也。公曰："吾方使康斩送尚、熙首，不烦兵矣。"九月，公引兵自柳城还，康即斩尚、熙及速仆丸等，传其首。诸将或问："公还而康斩送尚、熙，何也？"公曰："彼素畏尚等，吾急之则并力，缓之则自相图，其势然也。"

十三年春正月，公还邺，作玄武池以肄舟师。汉罢三公官，置丞相、御史大夫。夏六月，以公为丞相。

秋七月，公南征刘表。八月，表卒，其子琮代，屯襄阳，刘备屯樊。九月，公到新野，琮遂降，备走夏口。公进军江陵，下令荆州吏民，与之更始。十二月，公自江陵征备，至赤壁，与备战，不利。于是大疫，吏士多死者，乃引军还。备遂有荆州、江南诸郡。

十五年春，下令曰："自古受命及中兴之君，曷尝不得贤人君子与之共治天下者乎！及其得贤也，曾不出闾巷，岂幸相遇哉？上之人不求之耳。今天下尚未定，此特求贤之急时也。若必廉士而后可用，则齐桓其何以霸世！今天下得无有被褐怀玉而钓于渭滨者乎？又得无盗嫂受金而未遇无知者乎？二三子其佐我明扬仄陋，唯才是举，吾得而用之。"冬，作铜雀台。

十六年春正月，太原商曜等以大陵叛，遣夏侯渊、徐晃围破之。张鲁据汉中，三月，遣锺繇讨之。公使渊等出河东与繇会。

是时关中诸将疑繇欲自袭，马超遂与韩遂、杨秋、李堪、成宜等叛。遣曹仁讨之。超等屯潼关，公敕诸将："关西兵精悍，坚壁勿与战。"秋七月，公西征，与超等夹关而军。公急持之，而潜遣徐晃、朱灵等夜渡蒲阪津，据河西为营。公自潼关北渡，未济，超赴船急战。校尉丁斐因放牛马以饵贼，贼乱取牛马，公乃得渡，循河为甬道而南。贼退，拒渭口，公乃多设疑兵，潜以舟载兵入渭，为浮桥，夜，分兵结营于渭南。贼夜攻营，伏兵击破之。超等屯渭南，遣信求割河以西请和，公不许。九月，进军渡渭。超等数挑战，又不许；固请割地，求送任子，公用贾诩计，伪许之。韩遂请与公相见，公与遂父同岁孝廉，又与遂同时侪辈，于是交马语移时，不及军事，但说京都旧故，拊手欢笑。既罢，超等问遂："公何言？"遂曰："无所言也。"超等疑之。他日，公又与遂书，多所点窜，如遂改定者；超等愈疑遂。公乃与克日会战，先以轻兵挑之，战良久，乃纵虎骑夹击，大破之，斩成宜、李堪等。遂、超等走凉州，杨秋奔安定，关中平。

始，贼每一部到，公辄有喜色。贼破之后，诸将问其故。公答曰："关中长远，若贼各依险阻，征之，不一二年不可定也。今皆来集，其众虽多，莫相归服，军无适主，一举可灭，为功差易，吾是以喜。"

十八年夏五月丙申，天子使御史大夫郗虑持节策命公为魏公。秋七月，始建魏社稷宗庙。

十九年冬十一月，汉皇后伏氏坐昔与父故屯骑校尉完书，云帝以董承被诛怨恨公，辞甚丑恶，发闻，后废黜死，兄弟皆伏法。

二十年春正月,天子立公中女为皇后。

二十一年夏五月,天子进公爵为魏王。

二十三年夏六月,令曰:"古之葬者,必居瘠薄之地。其规西门豹祠西原上为寿陵,因高为基,不封不树。其公卿大臣列将有功者,宜陪寿陵,其广为兆域,使足相容。"

二十五年春正月庚子,王崩于洛阳,年六十六。谥曰武王。二月丁卯,葬高陵。

评曰:汉末,天下大乱,雄豪并起,而袁绍虎视四州,强盛莫敌。太祖运筹演谋,鞭挞宇内,揽申、商之法术,该韩、白之奇策,官方授材,各因其器,矫情任算,不念旧恶,终能总御皇机,克成洪业者,惟其明略最优也。抑可谓非常之人,超世之杰矣。

【译文】

太祖武皇帝,沛国谯县人。姓曹,名操,字孟德,是西汉初年相国曹参的后裔。汉桓帝的时候,曹腾任中常侍大长秋,被封为费亭侯。曹腾死后,养子曹嵩继承爵位,官至太尉,没有人清楚他的身世。曹嵩生太祖。

太祖小时候就机警过人,精于权术,而且仗义行侠,放荡不羁,不务正业,所以世人并不看重他。只有梁国桥玄与南阳何颙认为他非同常人。桥玄对太祖说:"天下将要大乱,不是天纵奇才是不能济世安民的,能安定天下的,就是你啊!"二十岁那年,太祖被推举为孝廉,做了郎官,随后出任洛阳北部尉,升迁为顿丘令,又被征召入朝任议郎。

灵帝光和末年,黄巾军造反。太祖被任命为骑都尉,征讨颍川黄巾军。不久升迁为济南国相,济南国辖有十几个县,官员大多巴结攀附权贵外戚,贪赃枉法,声名狼藉。太祖到任后,奏请朝廷,将他们之中八成的人给免职了。还禁止一切不合礼制的祭祀活动,使坏人纷纷逃窜,济南地界风气端正,秩序井然。过了很久,被征还京师,调任东郡太守,太祖没有就职,推托有病,返回故乡。

不久,金城的边章、韩遂杀害刺史和郡守,举兵反叛,部众有十多万人,天下为之骚动。朝廷征召太祖为典军校尉。时值灵帝去世,太子即位,太后临朝听政。大将军何进与袁绍合谋要诛杀宦官,太后不同意。何进于是召董卓进京,企图胁迫太后诛杀宦官,可是,董卓还没有抵达京师,何进就被宦官杀了。董卓到了京师,废黜皇帝为弘农王,而改立献帝,京师大乱。董卓上表举荐太祖做骁骑校尉,想与太祖一起计议大事。太祖于是改姓易名,抄小路东返。出了虎牢关,经过中牟县,引起一名亭长的怀疑,被押送到县衙,县里有人暗中认出了太祖,替太祖求情,使太祖得以脱身。不久董卓杀害了太后和弘农王。太祖到达陈留,散尽家产,招募义兵,准备用来讨伐董卓。十二月,在己吾县起兵,这一年是中平六年(189年)。

献帝初平元年(190年)春正月,后将军袁术、冀州牧韩馥、豫州刺史孔伷、兖州刺史刘岱、河内太守王匡、勃海太守袁绍、陈留太守张邈、东郡太守桥瑁、山阳太守袁遗、济北相鲍信同时起兵,各拥有数万兵众,共同推举袁绍为盟主。太祖暂任奋武将军。

二月,董卓闻知州郡起兵,立即挟持天子迁都长安。董卓留守洛阳,焚毁宫室。此时,袁绍屯驻河内,张邈、刘岱、桥瑁、袁遗屯驻酸枣,袁术屯驻南阳,孔伷屯驻颍川,韩馥仍留在邺县。董卓兵强马壮,袁绍等没人敢率先出兵。太祖说:"我们举义起兵是为了诛暴除乱,现在各路大军已经会合,诸位还犹豫什么?如果董卓听说太行山以东地区起兵,凭着王室的权威,据守长安和洛阳一带的险关要镇,然后东进控制天下,那么,尽管他的行为是不合乎道义的,仍足以危害天下。现在,他焚烧宫室,胁迫天子西迁,天下震动,人民不知将归附谁,这正是上天要灭亡他的时候。只要一战就能安定天下,机不可失呀!"于是率自己的军队西进,准备占据成皋。张邈派部将卫兹带领一部兵力与太祖同行。到达荥阳城外的汴水岸边,遇到董卓的部将徐荣,与徐荣交战,失利,士兵伤亡很多。太祖被流箭射中,坐骑也受了伤,堂弟曹洪把自己的坐骑给了太祖,太祖才得以连夜逃去。

太祖回到酸枣,各路义兵共有十多万人,天天设宴聚会,不思进取。太祖责备他们,并献计说:"诸位请接受我的方案,请勃海太守带领河内的义军直扑孟津,酸枣诸将进驻成皋,占据敖仓,封锁镮辕关和太谷关,牢牢控制住以上险关要塞;请袁将军率领南阳方面的各路义军进驻丹水、析县,杀入武关,以震慑三辅地区。各军都高筑城垒,深挖壕沟,不与敌人交锋,再多设疑兵,让天下人知道我们兴义兵以除暴乱的形势,以顺诛逆,胜利就会指日可待。现在为道义而起兵,却迟疑观望而不敢前进,让天下百姓失望,在下很替诸位感到羞耻。"张邈等人却没有采纳太祖的建议。

袁绍与韩馥合谋欲立幽州牧刘虞为帝,太祖坚决反对。袁绍曾经弄到一枚玉印,在座席上手握玉印触了触太祖的胳膊肘,太祖只是笑笑。从此,太祖开始鄙视袁绍的为人。

初平二年(191年)春,袁绍、韩馥拥立刘虞为帝,刘虞始终不敢就皇帝位。

四月,董卓返回长安。

七月,袁绍胁迫韩馥,夺得了冀州。袁绍上表举荐太祖为东郡太守,治所设在东武阳县。

初平三年(192年)夏四月,司徒王允与吕布一起杀掉董卓。

青州黄巾军一百多万人进入兖州,杀死任城相郑遂,辗转进入东平。兖州刺史刘岱打算进攻黄巾军,济北相鲍信劝谏,刘岱不听,于是与黄巾军交战,结果被黄巾军杀害。鲍信与州吏万潜等人前往东郡迎接太祖代理兖州牧。太祖于是进军,在寿张县东攻击黄巾军。鲍信奋力拼杀直到战死,才勉强将黄巾军打败。太祖悬赏寻找鲍信的尸首,却没有找到,众人就照鲍信的形貌刻了个木头人,太祖对着木头人祭奠痛哭。接着他率军追击黄巾军到济北。黄巾军向太祖求降。入冬,太祖接收黄巾军降卒三十多万人,百姓一百多万人,收编黄巾军的精锐,号称青州兵。

初平四年(193年)夏,下邳人阙宣聚众数千人,自称天子;徐州牧陶谦与阙宣联合,一起举兵,攻占泰山郡的华县与费县,夺取任城。秋,太祖征讨陶谦,连克十多座城邑,陶谦固守城池,不敢出战。

兴平元年(194年)春,太祖从徐州回师。当初,太祖的父亲曹嵩卸任后返回老家谯县,董卓之乱时避难于琅邪,被陶谦杀害,所以太祖志在报仇,东征陶谦。这年夏天,太祖让荀彧、程昱坚守鄄城,而自己再次征讨陶谦,拿下五座城邑,于是攻占的地盘延伸到东海郡。太祖回师经过郯县,陶谦的部将曹豹和刘备在郯县以东驻军,阻击太祖。太祖打败了他们,又顺利攻取襄贲,太祖军队所到之处大肆屠杀。

适值张邈与陈宫反叛并迎奉吕布,兖州各郡县纷纷响应。荀彧、程昱坚守鄄城,范县、东阿也据城自守,太祖于是带兵赶回。吕布到达兖州,攻打鄄城,没有得手,就移军西屯濮阳。太祖说:"吕布一个早晨就得到一州之地,却不能占据东平,扼断亢父、泰山的通道,凭借险要地势来阻击我,反倒要屯守濮阳,凭这一点我就知道他不会有什么作为。"于是进军攻打吕布。吕布出兵迎战,先以骑兵侵犯青州兵,青州兵溃退,太祖阵脚大乱拍马而走,冲出火阵,不小心跌落马下,烧伤了左手掌。司马楼异搀扶太祖上马,才得以逃脱。太祖回到军营之前,诸将没有见到太祖,都很恐慌。太祖便强撑着身体,亲自慰劳军队,下令军中加紧准备攻城器械,然后再次进兵攻打吕布,与吕布对峙了一百多天。这时发生了蝗灾,百姓大闹饥荒,吕布军中的粮食也吃尽了,因此双方各自撤出战场。

这一年,一斛谷子价格高达五十多万钱,甚至出现了人吃人的惨象,太祖于是遣散了刚刚招募来的官兵。也是在这一年,陶谦去世,刘备接替他做徐州牧。

兴平二年(195年)春,太祖袭击定陶而没有得手。恰好吕布赶来,被太祖打退。夏天,吕布又与陈宫率领一万多兵马从东缗卷土重来,当时太祖兵少,于是布设伏兵,发动奇兵出击,大破敌军。吕布连夜逃走,太祖乘胜追击,攻克定陶,然后分兵平定各县。吕布向东投奔刘备,张邈跟随了吕布,让其弟张超将家属安置于雍丘。秋八月,太祖围攻雍丘。

十月,天子任命太祖为兖州牧。

这一年,长安大乱,天子东迁洛阳。

建安元年(196年)春,太祖准备迎接天子,诸将中有人心怀疑虑,荀彧、程昱极力劝说,太祖于是派遣曹洪带兵西迎天子,卫将军董承与袁术的部将苌奴封锁险要要塞,曹洪无法前进。

秋七月,杨奉、韩暹护送天子返回洛阳,杨奉另外派兵屯守梁县。太祖见状,火速赶赴洛阳,守护京师,韩暹逃走。天子授予太祖符节与黄钺,总领尚书职事。鉴于洛阳满目疮痍,董昭等人劝太祖迁都许县。九月,天子出镮辕关东进,任命太祖为大将军,封武平侯。自从天子西迁长安,朝廷日益混乱,至此,国家的各项制度才得以恢复。

冬十月,天子任命袁绍为太尉,袁绍以职位在曹公之下而感到羞耻,不肯接受。曹公于是坚决辞谢,把大将军之职让给了袁绍。天子改授曹公司空,让他暂任车骑将军。这一年,曹公还采纳枣祗、韩浩等人的建议,开始屯田。

吕布偷袭刘备,夺占了下邳。刘备前来投奔。程昱劝曹公说:"我看刘备有雄才大略,又得人心,终究是不肯甘居人下的,不如及早杀掉他。"曹公说:"现在正是收揽英雄的时候,杀掉一个人而失去天下的人心,不能那样做。"

建安三年(198年)春三月,曹公围攻张绣于穰县。夏五月,刘表派兵救援张绣,断绝曹公的退路。曹公即将撤退,张绣出兵穷追不舍,曹公的军队在撤退途中行进困难,只得步步为营,慢慢向许都方向推进。曹公在给荀彧的书信中写道:"贼兵来追我,我军虽然日行数里,但我谋划了一下,抵达安众时击破张绣还是很有把握的。"退到安众,张绣与刘表的军队共同占据险要地势,曹公的军队前后受敌。曹公便连夜在无法通行的险要之处开凿了一条地下通道,将辎重全部运送过去,同时布置下伏兵。天刚亮,敌人还以为曹公逃跑了,就全部出动追赶。这时,曹公发动埋伏的步兵、骑兵,左右夹攻,大败敌军。秋七月,曹公回到许都,荀彧问道:"此前您预测敌军必败无疑,有什么依据呢?"曹公答道:"敌人拦截我们撤退的军队,将我们逼入绝境,而后同我军作战,因此可以料定我军必胜。"

九月,曹公东征吕布。冬十月,攻克彭城,并大肆屠戮。后进抵下邳,吕布亲自率领骑兵迎战。曹公大败吕布,俘获其骁将成廉。大军追至城下,吕布害怕,想要投降。陈宫等人阻止他,劝他向袁术求救,同时出城迎战,结果又被打败,于是吕布回到城内固守,曹公攻城,没有攻下。当时,曹公因连续作战,士卒疲惫不堪,便想要撤军,于是采用荀攸、郭嘉的计策,决开泗水、沂水淹城。一个多月过后,吕布的部将宋宪、魏续等人抓住陈宫,举城投降,曹公活捉吕布、陈宫二人,把他们都杀了。

当初,曹公任兖州牧时,让东平人毕谌做州别驾。张邈反叛后,劫持毕谌的母亲、弟弟以及妻子儿女;曹公打发毕谌去与亲人团聚,说:"您的老母亲在张邈那里,您可以离开我。"毕谌叩头表示别无二心,曹公称赏他,被感动得流下了眼泪。可是毕谌离开曹公以后,马上就逃到张邈那边去了。吕布被打败的时候,毕谌也被活捉,大家都替毕谌捏着一把汗,而曹公却说:"一个人能孝敬自己的父母,难道不是也能效忠自己的君主吗?这正是我所需要的人啊!"于是就让他出任鲁相。

建安四年(199年)春二月,张杨的部将杨丑杀了张杨,他的另一名部将眭固又杀了杨丑,带领部下归附袁绍,驻扎在射犬。夏四月,曹军进抵黄河岸边,曹公派史涣和曹仁带兵渡过黄河进攻眭固。眭固命令张杨过去的长史薛洪和河内太守缪尚原地驻防,自己带领军队北行,迎接袁绍并请求他出兵救援,不料和史涣、曹仁的军队在犬城遭遇。两军交战,曹军大胜,斩杀了眭固。于是曹公渡过黄河,包围射犬。薛洪、缪尚率城内兵民投降。曹公任命魏种为河内太守,将黄河以北的地区都委托给他治理。

当初,曹公举荐魏种为孝廉。兖州叛乱后,曹公说:"只有魏种是不会背叛我的。"待到听说魏种也叛逃了,曹公大怒道:"只要魏种你不南逃百越,北窜胡地,我就饶不了你!"攻下射犬后,活捉了魏种,曹公说:"只因他是个人才啊!"随即给他松绑,任用他做河内太守。

这时,袁绍已经兼并了公孙瓒,兼有冀、青、幽、并四州之地,拥有十多万大军,打算进军攻打许都。诸将认为袁绍是不可抵挡的,曹公却分析道:"我最了解袁绍的为人,志大却少谋,外强中干,猜忌刻薄,没有威望,兵马虽多而部署混乱,将领骄横而军务混乱,发出的命令不统一,所以,尽管他地盘广大,粮食充足,却正是为我准备的。"八月,曹公进军黎阳,派臧霸等人进军青州,攻克齐、北海、东安,留下于禁屯守黄河岸边。九月,曹公返回许都,部署部分兵力驻守官渡。冬十一月,张绣率领部下投降曹公,被封为列侯。十二月,曹公进军官渡。

袁术自从在陈国兵败以后,逐渐陷于穷途末路,袁谭从青州派人去迎接他。袁术打算经过下邳北上,曹公派刘备、朱灵前去拦截,正巧此时袁术病死了。程昱、郭嘉听说曹公打发刘备走了,就对曹公说:"刘备不能放。"曹公后悔,派人追赶刘备,却没有赶上。刘备还没有东去下邳时,曾秘密与董承等人谋反,到达下邳,就杀了徐州刺史车胄,举兵驻扎在沛县。曹公遣刘岱、王忠二人去攻打,没有攻下。

建安五年(200年)春正月,董承等人阴谋败露,都被处死。曹公准备亲自东征刘备,诸将都说:"与您争夺天下的人是袁绍。如今袁绍大军压境而您却弃之不顾,全力向东,假若袁绍趁机直捣我们的大后方,怎么办呢?"曹公说:"刘备是人中豪杰,现在不除掉他,日后必成祸患。袁绍虽然胸怀大志,但谋事迟缓,肯定会按兵不动。"郭嘉也劝曹公攻打刘备,于是大军东进,一举击垮了刘备,生擒刘备的部将夏侯博。刘备败逃后投奔袁绍,曹公俘获了刘备的妻儿。刘备的部将关羽驻守下邳,曹公转攻下邳,关羽投降。昌豨背叛曹公投奔刘备,曹公又率军击破其军。曹公返回官渡,袁绍始终没有出兵。

二月,袁绍派遣郭图、淳于琼、颜良攻打驻守白马的东郡太守刘延,袁绍领兵至黎阳,准备渡河。夏四月,曹公北上救援刘延。荀攸向曹公建议道:"如今兵少,不敌袁绍,只有分散袁绍的兵力才是可取之计。您到达延津后,如果做出将渡河直捣敌后的假象,袁绍肯定分兵向西迎战,然后您以轻骑袭击白马,趁其不备,就可以一战而擒颜良。"曹公采纳了他的计策。袁绍听说曹公要渡河，果真马上向西迎战。曹公于是带兵日夜兼程直奔白马。距白马还有十多里地时，颜良才发觉，大惊失色，仓促迎战。曹公让张辽、关羽先出阵迎战，一举破敌，斩杀了颜良。于是曹公解除了白马之围，随即迁移当地居民，沿黄河向西转移。这时，袁绍渡河追赶曹公的军队抵达延津以南。曹公指挥军队驻扎在黄河大堤的南坡下面，并派人登上高垒瞭望敌情。瞭望者报告说："约有五六百名骑兵。"过了一会儿，又报告说："骑兵越来越多，步兵不可胜数。"曹公说："用不着再报告了。"于是下令骑兵解下马鞍，松开缰绳。接着，命令从白马撤退的运送军用物资的车辆上道先行，以引诱敌人。诸将认为敌军骑兵众多，不如回营自保。荀攸说："现在正是为了诱敌上钩，怎么能说走就走呢？"袁绍的骑兵将领文丑和刘备统领的五六千名骑兵先后赶来。诸将又说："可以出兵了。"曹公说："还不到时候。"过了一会儿，敌人的骑兵越来越多，有一部分去抢夺军用物资。曹公见状，说道："可以出击了。"将士们于是一起飞身上马。这时曹公的骑兵不满六百，于是发兵出击，大败敌军，斩杀文丑。颜良、文丑都是袁绍的名将，仅两战就被擒杀，袁绍军队上下为之震恐。曹公回师官渡，袁绍进军保卫阳武，关羽逃归刘备军中。

八月，袁绍步步为营，逐渐向前推进，依傍沙丘安营扎寨，东西绵延数十里。曹军也分兵结营与袁绍对峙，两军交战，曹公失利。当时曹公兵力不足一万，伤残者占二三成。袁绍再次进军官渡，堆土山，挖地道。曹公也在自己的阵地上堆土挖沟，与之相对。袁绍军向曹公军营射箭，箭如雨下，在外行走的人都要头顶盾牌，大家十分恐惧。当时曹军粮少，曹公给荀彧写信，商量要撤军回许都。荀彧认为："袁绍大军全都聚集在官渡，是要与您一决胜负。您以最弱小的军队对抗最强大的敌人，如果不能克敌制胜，必然会受制于敌人，这是决定天下局势的关键时刻啊！再说，袁绍不过是个平庸的领袖罢了，能招揽人才却不能正确使用人才。凭借您的英明威武、明智睿哲，再加上您奉天子之命以顺讨逆的名义，兵锋所向，哪能不成功呢？"曹公听从了他的意见。

袁绍的数千辆运粮车抵达前线，曹公采纳荀攸的计策，派徐晃、史涣前去截击,大败护粮的袁军,把运粮车全部焚烧了。曹公与袁绍对峙数月,虽然在连续的战役中斩获敌军数员大将,但是人少粮尽,士卒疲乏。曹公对运粮的人说:"再过十五天,我为你们打垮袁绍,不再劳烦你们了。"冬十月,袁绍派车运粮,令淳于琼等五人率一万多士卒护送运粮车,在袁绍大本营北面四十里的地方宿营。袁绍的谋士许攸贪财,袁绍不能满足他的欲望,许攸就赶来投靠曹公,劝说曹公出兵袭击淳于琼等人。曹公身边的人都怀疑其中有诈,只有荀攸和贾诩劝曹公采纳许攸的建议。曹公就留下曹洪守护大本营,他本人则亲自率领五千步兵连夜前往,天亮时分赶到。淳于琼等人望见曹公兵少,便在营门外列阵布兵。曹公猛攻猛打,淳于琼退回大营内据守,于是曹公攻打营垒。袁绍派兵救援淳于琼。曹公身边有人说:"敌人的骑兵越来越近,请分派兵力抵挡。"曹公生气地说:"等敌人到你们背后了再来报告也不迟!"士卒都拼死作战,大破以淳于琼为首的护粮军,淳于琼等将官都被斩杀。袁绍刚闻知曹公去偷袭淳于琼,就对长子袁谭说:"趁着他们去攻打淳于琼等人,我们去攻下他们的营垒,他们就无处可归了。"于是派张郃、高览攻打曹洪。张郃等人听说淳于琼等人已被击败,便前来投降。袁绍大军顿时一败涂地,袁绍和袁谭弃军渡河逃命。曹军追赶袁氏父子没有追上,收缴了他们所有的军用物资、地图、书信、珍宝,俘获了他们的大量士兵。曹公在所收缴的书信中,发现有些书信是许都方面的官员以及自己军营中的人写给袁绍的,就把它们都烧毁了。

建安六年(201年)九月,曹公返回许都。

建安七年(202年)春正月,曹公驻军于沛国谯县。袁绍自从官渡战败以后,发病呕血,于这年五月病死。小儿子袁尚继任父职,长子袁谭自称车骑将军,驻军于黎阳。

建安九年(204年)二月,曹公攻打邺城。七月,袁尚逃奔中山。八月,平定邺城。曹公亲临袁绍墓前祭奠,为袁绍痛哭流涕。

当初,袁绍与曹公共同起兵讨伐董卓,袁绍问曹公:"倘若大事不成,那么什么地方可供据守呢?"曹公反问道:"足下的意思呢?"袁绍答道:

"我南面据守黄河,北面依凭燕、代的险要地势,加上戎狄兵众,向南逐鹿中原,这样似乎就可以成大事了吧?"曹公则说:"我运用天下人的智慧与力量,用道义来驾驭他们,就没有无法办到的事。"

九月,曹公下令:"黄河以北地区遭受袁氏父子带来的灾难,特令免缴今年的田租和赋税!"又颁布了加重惩治豪强兼并的法令,使百姓非常高兴。天子任命曹公兼领冀州牧,曹公辞去了兖州牧的职务。

建安十年(205年)春正月,攻打袁谭,打败了袁军,杀死袁谭以及他的妻儿,冀州得以平定。曹公下令说:"与袁氏父子一同作恶的人,现允许他们改恶从善。"又下令百姓不准报私仇,禁止厚葬,违者一律依法惩治。本月,袁熙、袁尚投靠辽西、上谷、右北平三郡的乌丸去了。

刚开始讨伐袁谭的时候,役使老百姓凿开江面冰块以通船只,老百姓如果逃避凿冰的差役,明文规定不接受他们自首。过了不久,有逃避差役的百姓来军营大门口自首,曹公对他们说道:"允许你们自首吧,就违背了法令;惩办你们吧,就要杀掉你们。回去好好隐藏起来吧,别让官吏抓住!"百姓流着泪离开了,然而最终还是被官府抓捕归案。

九月,曹公发布命令说:"结党营私,是古代圣贤所痛恨的。听说冀州的风俗,父子分成两派,竟也有相互毁谤的。过去直不疑没有兄长,有人却说他与嫂子私通;第五伯鱼三次娶的都是孤女,有人却说他殴打岳父;王凤独揽大权,谷永却把他比作申伯(周朝贤臣);王商秉持忠心议论朝政,张匡却攻击他搞歪门邪道。这些都是颠倒黑白、欺骗上天、蒙蔽君王的例子。我想整治风俗,类似以上四种恶习不革除,我认为是耻辱。"

建安十一年(206年),三郡乌丸趁天下大乱,攻破幽州,掳掠的汉人共计十多万户。过去袁绍将乌丸各部酋长都立为单于,把本家的女子作为自己的女儿嫁给他们为妻。辽西乌丸的单于蹋顿尤为强大,受到袁绍的格外优待,所以袁尚兄弟投奔他,乌丸人频频入塞骚扰破坏。

建安十二年(207年)春,曹公将北征三郡乌丸,诸将都说:"袁尚不过是一只丧家之犬,乌丸人贪婪而不讲亲情,岂能为袁尚所用?如今远离后方,深入辽西征讨袁尚,刘备肯定会劝说刘表偷袭许都。万一出现变故,悔之晚矣。"当时,只有郭嘉料定刘表必定不会信任刘备,所以力劝曹公行动。五月,曹公率领远征军到达无终县。七月,发大水,近海的道路不通。田畴请求做向导,曹公同意了。田畴引导大军穿过卢龙塞,塞外道路隔绝不通,于是开山填谷铺设道路五百多里,经白檀,过平冈,经过鲜卑人所居之地,向东直奔柳城。距离柳城尚有二百里时,被敌人发现。袁尚、袁熙与蹋顿、辽西单于楼班、右北平单于能臣抵之等带领数万骑兵迎击。八月,曹公登白狼山,与敌人猝然遭遇,敌人兵强马壮。此时,曹公的辎重落在后面,穿战甲的兵士不多,曹公身边的人都很害怕。曹公登上高处,望见敌人阵列不整,于是命张辽做先锋,纵兵出击,敌军顿时土崩瓦解,阵斩蹋顿以及名王以下大小首领,投降的胡人、汉人多达二十多万。辽东单于速仆丸以及辽西、右北平两郡的各首领,丢掉自己的部众,随同袁尚、袁熙逃奔辽东,仅剩下几千名骑兵。当初,辽东太守公孙康自恃远离中原,不肯归附朝廷。待到曹公大败乌丸,有人劝说曹公乘胜征辽东,袁尚兄弟可手到擒来。曹公说:"我正要让公孙康把袁尚、袁熙的脑袋砍了送来,不必劳烦军队了。"九月,曹公带兵从柳城返回,公孙康果然杀了袁尚、袁熙以及速仆丸等,派人把他们的首级送来。诸将中有人问道:"您一回师公孙康就斩送袁尚、袁熙的首级,为什么会这样呢?"曹公说:"公孙康一向害怕袁尚等人,我急攻辽东,他们就会联合起来对付我们;我缓攻辽东,他们就会相互算计,此乃形势使然。"

建安十三年(208年)春正月,曹公回到邺城,挖掘玄武池来训练水师。汉朝天子取消了三公(太尉、司徒、司空)的职位,设丞相、御史大夫之职。夏六月,天子任命曹公为丞相。

秋七月,曹公南征刘表。八月,刘表去世,由他的儿子刘琮接替他的职务,屯守襄阳,刘备屯守樊城。九月,曹公刚到达新野,刘琮就投降了,刘备逃至夏口。曹公进军江陵,告谕荆州官民,要与他们一道除旧布新。十二月,曹公从江陵出发征讨刘备,抵达赤壁,与刘备交战,失利。这时军中瘟疫流行,很多官兵染病死亡,于是曹公只好带领大军撤回。这样,刘备就占领了荆州、长江以南的各郡。

建安十五年(210年)春,曹公下令说:"自古以来的开国以及中兴的君主,哪有不靠君子贤人与之共同治理天下的呢?至于他们得到的君子贤人,竟都来自民间,难道是侥幸碰到的吗?不是,要得到贤士,只怕执政者没有去用心访求。如今天下尚未安定,正是访求贤人君子最为迫切的时候。倘若一定要是廉洁之士方可任用,那么齐桓公怎么能称霸天下呢!现在,天下是否有身穿粗布短衣而怀有真才实学,如同在渭水之滨钓鱼的吕尚(姜子牙)一样的人呢?又是否有像陈平一样蒙受私通嫂子、收受贿赂的恶名而又没有遇到魏无知(曾向刘邦举荐陈平)的人呢?你们要帮助我发现出身卑微而被埋没了的人才,只要有真才实学就推荐上来,使我能够任用他们。"冬天,建造了铜雀台。

建安十六年(211年)春正月,太原人商曜等占据大陵县造反,曹公派夏侯渊、徐晃包围并攻克了大陵。张鲁占据了汉中。三月,曹公派遣锺繇讨伐张鲁,并令夏侯渊等人从河东出兵与锺繇会合。

这时,关中的各路将领疑心锺繇要袭击他们,因此,马超就与韩遂、杨秋、李堪、成宜等一起反叛。曹公派曹仁征讨他们。马超等人屯守潼关,曹公敕令诸将:"关西兵精干强悍,你们要加固壁垒,不要与他们交战。"七月,曹公西征,与马超等人隔着潼关驻扎下军队。曹公加紧牵制敌人,而暗中派徐晃、朱灵等人连夜渡过蒲阪津,占据黄河西岸设下营垒。曹公从潼关北面渡河,还没有靠岸,马超就猛攻战船。校尉丁斐见状,放出牛马以引诱敌人,敌人队形大乱,争抢牛马,曹公趁此机会渡河成功,然后沿着黄河修筑甬道,向南推进。敌人撤退,据守渭口抵抗,曹公于是布置许多疑兵,暗中用船只运载士卒进入渭水,在渭水上架设浮桥,夜间分出一部分兵力到渭水南岸扎营。敌人连夜进攻营寨,伏兵将他们击退。屯驻渭南的马超等人派来信使,以割让黄河以西土地为代价请求议和,曹公没有同意。九月,大军全部渡过渭水。马超等频频挑战,曹公不予理睬;当对方再次执意请求割让土地并表示将送儿子做人质时,曹公采纳了贾诩的计策,假装允许了。韩遂于是请求与曹公相见,曹公同韩遂的父亲是同一年的孝廉,又与韩遂是同辈人,两人骑马并行交谈了很久,谈话内容没有涉及军事,只是说些京都旧友一类的琐事,说到高兴处,两人都拍掌欢笑。交谈结束后,马超等人问韩遂道:"曹公说了些什么?"韩遂说:"没说什么。"马超等人怀疑韩遂有诈。过了几天,曹公又写信给韩遂,特意在信上做了多处的圈画涂改,就像韩遂做了手脚将书信改动一样。马超见到后,更加怀疑韩遂。曹公于是约定时日决战。决战之日,曹公先派轻装的部队挑战,打了很久,然后驱动精锐骑兵夹击,大败敌军,阵斩成宜、李堪等将。韩遂、马超等人逃往凉州,杨秋逃奔安定,关中平定。

起初,每当一路敌人开来,曹公总是面有喜色。大败敌人之后,诸将问曹公缘故,曹公回答说:"关中地域广大,倘若敌人各部分散据守险阻,征讨他们,没有一两年时间是不成的。如今他们都赶来集结,人数虽多,但互不统属,互不服从,整个军队没有一个公认的主帅,一举就可以把他们彻底消灭,建立战功比较容易,因此我心里高兴,不免喜形于色。"

建安十八年(213年)五月丙申,天子派御史大夫郗虑持节册封曹公为魏公。七月,开始修建魏国的社稷坛和宗庙。

建安十九年(214年)十一月,汉献帝皇后伏氏因从前在给她父亲原屯骑校尉伏完的信中,说献帝因董承被杀一事而怨恨魏公,言辞十分恶毒,现在被揭发出来而获罪,被废黜而死,伏氏的兄弟都被处死。

建安二十年(215年)正月,天子册立魏公的二女儿为皇后。

建安二十一年(216年)五月,天子加封魏公爵位为魏王。

建安二十三年(218年)六月,魏王下令说:"古代的墓葬,必定安排在贫瘠的土地上。现在规划邺县西门豹祠西面的高地作为寿陵,按照原有的高度作为墓基,不再封土加高,也不植树。有功的公卿大臣以及诸将,死后应陪葬寿陵,要扩大墓地范围,使之能够容纳得下。"

建安二十五年(220年)春正月庚子,魏王在洛阳去世,享年六十六岁,谥号为武王。二月丁卯,安葬于高陵。

评论说:汉朝末年,天下大乱,英雄豪杰风起云涌,而袁绍一人雄视天下,势力强大到无人能敌。太祖运筹帷幄,东征西讨,援引申不害、商鞅的法家学说,兼采韩信、白起的奇谋妙计,任命官员都根据各自的才能,使各尽其才,克制情感使用谋略,不计较过去的仇怨,最终得以总揽朝纲,缔造帝王大业,这一切都取决于他那超群绝伦的智谋。他可以称得上是非同寻常、超越时代的人杰了吧!

董卓传（节选）

【导读】

　　董卓原本是东汉末年凉州地区的军阀，因朝廷内乱而被外戚何进召入京城，随后趁天下大乱，窃取了军政大权，专擅朝政，废少帝立献帝，转眼之间变成了最强大的实力派人物。但是，他并没有依靠自己的有利条件成就大业，反倒在几年之后落得身首异处、万人痛骂的可悲结局。

　　董卓落得这样的下场，既有主观方面的原因，也有客观方面的原因。东汉后期，门阀制度已经萌芽，贵族势力强大，一个人的家庭出身、社会名望显得尤其重要。董卓既不是出身名门望族，也不是社会名流，只不过是一介武夫。他凭借武力和机遇，骤然登上相位，权倾天下，自然是朝廷内外各界人士尤其是世家大族和士大夫所不能接受的。因此，朝中的反对派和关东各路诸侯联合起来，组成了以袁绍为领袖的反董同盟。一时间，董卓成了天下的元凶首恶、众矢之的。就董卓个人来说，他的覆灭也是咎由自取，罪有应得。他过于迷信武力，残暴专横，纵容部下烧杀抢掠。他野心勃勃，却缺乏政治家的远见卓识、雄才大略。这从他修筑郿坞一事就可以见出。他是在事业处于顶峰时期修筑郿坞的，不考虑如何进取，却准备好后路，这样的胆识和气度怎么能成就大事呢？

　　尽管如此，董卓毕竟是东汉末年的重要历史人物，他是天下大乱的始作俑者。正因为这个原因，陈寿将董卓列入《魏书》列传的第一篇合传，而且让他位居该篇之首。

【原文】

董卓字仲颖，陇西临洮人也。少好侠，尝游羌中，尽与诸豪帅相结。后归耕于野，而豪帅有来从之者，卓与俱还，杀耕牛与相宴乐。诸豪帅感其意，归相敛，得杂畜千余头以赠卓。

汉桓帝末，以六郡良家子为羽林郎。卓有才武，膂力少比，双带两鞬，左右驰射。为军司马，从中郎将张奂征并州有功，拜郎中，赐缣九千匹，卓悉以分与吏士。迁广武令，蜀郡北部都尉，西域戊己校尉，免。征拜并州刺史、河东太守，迁中郎将，讨黄巾，军败抵罪。韩遂等起凉州，复为中郎将，西拒遂。于望垣硙北，为羌、胡数万人所围，粮食乏绝。卓伪欲捕鱼，堰其还道当所渡水为池，使水渟满数十里，默从堰下过其军而决堰。比羌、胡闻知追逐，水已深，不得渡。时六军上陇西，五军败绩，卓独全众而还，屯住扶风。拜前将军，封斄乡侯，征为并州牧。

灵帝崩，少帝即位。大将军何进与司隶校尉袁绍谋诛诸阉官，太后不从。进乃召卓使将兵诣京师，并密令上书曰："中常侍张让等窃幸乘宠，浊乱海内。昔赵鞅兴晋阳之甲，以逐君侧之恶。臣辄鸣钟鼓如洛阳，即讨让等。"欲以胁迫太后。卓未至，进败。中常侍段珪等劫帝走小平津，卓遂将其众迎帝于北芒，还宫。时进弟车骑将军苗为进众所杀，进、苗部曲无所属，皆诣卓。

卓又使吕布杀执金吾丁原,并其众,故京都兵权唯在卓。

先是,进遣骑都尉太山鲍信所在募兵,适至,信谓绍曰:"卓拥强兵,有异志,今不早图,将为所制;及其初至疲劳,袭之可禽也。"绍畏卓,不敢发,信遂还乡里。

于是以久不雨,策免司空刘弘而卓代之。俄迁太尉,假节钺虎贲。遂废帝为弘农王。寻又杀王及何太后。立灵帝少子陈留王,是为献帝。卓迁相国,封郿侯,赞拜不名,剑履上殿,又封卓母为池阳君,置家令、丞。卓既率精兵来,适值帝室大乱,得专废立,据有武库甲兵,国家珍宝,威震天下。卓性残忍不仁,遂以严刑胁众,睚眦之隙必报,人不自保。尝遣军到阳城,时适二月社,民各在其社下,悉就断其男子头,驾其车牛,载其妇女财物,以所断头系车辕轴,连轸而还洛,云攻贼大获,称万岁。入开阳城门,焚烧其头,以妇女与甲兵为婢妾。至于奸乱宫人公主。其凶逆如此。

初,卓信任尚书周毖、城门校尉伍琼等,用其所举韩馥、刘岱、孔伷、张咨、张邈等出宰州郡。而馥等至官,皆合兵将以讨卓。卓闻之,以为毖、琼等通情卖己,皆斩之。

河内太守王匡,遣泰山兵屯河阳津,将以图卓。卓遣疑兵若将于平阴渡者,潜遣锐众从小平北渡,绕击其后,大破之津北,死者略尽。卓以山东豪杰并起,恐惧不宁。初平元年二月,乃徙天子都长安。焚烧洛阳宫室,悉发掘陵墓,取宝物。卓至西京,为太师,号曰尚父。乘青盖金华车,爪画两𫐄,时人号曰竿摩车。卓弟旻为左将军,封鄠侯;兄子璜为侍中中军校尉典兵;宗族内外并列朝廷。公卿见卓,谒拜车下,卓不为礼。召呼三台尚书以下自诣卓府启事。筑郿坞,高与长安城埒,积谷为三十年储,云事成,雄据天下;不成,守此足以毕老。尝至郿行坞,公卿已下祖道于横门外。卓豫施帐幔饮,诱降北地反者数百人,于坐中先断其舌,或斩手足,或凿眼,或镬煮之,未死,偃转杯案间,会者皆战栗亡失匕箸,而卓饮食自若。太史望气,言当有大臣戮死者。故太尉张温时为卫尉,素不善卓,卓心怨之,因天有变,欲以塞咎,使人言温与袁术交关,遂笞杀之。法令苛酷,爱憎淫刑,更相被诬,冤死者千数。百姓嗷嗷,道路以目。悉椎破铜人、钟虡,及坏五铢钱,更铸为小钱。于是货轻而物贵,谷一斛至数十万。自是后钱货不行。

三年四月,司徒王允、尚书仆射士孙瑞、卓将吕布共谋诛卓。是时,天子有疾新愈,大会未央殿。布使同郡骑都尉李肃等,将亲兵十余人,伪着卫士服守掖门。布怀诏书。卓至,肃等格卓。卓惊呼布所在。布曰"有诏",遂杀卓,夷三族。主簿田景前趋卓尸,布又杀之;凡所杀三人,余莫敢动。长安士庶咸相庆贺,诸阿附卓者皆下狱死。

【译文】

董卓字仲颖,陇西临洮人。年少任侠尚武,曾经游历羌人聚集之地,与羌族首领有交情。后来回乡从事农耕,有羌族首领来投奔他,董卓将他们带回家,杀掉耕牛招待客人,大摆宴席,饮酒作乐。这些羌族首领被他的豪爽所感动,就回到羌地,搜罗了各类牲畜千余头送给他。

汉桓帝末年,董卓以六郡(汉代指西北地区的陇西、天水、安定、北地、上郡、西河等六郡)良家子的身份做了羽林郎(汉代禁卫军的军官)。董卓武艺高强,体力过人,能够背两只箭袋,纵马驰骋,左右开弓。后来做了军司马,因跟随中郎将张奂征并州有功,被任命为负责守卫皇宫的郎中,并赐细绢九千匹,董卓将这些细绢全部分给手下的官兵。此后先后担任过广武令、蜀郡北部都尉、西域戊己校尉,后被免职。接着又被任命为并州刺史、河东太守,升为中郎将,征讨黄巾军时,因战败而被撤职抵罪。韩遂等人在凉州起兵后,董卓又重新担任中郎将,向西抵御韩遂。行军至望垣硖以北地区,被羌、胡数万人围困,粮食都吃光了。董卓便假装要捕鱼,筑坝拦住敌军撤退时必经的水道,蓄水为池,使几十里内的河水停流,水位上涨,董卓让自己的军队偷偷从堤坝下过去,然后挖开了堤坝。等到羌胡军听说后来追,河水已经很深,无法渡过。当时朝廷共派出六路大军开进陇西讨伐韩遂,有五路遭到失败,仅有董卓指挥的这一路完整地撤退回来,兵力未受损失,突围后屯驻在扶风郡。董卓被任命为前将军,封为斄乡侯,并被征调为并州牧。

灵帝去世后,少帝即位。大将军何进与司隶校尉袁绍密谋诛杀宦官,太后不同意这样做。何进便私下召董卓率兵进京,并且让他给皇帝上书说:"中常侍张让等人倚仗皇上和太后的恩宠,扰乱天下。当年赵鞅(春秋时期晋国大臣)率领晋阳的兵马进入都城,铲除了国君身边的恶人。今天我也要鸣钟击鼓进入洛阳,讨伐张让等人。"何进想以此来胁迫太后同意诛杀宦官。董卓还没有赶到洛阳,何进就因密谋泄露而失败。中常侍段珪等人劫持少帝逃到小平津,董卓于是率领军队在北邙山迎接少帝,请少帝回宫。当时何进的弟弟车骑将军何苗也被何进的部属所杀,何进、何苗的部众没有可归附的人,都跑到了董卓那里。董卓又让吕布杀死执金吾丁原,收编了他的部众,因此京都的兵权都集中在董卓手中。

先前,何进派遣骑都尉鲍信(泰山人)到外地招兵买马,鲍信这时正好回到洛阳,他对袁绍说:"董卓拥有重兵,有造反的野心,现在不趁早除掉他,将来肯定会受制于他。趁着他刚刚到来,士卒疲惫,对他进行突然袭击,一定能够生擒他。"袁绍害怕董卓,不敢出兵,鲍信便弃官返乡。

这时董卓以天下久旱不雨为借口,逼迫少帝下诏免除了刘弘的司空职务,自己取而代之。不久,董卓又升为太尉,并被授予总领诸军的权力和调动全国兵马的符节。于是董卓把少帝废为弘农王,不久又杀掉弘农王和他的生母何太后。随后立汉灵帝的幼子陈留王刘协为皇帝,即汉献帝。董卓又升迁为相国,封郿侯,享有朝拜时司礼官不直呼其名、佩剑穿鞋上殿的特权,献帝还封董卓的母亲为池阳君,设置家令、家丞一类官职。由于董卓率精兵进京,又适逢朝廷大乱,因此得以操纵皇帝的废立。他占有了皇室武库中的铠甲和兵器以及国家的珍宝,一时威震天下。董卓生性残暴不仁,用严刑酷法威慑众人,又睚眦必报,因此人人心怀恐惧,不能自保。他曾经派遣军队巡视阳城,当时正值二月的春社日,乡民们都在社下祭祀土地神,祈求丰收,董卓的士兵冲上去杀死了所有男人,赶走乡民的牛车,载着掳走的妇女和财物,并将砍下的头颅系在车辕和车轴上,络绎不绝地返回洛阳,谎称是进攻敌人大获全胜,并高呼万岁。进入开阳城门,就放火焚烧带来的人头,并将抢来的妇女分给士兵做婢女或妾。董卓甚至还奸淫宫女和公主,凶恶悖逆到这个地步。

当初,董卓信任尚书周毖、城门校尉伍琼等人,任命了他们所推荐的韩馥、刘岱、孔伷、张咨、张邈等做了州牧或郡守。而韩馥等人到任后,都联合起来,准备讨伐董卓。董卓听说以后,以为周毖、伍琼等人与韩馥他们串通,出卖自己,便将他们都杀了。

河内太守王匡,派遣泰山兵马屯守河阳津,准备进军洛阳消灭董卓。董卓先派出一支疑兵,假装要从平阴渡过黄河,暗中却派出精锐部队从小平津北渡,绕到王匡军队的背后发起突然袭击,王匡的军队在河阳津北被打得落花流水,几乎全军覆没。董卓因为崤山以东地区的豪强势力纷纷起兵而恐惧不安。初平元年(190年)二月,他挟持天子迁都长安。临行前,放火焚烧了洛阳宫殿,并大肆挖掘陵墓,掠取宝物。到了西京,董卓做了太师,号称"尚父"。出入时乘坐皇太子专用的金花装饰的青盖车,车盖的弓头为龙爪形,车厢两面都有彩绘的图画,时人称之为"竿摩车"。董卓的弟弟董旻为左将军,封为鄠侯,哥哥的儿子董璜为侍中和中军校尉,主管军事。一时间,董氏宗族的亲眷都在朝中任职。公卿大臣们见到董卓,都要在他的车下谒见礼拜,董卓也不还礼。随意传唤三台(尚书台、御史台、谒者台)尚书以下官吏到他家里陈述政事。他还修筑郿坞,城墙的高度与长安城不相上下,并且在里面存放了够吃三十年的粮食,扬言说,如果大事成功了,整个天下都将在他的掌握之中;即使不成功的话,也可以守在里面安度晚年。董卓曾经亲自前往郿坞巡视,公卿以下大臣都在西出长安的城门外为他钱行。董卓预先命人设置好帐幔,准备好饮具,将诱降来的北地反叛者数百人押来,在座席中先割掉他们的舌头,或者砍掉他们的手足,或者挖掉他们的眼睛,或者将他们扔进大锅活煮,受刑未死的人,疼得在宴席几案下挣扎哀号,参加宴会的人都吓得浑身发抖,拿不住汤匙和筷子,只有董卓一个人在那里神态自然地饮酒进食。太史观察天象,说将有大臣被杀死。原太尉张温当时做卫尉,向来不与董卓结交,董卓心里恨他,正好想以天象有变为由,让他挡灾,便唆使他人捏造罪名,说张温和袁术相勾结,将他用鞭子抽死了。董卓法令严酷,刑罚残忍,凭个人的好恶滥用刑罚,人们一个接一个地被诬陷,冤死者数以千计。百姓怨声载道,敢怒不敢言。董卓打碎铜人和悬挂钟磬的钟架,又毁坏五铢钱,改铸成小钱。于是货币贬值,物价上涨,一斛谷子竟卖到数十万钱。从此以后钱币不能流通,商业萧条。

初平三年(192年)四月,司徒王允、尚书仆射士孙瑞、董卓的部将吕布共同谋划要诛杀董卓。当时,天子染病初愈,在未央殿大会群臣。吕布派同郡的骑都尉李肃等人,带领十几名贴身卫兵,穿上卫士服,装扮成卫士,把守宫殿侧门。吕布怀里揣着诛杀董卓的诏书。董卓一到,李肃等人冲上去袭击董卓,董卓惊呼:"吕布在哪儿?"吕布说:"有诏书在此。"于是杀了董卓,并夷灭董卓三族。主簿田景上前扑向董卓的尸体,也被吕布杀掉。一共杀了三个人,其他人都不敢轻举妄动。长安城中的官吏和百姓都相互庆贺,那些曾经逢迎依附董卓的人都被捉拿入狱,处以死刑。

袁绍传（节选）

【导读】

　　东汉末年政局动荡，地方割据势力长期混战，群雄趁机逐鹿中原。在讨伐董卓的过程中，袁绍因为出身名门、家族四世三公，成为当时最有号召力的人物，被各路诸侯推举为盟主。后来，他又统一了河北，坐拥冀、并、幽、青四州之地，士卒数十万，身边还有众多谋士。如此雄厚的实力，在当时几乎无人能与之抗衡。

　　然而，在官渡之战中，袁绍却一败涂地，使北方霸主的地位落入曹操之手，最后自己也抑郁而终。那些在其他人看来得天独厚的优势非但没能助他实现平生抱负，反而给他带来了巨大的心理优越感，使他变得骄傲自负，刚愎自用，加之自身的性格缺陷，最后导致失败。袁绍出身望族，过于看重名声，所以那些缺乏才能而追求虚名的人多追随他；兵多将广，因而轻敌，加之御军宽缓，军纪不严，士兵难堪大用；性格外宽而内忌，所以即使谋士众多，也不能察纳雅言，于是田丰因"犯上"被杀，忠烈如沮授者也是数谏不用；做事迟重少决，优柔寡断，几次贻误最佳战机导致兵败不说，连在选择继承人这样重大的问题上也是迟迟难下决断，以致贻害无穷，为日后袁谭、袁尚兄弟阋墙并最终断送家族基业埋下了隐患。荀彧曾经从度（气量）、谋、武、德四个方面将袁绍和曹操进行对比，分析了袁绍必败的原因(见《三国志·魏书·荀彧传》),评价可谓入木三分。

【原文】

袁绍字本初,汝南汝阳人也。高祖父安,为汉司徒。自安以下四世居三公位,由是势倾天下。绍有姿貌威容,能折节下士,士多附之,太祖少与交焉。以大将军掾为侍御史,稍迁中军校尉,至司隶。

灵帝崩,太后兄大将军何进与绍谋诛诸阉官,太后不从。乃召董卓,欲以胁太后。常侍、黄门闻之,皆诣进谢,唯所错置。时绍劝进便可于此决之,至于再三,而进不许,令绍使洛阳方略武吏检司诸宦者。又令绍弟虎贲中郎将术选温厚虎贲二百人,当入禁中,代持兵黄门陛守门户。中常侍段珪等矫太后命,召进入议,遂杀之,宫中乱。术将虎贲烧南宫嘉德殿青琐门,欲以迫出珪等。珪等不出,劫帝及帝弟陈留王走小平津。绍既斩宦者所署司隶校尉许相,遂勒兵捕诸阉人,无少长皆杀之。或有无须而误死者,至自发露形体而后得免。宦者或有行善自守而犹见及。其滥如此。死者二千余人。急追珪等,珪等悉赴河死。帝得还宫。

董卓呼绍,议欲废帝,立陈留王。是时绍叔父隗为太傅,绍伪许之,曰:"此大事,出当与太傅议。"卓曰:"刘氏种不足复遗。"绍不应,横刀长揖而去。绍既出,遂亡奔冀州。侍中周毖、城门校尉伍琼、议郎何颙等,皆名士也,卓信之,而阴为绍,乃说卓曰:"夫废立大事,非常人所及。绍不达大体,恐惧故出奔,非有他志也。

今购之急,势必为变。袁氏树恩四世,门生故吏遍于天下,若收豪杰以聚徒众,英雄因之而起,则山东非公之有也。不如赦之,拜一郡守,则绍喜于免罪,必无患矣。"卓以为然,乃拜绍勃海太守,封邟乡侯。

绍遂以勃海起兵,将以诛卓。绍自号车骑将军,主盟,与冀州牧韩馥立幽州牧刘虞为帝,遣使奉章诣虞,虞不敢受。后馥军安平,为公孙瓒所败。瓒遂引兵入冀州,以讨卓为名,内欲袭馥。馥怀不自安。

会卓西入关,绍还军延津,因馥惶遽,使陈留高幹、颍川荀谌等说馥曰:"公孙瓒乘胜来向南,而诸郡应之。袁车骑引军东向,此其意不可知,窃为将军危之。"馥曰:"为之奈何?"谌曰:"公孙提燕、代之卒,其锋不可当。袁氏一时之杰,必不为将军下。夫冀州,天下之重资也,若两雄并力,兵交于城下,危亡可立而待也。夫袁氏,将军之旧,且同盟也,当今为将军计,莫若举冀州以让袁氏。袁氏得冀州,则瓒不能与之争,必厚德将军。冀州入于亲交,是将军有让贤之名,而身安于泰山也。愿将军勿疑!"馥素恇怯,因然其计。馥长史耿武、别驾闵纯、治中李历谏馥曰:"冀州虽鄙,带甲百万,谷支十年。袁绍孤客穷军,仰我鼻息,譬如婴儿在股掌之上,绝其哺乳,立可饿杀。奈何乃欲以州与之?"馥曰:"吾,袁氏故吏,且才不如本初,度德而让,古人所贵,诸君独何病焉!"从事赵浮、程奂请以兵拒之,馥又不听。乃让绍,绍遂领冀州牧。

卓遣执金吾胡母班、将作大匠吴修赍诏书喻绍,绍使河内太守王匡杀之。卓闻绍得关东,乃悉诛绍宗族太傅隗等。当是时,豪侠多附绍,皆思为之报,州郡蜂起,莫不假其名。馥怀惧,从绍索去,往依张邈。后绍遣使诣邈,有所计议,与邈耳语。馥在坐上,谓见图构,无何起至溷自杀。

初,天子之立非绍意,及在河东,绍遣颍川郭图使焉。图还说绍迎天子都邺,绍不从。会太祖迎天子都许,收河南地,关中皆附。绍悔,欲令太祖徙天子都鄄城以自密近,太祖拒之。天子以绍为太尉,转为大将军,封邺侯,绍让侯不受。顷之,击破瓒于易京,并其众。出长子谭为青州,沮授谏绍:"必为祸始。"绍不听,曰:"孤欲令诸儿各据一州也。"又以中子熙为幽州,甥高干为并州。众数十万,以审配、逢纪统军事,田丰、荀谌、许攸为谋主,颜良、文丑为将率,简精卒十万,骑万匹,将攻许。

先是,太祖遣刘备诣徐州拒袁术。术死,备杀刺史车胄,引军屯沛。绍遣骑佐之。太祖遣刘岱、王忠击之,不克。建安五年,太祖自东征备。田丰说绍袭太祖后,绍辞以子疾,不许。丰举杖击地曰:"夫遭难遇之机,而以婴儿之病失其会,惜哉!"太祖至,击破备;备奔绍。

绍进军黎阳,遣颜良攻刘延于白马。沮授又谏绍:"良性促狭,虽骁勇不可独任。"绍不听。太祖救延,与良战,破斩良。绍渡河,壁延津南,使刘备、文丑挑战。太祖击破之,斩丑,再战,禽绍大将。绍军大震。

太祖还官渡。沮授又曰:"北兵数众而果劲不及南,南谷虚少而货财不及北。南利在于急战,北利在于缓搏。宜徐持久,旷以日月。"绍不从。连营稍前,逼官渡,合战。太祖军不利,复壁。绍为高橹,起土山,射营中,营中皆蒙楯,众大惧。太祖乃为发石车,击绍楼,皆破,绍众号曰霹雳车。绍为地道,欲袭太祖营。太祖辄于内为长堑以拒之,又遣奇兵袭击绍运车,大破之,尽焚其谷。

太祖与绍相持日久,百姓疲乏,多叛应绍,军食乏。会绍遣淳于琼等将兵万余人北迎运车,沮授说绍:"可遣将蒋奇别为支军于表,以断曹公之钞。"绍复不从。琼宿乌巢,去绍军四十里。太祖乃留曹洪守,自将步骑五千候夜潜往攻琼。绍遣骑救之,败走。破琼等,悉斩之。太祖还,未至营,绍将高览、张郃等率其众降。绍众大溃,绍与谭单骑退渡河,余众伪降,尽坑之。沮授不及绍渡,为人所执,诣太祖,太祖厚待之。后谋还袁氏,见杀。

初,绍之南也,田丰说绍曰:"曹公善用兵,变化无方,众虽少,未可轻也,不如以久持之。将军据山河之固,拥四州之众,外结英雄,内修农战,然后简其精锐,分为奇兵,乘虚迭出,以扰河南,救右则击其左,救左则击其右,使敌疲于奔命,民不得安业。我未劳而彼已困,不及二年,可坐克也。今释庙胜之策,而决成败于一战,若不如志,悔无及也。"绍不从。丰恳谏,绍怒甚,以为沮众,械系之。

绍军既败,或谓丰曰:"君必见重。"丰曰:"若军有利,吾必全;今军败,吾其死矣。"绍还,谓左右曰:"吾不用田丰言,果为所笑。"遂杀之。绍外宽雅,有局度,忧喜不形于色，而内多忌害，皆此类也。

冀州城邑多叛，绍复击定之。自军败后发病，七年，忧死。

绍爱少子尚，貌美，欲以为后而未显。审配、逢纪与辛评、郭图争权，配、纪与尚比，评、图与谭比。众以谭长，欲立之。配等恐谭立而评等为己害，缘绍素意，乃奉尚代绍位。谭至，不得立，自号车骑将军。由是谭、尚有隙。

【译文】

袁绍字本初，汝南汝阳人。他的高祖父袁安在东汉章帝时曾任司徒。在袁安之后，家族中又接连四世都有人在朝中官至三公（东汉时期司徒、司空、太尉三种地位尊贵的官职的合称），因此家族权倾朝野，威震天下。袁绍身材魁梧，容貌威严，虽然出身望族，却能放低姿态尊重社会底层的贤能之士，所以很多有才能的人都愿意投靠他。曹操年轻时曾与他有来往。袁绍先是以大将军属官的身份任侍御史，不久又升任中军校尉，后来又做了司隶校尉。

灵帝去世后，何太后之兄大将军何进和袁绍密谋诛杀朝中的宦官，何太后不同意。何进和袁绍只得暗中联络并州牧董卓，让他带兵入京，想以此逼迫何太后诛杀宦官。朝中的常侍和黄门（这两种官职在东汉时期均由宦官充任）等听到风声，都到何进府上去求情，说只要保住他们的性命，任由何进处置。当时袁绍劝说何进应该趁这个机会下手，除掉这些宦官。他再三劝说，何进还是没有答应，只是命令袁绍在洛阳派出一些机智的武吏监视、检查宦官们的行动。他又委派袁绍的弟弟虎贲中郎将袁术选拔两百名可靠的卫士进驻宫中，取代原来那些拿着兵器把守宫门的宦官。中常侍段珪等人假传太后的命令，召何进进宫议事，于是趁何进没有防备而杀死了他，一时间宫中大乱。袁术率领卫士放火烧毁南宫嘉德殿的青琐门，想以此逼迫段珪等出来投降。段珪等宦官不从前面的宫门出去投降，而是从后面偷偷出宫，挟持少帝刘辩和他的弟弟陈留王刘协，仓皇逃向黄河边的小平津渡口。袁绍率兵先斩杀了宦官所任命的司隶校尉许相，然后命令士兵在宫中搜捕宦官，不分老少，一律杀掉。有的人并不是宦官，只是因为没长胡须，也被士兵们误杀了，以至于有的人为了证明自己不是宦官，只好脱掉衣服让士兵们当场查验才得以幸免。宦官中有些做善事、有操守的人也被杀害了，他们滥杀到了这种程度。这次一共杀害了两千多人。袁绍率兵急追段珪等人，逼得他们在走投无路之下全都投黄河自尽。少帝得以返回洛阳皇宫。

董卓来找袁绍，商议废黜少帝，改立陈留王为皇帝。当时袁绍的叔父袁隗官居太傅，袁绍假意答应说："这是国家大事，让我回头找太傅商议。"董卓蛮横地说："现在刘氏子孙不足以再留存于世上了。"袁绍没有说话，横挎佩刀，拱手高举行礼，然后离去。袁绍出来后，便匆忙逃奔冀州。侍中周毖、城门校尉伍琼、议郎何颙等人都是当时的名士，董卓很信任他们，但这些人内心都向着袁绍，因此他们劝说董卓："废立君王的大事，不是一般人能够参与的。袁绍眼光短浅不识大体，他是因为做错事害怕您责罚才出逃的，并不是要谋反。现在您如此急迫地悬赏缉拿他，反而会把他逼得走投无路而选择反叛，到那时形势就会发生变化。袁氏家族连续四代在朝中做官，门生故吏遍布全国，假如袁绍号召四方英雄豪杰联合起来对付您，那么各地都会纷纷响应，到那时崤山以东的大片土地就不是您能控制得了的。您不如宣布赦免袁绍的罪过，任命他为某个郡的太守，这样袁绍必定会因为免罪而高兴，您也就没有什么可担心的了。"董卓认为他的意见有道理，于是任命袁绍为渤海太守，封为邟乡侯。

于是袁绍以渤海郡为基地起兵，将要讨伐董卓。袁绍自称车骑将军，担任各路讨董联军的盟主，他和冀州牧韩馥商议，打算拥立幽州牧刘虞为皇帝，还派遣特使向刘虞进献拥戴他为皇帝的奏章，刘虞不敢接受。后来韩馥的军队驻守安平，被公孙瓒率部击败。公孙瓒便带兵进入冀州，借着讨伐董卓的名义，实际上是想袭击韩馥，吞并冀州。韩馥心中惶恐不安。

适逢董卓挟献帝迁都长安,退回关西,袁绍回师驻守延津,他听说韩馥担心公孙瓒出兵袭击自己,便派手下谋士陈留人高幹和颍川人荀谌去游说韩馥说:"公孙瓒乘胜挥师向南进攻,各州郡都会响应他。袁车骑(袁绍)领兵东进,不知他有什么意图,我们私下里实在替将军您对目前的处境感到担忧啊!"韩馥赶紧询问:"那我该怎么办才好呢?"荀谌说:"公孙瓒率领燕、代二地的兵力,势不可挡。袁绍是当世豪杰,肯定不愿意屈居将军之下。冀州是建功立业、争夺天下的要地,如果公孙瓒和袁绍这两股强大的势力联合起来兵临城下,那么冀州的危亡就在眼前了。袁绍是将军的旧交,而且和您又同是讨伐董卓的盟友,现在要说替您考虑的话,我看您不如把整个冀州都让给袁绍。如果袁绍得到了冀州,那么公孙瓒就无法与他争夺,这样一来袁绍必定会深深地感激将军。您把冀州交到自己的知交手中,这样也留下了让贤的美誉,从此也可确保您平安无事。希望将军您早作决断,不要再迟疑了。"韩馥素来胆小怕事,于是听从了荀谌的建议。韩馥手下的长史耿武、别驾闵纯、治中李历等向他进言:"冀州目前的兵力虽弱,可是能拿起兵器作战的士兵不下百万,囤积的军粮可供十年之需。袁绍带着一支困乏的军队远离后方单独作战,全靠我们补给军粮,就像婴儿一样处在我们的操纵和控制之下,如果断绝了他的奶水,立马就会将他饿死。怎么能把偌大的冀州拱手送给袁绍呢?"韩馥说:"我过去曾是袁氏下属,况且我的才能确实不如袁绍,评估自己的德行和才能后让位于贤者,这是古人崇尚的美德,为何诸位却要责难我呢?"从事赵浮、程奂等人请求韩馥派兵到西边驻守监视袁军,以防不测,韩馥还是没有采纳他们的建议。于是韩馥把冀州让给了袁绍,袁绍便兼任了冀州牧。

董卓派遣执金吾胡母班、将作大匠吴修带着皇帝的诏书去见袁绍,袁绍让河内太守王匡杀了二人。董卓听说袁绍已经占据了关东,便把京城中袁氏家族的男女老幼包括袁绍的叔父太傅袁隗全部杀掉了。在那个时候,天下豪强任侠的人多依附袁绍,都想替袁绍报这个仇,各州郡纷纷起兵讨伐董卓,几乎都借袁绍的名义。韩馥内心非常恐惧,向袁绍请求同意他离开,前去投靠陈留太守张邈。后来袁绍派遣使者去见张邈,有事情商议,附在张邈耳边密语,当时韩馥也在座,以为是袁绍派人来与张邈暗中谋划除掉他,很快起身到厕所中自杀了。

当初,废少帝而改立陈留王为皇帝并不是袁绍的意思,等献帝和百官出逃到河东之后,袁绍派遣下属颍川人郭图去朝拜皇帝。郭图回来后劝说袁绍迎接献帝定都邺城,袁绍没有采纳他的建议。不久曹操迎接献帝定都许昌,以朝廷的名义收复了河南一带的土地,关中各州郡都表示归附。袁绍此时才明白借天子之名号令诸侯的重要性,后悔当初没有采纳郭图的建议,他试图让曹操把献帝迁到鄄城,来方便自己接触皇帝,但遭到了曹操的拒绝。献帝任命袁绍为太尉,继而又转任大将军,封为邺侯。袁绍辞让了邺侯的爵位。不久,袁绍的军队在易京打败了公孙瓒,收编了他的人马。接着,袁绍派遣自己的长子袁谭出任青州刺史。沮授劝谏他说:"这样做必然成为一切灾祸的开端。"但是袁绍不听,反而说:"我正想让我的儿子们每人各占有一个州呢!"他又派次子袁熙出任幽州刺史,外甥高干为并州刺史。这时袁绍已经拥有了几十万的兵力,他任命审配、逢纪统管军事,田丰、荀谌、许攸为出谋划策的主要人物,颜良、文丑为领兵大将,挑选精锐步兵十万人,骑兵一万,准备进攻驻守许都的曹操。

在这之前,曹操曾派刘备到徐州抵御袁术的进攻。袁术病死后,刘备不听曹操的命令回师,反而突袭并杀死了曹操任命的徐州刺史车胄,然后率部驻扎在沛县。袁绍也派了一支骑兵来增援刘备。曹操命令刘岱和王忠带兵攻打刘备,但是没能成功。建安五年(200年),曹操亲率大军东征刘备。谋士田丰劝说袁绍趁机偷袭曹操的大本营许昌,袁绍以儿子生病为由没有采纳这一建议。田丰用手杖连连击地,痛心地说:"碰到如此难得的机遇,却因为一个小孩子生病而白白错失良机,真是太令人惋惜了!"曹操的军队到达沛县,击败了刘备。刘备逃走,投靠了袁绍。

袁绍率军进抵黎阳,派颜良在白马县进攻曹操的东郡太守刘延。沮授又向袁绍进谏说:"颜良气量狭小,虽然作战骁勇,却不能独当一面。"袁绍置之不理。曹操派兵救援刘延,和颜良的军队交战,击败了他的军队并斩杀了颜良。袁绍的军队渡过黄河,在延津以南地区修筑工事与曹军对垒,派刘备和文丑邀曹操应战。曹操率军大败袁军,斩杀了文丑,第二次交战,擒住了袁绍的高级将领。袁绍军中一片惊恐。

曹操领兵回到官渡。沮授又劝袁绍说:"我们的军队虽然在数量上占优势,但不如曹军果敢强劲;曹军军粮短缺,后勤补给比不上我军。因此对曹军来说最有利的战术是速战速决,但对于我军来说则是打持久战更有利。我们应该沉着从容地与曹军相持下去,耗上一段时间,曹军粮草用尽,必然会不战自败。"袁绍不听。他下令军队摆开阵势进逼官渡,与曹军交战。曹操的军队受挫,退入营地坚守。袁绍命士兵在阵前修造了用于侦察和进攻的望楼,又筑起高高的土山,弓箭手埋伏在山上向曹营射击,曹营的士兵们出门都要持盾牌抵挡飞来的箭矢,全都陷入恐慌之中。曹操于是命令工匠们赶制出一种发石车,用它向袁军的望楼抛射石块,将它们全部摧毁,袁绍的士兵都非常惧怕这种发石车,称它为"霹雳车"。袁绍又命令士兵们挖掘地道,打算突袭曹操的军营。曹操就命令士兵在军营内挖掘了一条又深又长的壕沟来截断袁军的地道,同时派遣一支精兵对袁绍的运粮车队发动突然袭击,击溃了他们,烧毁了袁军的所有军粮。

曹操与袁绍两军对峙了很长一段时间,百姓们因为战乱而变得贫乏困顿,大多投向了袁绍,曹军出现了粮草紧缺的问题。这时候刚好碰上袁绍派淳于琼等人率领一万多兵马北上迎接并护送运粮的车队。沮授向袁绍进言:"应当再派将领蒋奇率别部掩护淳于琼行动,以防止曹操偷袭。"袁绍又没有听从他的建议。淳于琼与运粮车队会合后,在乌巢停留,距离袁绍的大本营有四十里。曹操获悉消息后,留下曹洪带兵守卫军营,自己亲自率领精锐步骑五千人连夜秘密行军到乌巢向淳于琼部发动偷袭。袁绍接到消息后派骑兵去增援,也被曹军击溃而逃跑。曹军大破淳于琼部,将淳于琼等将领全部斩杀。曹操领兵返回军营,还没到达军营,袁绍手下的将领高览、张郃已经各自带着本部兵马前来投降。袁绍的军队全线溃败,他与长子袁谭在乱军之中仅带了少数亲随渡过黄河才得以逃脱,余部大多被曹军俘虏,曹操发现他们中有人是诈降,便下令将他们全部活埋。沮授在混乱中来不及跟随袁绍一起渡过黄河,被曹军俘虏并押解到曹操那里,曹操给予他优厚的待遇,想拉拢他为己所用。后来沮授还是想逃回袁绍那里去,曹操只好杀了他。

当初,袁绍率大军南下时,田丰曾劝说他:"曹操善于用兵,变化多端,他的兵力虽少,但我们不能太轻视他,不如从长远打算与他对峙。将军您占据了险要的地势,拥有冀、并、青、幽四州的土地和人民,可以对外结交天下豪杰,对内大力屯田,操练兵马,然后挑选精锐部队,编组几支奇兵,在曹军防守空虚的情况下轮流出击,骚扰黄河以南地区。曹军救援右翼则击其左翼,救援左翼则攻其右翼,如此反复,使曹军穷于应付而弄得精疲力竭,百姓无法安于本业,田地荒芜。我军不需要大动干戈而对方已经疲惫不堪了,用不了两年,我们便可不战而胜。可是现在您放着朝廷制定的克敌制胜的谋略不用,却要倾全力以一战定成败,万一战争的结果没能如您所愿,到时候您就要后悔莫及了。"袁绍不听。田丰恳切规劝,袁绍大怒,以为田丰是有意打击士气,下令用枷锁镣铐之类的械具将他拘禁起来。

袁绍大军溃败后,有人对田丰说:"你的预测是如此准确,看来以后一定会被大将军重用。"田丰叹息道:"如果我军凯旋,我一定能保住性命;但是现在我军大败,看来我是必死无疑了。"果然,袁绍回到邺城后,对身边的人说:"当初我没有听从田丰的劝阻,现在要被他耻笑了。"于是下令杀掉田丰。袁绍表面上宽容豁达,有才干有气度,忧愁喜乐不表露在脸上,其实内心却多猜忌,嫉贤妒能,像田丰之死这样的事例还有很多。

官渡之战后,冀州境内很多城邑纷纷起兵反叛袁绍,他花费了很多时间和精力才将这些叛乱平定下来。自从遭遇惨败后,袁绍在沉重的打击下终于病倒。建安七年(202年),袁绍忧愤而死。

袁绍生前最偏爱他的小儿子袁尚,袁尚长相俊美,他想立袁尚为继承人,却一直没有明确宣布。在他那些重要的部将和谋臣中,审配、逢纪与辛评、郭图互相争权夺势,钩心斗角,审配和逢纪拥护袁尚,而辛评和郭图则拥护袁谭。其他人也多认为袁谭是长子,应由他来继承父业。审配等人担心袁谭继任后辛评等人会打击自己,便遵循袁绍平素的意愿,拥戴袁尚继承了袁绍的基业。袁谭从外地匆匆赶回邺城时,袁尚早已继承了父业,袁谭失去了继承权,于是他自号为车骑将军。从此袁谭、袁尚兄弟之间产生了嫌隙。

吕布传（节选）

【导读】

　　东汉末年军阀割据混战，局势动荡不安，涌现出了不少风云人物。在武将当中，若论骁勇善战，吕布绝对能叱咤风云，就连曹操和刘备都曾经是他的手下败将。这样一位骁勇的名将，最后竟然落得兵败被俘、殒命白门楼的下场。对此，《三国志》的作者陈寿给出的答案是："吕布有虓虎之勇，而无英奇之略，轻狡反复，唯利是视。自古及今，未有若此不夷灭也。"

　　"三姓家奴"，这可能是吕布被人贴得最多的标签了。从他的生平事迹中，我们可以发现，他总是在根据形势的变化反复地更换该依附的人，而且他投降起来可以说是毫无原则，无论对方实力强弱、名气大小，只要他觉得比较符合他的需要，便会折节而降。按理说，"良禽择木而栖，贤臣择主而事"，历朝历代都不乏背叛故主、转投敌营之后依然能建功立业、名垂青史的人，历史上的管仲、陈平、马援，与吕布同时代的荀彧、刘备，以及后世的秦琼、魏徵、杨业等人，都是这方面的例子。但为什么吕布转投他人就被人贴上"三姓家奴"的标签呢？这大概有两个方面的原因：一是他叛变的动机。背叛丁原是抵挡不了董卓的引诱；背叛董卓是缘于私人恩怨；背叛袁绍是因为他野心勃勃，暗中扩大自己的势力，且劣迹斑斑,纵容下属抢劫掠夺,招致了袁绍的反感。二是他投降前后对待故主的态度。为换取董卓的信任,他亲手将丁原的首级献给董卓;因为一己私欲,手刃董卓,并企图以此作为资本让下一个目标袁术接纳自己;被曹操击破后投靠了刘备,却趁刘备出兵讨伐袁术时袭取了下邳,逼得刘备元气大伤,只得向他求和。

吕布的这种个性,使他自己在被曹操俘获后失去了苟全性命的最后机会。且不论刘备当时提醒曹操不要轻信吕布的那句话是否有恩将仇报、落井下石之嫌,单就吕布的这种性格来说,这确实不能被那个时代所容。

【原文】

吕布字奉先,五原郡九原人也。以骁武给并州。刺史丁原为骑都尉,屯河内,以布为主簿,大见亲待。灵帝崩,原将兵诣洛阳。与何进谋诛诸黄门,拜执金吾。进败,董卓入京都,将为乱,欲杀原,并其兵众。卓以布见信于原,诱布令杀原。布斩原首诣卓,卓以布为骑都尉,甚爱信之,誓为父子。

布便弓马,膂力过人,号为飞将。稍迁至中郎将,封都亭侯。卓自以遇人无礼,恐人谋己,行止常以布自卫。然卓性刚而褊,忿不思难,尝小失意,拔手戟掷布。布拳捷避之,为卓顾谢,卓意亦解。由是阴怨卓。

先是,司徒王允以布州里壮健,厚接纳之。后布诣允,陈卓几见杀状。时允与仆射士孙瑞密谋诛卓,是以告布使为内应。布曰:"奈如父子何!"允曰:"君自姓吕,本非骨肉。今忧死不暇,何谓父子?"布遂许之,手刃刺卓。允以布为奋武将军,假节,仪比三司,进封温侯,共秉朝政。布自杀卓后,畏恶凉州人,凉州人皆怨。由是李傕等遂相结还攻长安城。布不能拒，傕等遂入长安。卓死后六旬，布亦败，将数百骑出武关，欲诣袁术。

布自以杀卓为术报仇，欲以德之。术恶其反覆，拒而不受。北诣袁绍，绍与布击张燕于常山。燕精兵万余，骑数千。布有良马曰赤兔。常与其亲近成廉、魏越等陷锋突阵，遂破燕军。而求益兵众，将士钞掠，绍患忌之。布觉其意，从绍求去。绍恐还为己害，遣壮士夜掩杀布，不获。事露，布走河内，与张杨合。绍令众追之，皆畏布，莫敢逼近者。

张邈字孟卓，东平寿张人也。少以侠闻，振穷救急，倾家无爱，士多归之。太祖、袁绍皆与邈友。辟公府，以高第拜骑都尉，迁陈留太守。董卓之乱，太祖与邈首举义兵。汴水之战，邈遣卫兹将兵随太祖。袁绍既为盟主，有骄矜色，邈正议责绍。绍使太祖杀邈，太祖不听，责绍曰："孟卓，亲友也，是非当容之。今天下未定，不宜自相危也。"邈知之，益德太祖。太祖之征陶谦，敕家曰："我若不还，往依孟卓。"后还，见邈，垂泣相对。其亲如此。

吕布之舍袁绍从张杨也，过邈临别，把手共誓。绍闻之，大恨。邈畏太祖终为绍击己也，心不自安。兴平元年，太祖复征谦，邈弟超，与太祖将陈宫、从事中郎许汜、王楷共谋叛太祖。宫说邈曰："今雄杰并起，天下分崩，君以千里之众，当四战之地，抚剑顾眄，亦足以为人豪，而反制于人，不以鄙乎！今州军东征，其处空虚，吕布壮士，善战无前，若权迎之，共牧兖州，观天下形势，俟时事之变通，此亦纵横之一时也。"邈从之。

太祖初使宫将兵留屯东郡,遂以其众东迎布为兖州牧,据濮阳。郡县皆应,唯鄄城、东阿、范为太祖守。太祖引军还,与布战于濮阳,太祖军不利,相持百余日。是时岁旱、虫蝗、少谷,百姓相食,布东屯山阳。二年间,太祖乃尽复收诸城,击破布于巨野。布东奔刘备。邈从布,留超将家属屯雍丘。太祖攻围数月,屠之,斩超及其家。邈诣袁术请救未至,自为其兵所杀。

备东击术,布袭取下邳,备还归布。布遣备屯小沛。布自称徐州刺史。术遣将纪灵等步骑三万攻备,备求救于布。布诸将谓布曰:"将军常欲杀备,今可假手于术。"布曰:"不然。术若破备,则北连太山诸将,吾为在术围中,不得不救也。"便严步兵千、骑二百,驰往赴备。灵等闻布至,皆敛兵不敢复攻。布于沛西南一里安屯,遣铃下请灵等,灵等亦请布共饮食。布谓灵等曰:"玄德,布弟也。弟为诸君所困,故来救之。布性不喜合斗,但喜解斗耳。"布令门候于营门中举一只戟,布言:"诸君观布射戟小支,一发中者诸君当解去,不中可留决斗。"布举弓射戟,正中小支。诸将皆惊,言:"将军天威也!"明日复欢会,然后各罢。

术欲结布为援,乃为子索布女,布许之。术遣使韩胤以僭号议告布,并求迎妇。沛相陈珪恐术、布成婚,则徐、扬合从,将为国难,于是往说布曰:"曹公奉迎天子,辅赞国政,威灵命世,将征四海,将军宜与协同策谋,图太山之安。今与术结婚,受天下不义之名,必有累卵之危。"布亦怨术初不己受也,女已在涂,追还绝婚,械送韩胤,枭首许市。

珪欲使子登诣太祖，布不肯遣。会使者至，拜布左将军。布大喜，即听登往，并令奉章谢恩。登见太祖，因陈布勇而无计，轻于去就，宜早图之。太祖曰："布，狼子野心，诚难久养，非卿莫能究其情也。"即增珪秩中二千石，拜登广陵太守。临别，太祖执登手曰："东方之事，便以相付。"令登阴合部众以为内应。

始，布因登求徐州牧，登还，布怒，拔戟斫几曰："卿父劝吾协同曹公，绝婚公路；今吾所求无一获，而卿父子并显重，为卿所卖耳！卿为吾言，其说云何？"登不为动容，徐喻之曰："登见曹公言：'待将军譬如养虎，当饱其肉，不饱则将噬人。'公曰：'不如卿言也。譬如养鹰，饥则为用，饱则扬去。'其言如此。"布意乃解。

术怒，与韩暹、杨奉等连势，遣大将张勋攻布。布谓珪曰："今致术军，卿之由也，为之奈何？"珪曰："暹、奉与术，卒合之军耳，策谋不素定，不能相维持，子登策之，比之连鸡，势不俱栖，可解离也。"布用珪策，遣人说暹、奉，使与己并力共击术军，军资所有，悉许暹、奉。于是暹、奉从之，勋大破败。

建安三年，布复叛为术，遣高顺攻刘备于沛，破之。太祖遣夏侯惇救备，为顺所败。太祖自征布，至其城下，遗布书，为陈祸福。布欲降，陈宫等自以负罪深，沮其计。布遣人求救于术，自将千余骑出战，败走，还保城，不敢出。术亦不能救。

布虽骁猛，然无谋而多猜忌，不能制御其党，但信诸将。诸将各异意自疑，故每战多败。太祖堑围之三月，上下离心，其将侯成、宋宪、魏续缚陈宫，将其众降。

布与其麾下登白门楼。兵围急，乃下降。遂生缚布，布曰："缚太急，小缓之。"太祖曰："缚虎不得不急也。"布请曰："明公所患不过于布，今已服矣，天下不足忧。明公将步，令布将骑，则天下不足定也。"太祖有疑色。刘备进曰："明公不见布之事丁建阳及董太师乎！"太祖颔之。布因指备曰："是儿最叵信者。"于是缢杀布。布与宫、顺等皆枭首送许，然后葬之。

【译文】

吕布字奉先，五原郡九原人。因为勇猛威武而在并州任职。刺史丁原兼任骑都尉后，驻守在河内郡，任命吕布为主簿，对他十分亲近优待。汉灵帝去世后，丁原率部前往洛阳，与何进密谋诛杀灵帝生前宠信的多名宦官，被任命为执金吾。何进被宦官杀害后，董卓趁机进入洛阳，打算挑起战乱，杀掉丁原，收编他的军队。因为吕布是丁原信任的人，董卓便引诱他去杀丁原。吕布叛变，斩下丁原的首级献给董卓，于是董卓任命他为骑都尉，非常喜爱和信任他，发誓与他如同父子那样亲密。

吕布擅长骑射，体力过人，被称为"飞将"。不久他又被提拔为中郎将，封都亭侯。董卓自知待人无礼，害怕别人算计他，有任何行动常常都让吕布跟随，以保卫自己。但是董卓性格刚烈而又心胸狭隘，一发怒便不去考虑有什么后果，曾经因为有一件小事让他不满意，于是他随手拔出手戟投向吕布。吕布身手敏捷，避开了手戟，并就这件事向董卓道歉，董卓的怒气也就消了。吕布因此而暗中对董卓产生了怨恨。

先前，司徒王允认为吕布是并州城里非常雄壮强健的人，便与他结交，对他很优厚。后来吕布去见了王允，讲述了董卓差点杀掉他的经过。当时王允正与仆射士孙瑞密谋除掉董卓，因此便让吕布作为内应。吕布犹豫不决地说："我们亲如父子，这可如何下手呢？"王允说："你本姓吕，本来就不是他的亲生骨肉。现在你担忧自己的性命都还来不及，还说什么亲如父子！"于是吕布同意了，并亲手杀了董卓。王允任命吕布为奋武将军,授符节指挥军队,礼节待遇比照三公,进封为温侯,与他一起执掌政权。自从杀了董卓后,吕布对凉州人是既怕又恨,凉州人也都对他非常怨恨。因此李傕等人联合进攻长安。吕布无法抵挡,于是李傕攻进了长安。董卓死后一个多月,吕布也被打败了,带着几百人马出武关,打算投奔袁术。

吕布原以为杀了董卓,也算是替袁术报了仇,袁术会厚待他。不料袁术憎恶吕布的反复无常,拒绝接纳他。吕布只好带着人马又北上投奔袁绍,袁绍接纳了他,并与他一起去常山攻打张燕。张燕有精兵一万多人,骑兵数千人。吕布有一匹良马,名叫赤兔。他与亲信将领成廉、魏越等一起冲锋陷阵,击溃了张燕的军队。此后,吕布趁机扩充自己的兵力,而且他手下的将士也经常做些抢劫、掠夺的勾当,因此袁绍开始猜忌他。吕布也感觉到了袁绍对他的态度发生了变化,于是向袁绍请求离开。袁绍同意了,又害怕他反戈加害自己,就派遣体健力大的人充当刺客,想要在夜里秘密刺杀吕布,但他们没能找到吕布。这件事情暴露后,吕布急忙赶往河内郡,与张杨联合。袁绍再次派兵追杀吕布,但那些士兵都害怕他,没有一个人敢靠他太近。

张邈字孟卓,东平寿张人。少时以侠义闻名,接济贫困,救人于危难,倾尽家财而毫不吝啬,很多壮士都归附于他。曹操和袁绍都与张邈关系友好。朝廷征召他做官,他以出色的表现被任命为骑都尉,不久又升任陈留太守。董卓作乱的时候,曹操与张邈率先举兵讨伐。汴水之战时,张邈派部下卫兹率部跟随曹操作战。袁绍成为盟主后,变得骄傲自满、不可一世,张邈秉正发表议论批评他。袁绍派曹操杀张邈,曹操不从,反而批评袁绍说:"孟卓是我们的好友,无论如何都该包容他。现在天下动荡,不应自相残杀啊!"张邈知道此事后,更加感激曹操。曹操在征讨陶谦前对家人说:"我如果回不来,你们可以去投靠孟卓。"曹操回来后,见到张邈,两人相对垂泪。他们的关系亲密到这种程度。

吕布离开袁绍去投奔张杨的途中,去拜访了张邈,向他辞行,两人握手立下了誓约。袁绍听说后,非常不满。张邈担心曹操最终将会替袁绍杀了自己，心中惴惴不安。兴平元年（194年），曹操再次征讨陶谦。张邈的弟弟张超与曹操的部下陈宫、从事中郎许汜、王楷共同商议背叛曹操。陈宫劝说张邈："如今英雄豪杰同时起兵，天下分裂，您拥有广袤土地上的众多士兵，处在四面受敌的境地，抚剑四顾，也可称得上是人中豪杰，却反而受制于人，不是让人看不起吗？现在兖州的军队东征，城内空虚，吕布是个豪壮勇敢的人，善于作战，勇往直前，如果暂且迎他前来，一起治理兖州，静观天下形势，等待局势的变化而行动，这样或许可以做出一番大事业呢！"张邈听从了他的建议。

曹操讨伐陶谦时让陈宫带领部分将士留守东郡，于是陈宫领着这批人马东迎吕布，让他做了兖州牧，并占据了濮阳。周边的郡县都投靠了吕布，只有鄄城、东阿、范县被曹操的军队把守。曹操领军回师，与吕布在濮阳一带激战，曹操的军队遭遇失利，两军对战了一百多天，不分胜负。那时碰上大旱，又有蝗灾，庄稼颗粒无收，百姓中出现了人吃人的现象。吕布领兵向东驻守山阳，在两年的时间里，曹操收复了所有失地，在巨野打败吕布。吕布向东投奔了刘备。张邈跟随吕布逃跑，留下张超带着家属驻扎在雍丘。曹操围攻雍丘数月，在城中大肆屠杀，杀了张超及其家属。张邈向袁术求救，还没见到袁术，自己就被部下杀害了。

刘备向东讨伐袁术，吕布夺取了下邳，刘备只得回师归附吕布。吕布派刘备驻守小沛。吕布自称徐州刺史。袁术派大将纪灵带领步骑共三万人马进攻刘备，刘备向吕布求援。吕布手下将领对他说："将军您一直想除掉刘备，现在正好借袁术之手杀他。"吕布说："不能这样做。袁术如果打败了刘备，就会向北联合太山一带的将领，我们就会被袁术包围，我不得不去增援刘备啊。"于是部署步兵一千人、骑兵两百人，飞速赶去增援刘备。纪灵等人听说吕布前来增援刘备，只好收兵，不敢再进攻。吕布在小沛西南方向距离小沛一里远的地方扎营，派守门的隶卒去请纪灵等人，纪灵等人也请吕布一起饮酒进食。吕布对纪灵等人说："玄德（刘备）是我的兄弟。他被诸位围困，我特意赶来救他。我生性不爱看别人互相争斗，只喜欢让争斗双方和解。"吕布命令守门的军官在营门内竖起一支戟，说："诸位看我射戟上的小枝，若一箭射中，诸位应当立即收兵离开这里，如果没射中，那你们就留下与刘备决一死战。"吕布引弓向戟射出一箭，正好射中小枝。各位将领都很震惊，他们说："将军您真是有神奇的威力呀！"第二天，吕布又与诸将愉快地相会，然后各自收兵。

袁术想结交吕布，让他为己所用，于是向吕布提出让他的儿子娶吕布之女，吕布同意了。袁术派遣韩胤为使节，向吕布正式转达他即将称帝的决定，同时请求迎接吕布的女儿前来与自己的儿子成婚。沛相陈珪担心袁术和吕布结成姻亲后，徐州和扬州联合，将会危害国家，于是前去游说吕布："曹公奉迎天子，辅佐襄助朝政，威望显赫于当世，他现在将征伐四方之地，将军您应该与他共同谋划，以求得天下太平。如果您现在与袁术结成姻亲，将会被天下人非议，背上不合乎道义的罪名，那样形势就会非常危急了。"吕布内心也怨恨袁术当初不接纳自己，虽然他的女儿此时已经在前往袁术处的路上了，但他还是派人半路将女儿截回，拒绝了这门亲事，并将袁术派来的使者韩胤用枷锁、镣铐锁住，送往许都街市上斩首示众。

陈珪想派儿子陈登到曹操那里表明吕布愿意与曹操合作，吕布不肯派他去。正巧曹操的使者前来宣布命令，任命吕布为左将军。吕布大喜，于是让陈登启程，还命他进献奏章向朝廷谢恩。陈登拜谒曹操，陈述了吕布有勇无谋、反复无常、没有原则的缺点，希望曹操早日除掉他。曹操说："吕布居心狠毒，习性难改，的确不能让他久留世上，除了你没有人能如此熟悉内情。"他当即把陈珪的官秩提升到中二千石的等级，任命陈登为广陵太守。临别时，曹操拉着陈登的手说："东边的事就全托付给你了。"他命令陈登暗中分化吕布的队伍，为自己做内应。

起初，吕布想通过陈登求取徐州牧一职，陈登回来后，吕布见未能如愿，大怒，拔出戟来猛砍桌案说："你父亲劝我和曹公合作，我才拒绝与袁术结成姻亲；而现在我所希望得到的全部落空，你们父子反倒同时位高权重,我被你们出卖了!你倒说说看,你在曹公面前替我说了些什么?"陈登面不改色,从容地说:"我见曹公时说:'对待将军,要像豢养猛虎一样,用肉食来喂饱它,否则将会吃人。'曹公说:'并不像你说的那样。更像是养鹰,饥饿时可以利用,而吃饱了就会自顾飞去。'我们就是这样谈论您的。"吕布的怒气这才消解。

袁术听说后大怒,便与韩暹、杨奉等联合,派大将张勋领兵征讨吕布。吕布对陈珪说:"是你招致了袁术的军队来进攻,现在该怎么办呢?"陈珪说:"韩暹、杨奉和袁术仓促联兵,计划不是事先安排好的,肯定不能很好地合作,让我的儿子陈登用计瓦解他们,就像鸡生性不能群栖一样,他们也合不到一块儿去,可以把他们拆散。"吕布采纳了陈珪的计策,派人游说韩暹、杨奉,让他们反过来与自己联合攻打袁术,许诺向二人提供一切军械物资。于是韩暹和杨奉答应了吕布,和他一起对付张勋,张勋打了大败仗。

建安三年(198年),吕布再次背叛朝廷投靠袁术,并派高顺去攻打沛县的刘备,刘备大败。曹操派夏侯惇去增援刘备,也被高顺打败。曹操亲自领兵征伐吕布,到了下邳城下,写信给吕布,向他分析了利害得失。吕布打算投降,陈宫等人感到自己罪责太大,便劝吕布放弃这种打算。吕布一面派人向袁术求救,一面自己率领一千多名骑兵出来应战,大败,只得退回城中死守,再也不敢出战。袁术也救不了他。

吕布虽然勇敢威武,但是缺乏谋略,且心胸狭隘,好猜忌,不能管控部下,只会对手下部将言听计从。他的部将也是各怀心思,相互猜疑,所以每次作战多以失败告终。曹操在城下挖了壕沟,把吕布围困了三个月,吕布与手下貌合神离,将领侯成、宋宪、魏续绑着陈宫,领兵投降。

吕布与他的部下登上白门楼,眼见曹军层层围困形势危急,只好下城投降。曹操命人用绳索缚住吕布,吕布说:"绑得太紧了,请稍微松弛一点。"曹操说:"捆老虎不得不捆紧一点。"吕布请求说:"明公所担忧的不就是我吕布吗?如今我臣服了,天下就没有值得您忧虑的事了。明公您领步兵,就让我领骑兵,那天下就不难平定了。"曹操犹豫不决。刘备进言说:"明公难道没见过吕布过去是如何侍奉丁建阳(丁原)和董太师(董卓)的吗?"曹操点了点头。吕布于是怒骂刘备:"这小子是一个最没有信义的小人。"于是曹操下令将吕布绞死。吕布和陈宫、高顺都被斩下首级送往许都,然后他们的尸身才被埋葬。

荀彧传（节选）

【导读】

荀彧在曹操智囊团中的地位和作用，是其他人难以比肩的。曹操与他一见如故，称他是"吾之子房也"，子房，指的是汉高祖刘邦的首席谋士张良。曹操知人善任，将荀彧引为谋主，而荀彧也没有辜负曹操的厚望，奇谋迭出，算无遗策，为曹操的崛起立下了汗马功劳。在本传中，荀彧出色的能力主要表现在以下几个方面：一、替曹操固守鄄城，扭转了兖州的局势，使曹操保住了兖州这块唯一的根据地；二、建言曹操迎汉献帝于许，曹操从此挟天子以令诸侯，取得发号施令的政治优势；三、精辟分析了天下形势，以及曹操与袁绍双方的虚实优劣，坚定了曹操与袁绍决战的信心。

荀彧辅佐曹操的本意，应该是平定战乱，恢复天下的秩序。因此，他反对曹操晋爵魏公，享受九锡的殊荣，以此表示自己忠于汉室的心志。此举引来曹操的不满和猜忌，所以，曹操不久后征讨孙权时，就把荀彧留在身边，名义上是"参丞相军事"，其实是对他进行控制和监视。在这种处境中，荀彧郁郁而终。据裴注引《魏氏春秋》的说法，荀彧是被曹操逼死的。陈寿著史，往往为尊者讳，所以写到荀彧之死，只是含混不清、闪烁其词。

【原文】

荀彧字文若，颍川颍阴人也。祖父淑，字季和，朗陵令。当汉顺、桓之间，知名当世。有子八人，号曰八龙。彧父绲，济南相。

彧年少时，南阳何颙异之，曰："王佐才也。"永汉元年，举孝廉，拜守宫令。董卓之乱，求出补吏。除亢父令，遂弃官归，谓父老曰："颍川，四战之地也，天下有变，常为兵冲，宜亟去之，无久留。"乡人多怀土犹豫，会冀州牧同郡韩馥遣骑迎之，莫有随者，彧独将宗族至冀州。而袁绍已夺馥位，待彧以上宾之礼。彧弟谌及同郡辛评、郭图，皆为绍所任。彧度绍终不能成大事，时太祖为奋武将军，在东郡，初平二年，彧去绍从太祖。太祖大悦曰："吾之子房也。"以为司马，时年二十九。是时，董卓威陵天下，太祖以问彧，彧曰："卓暴虐已甚，必以乱终，无能为也。"卓遣李傕等出关东，所过虏略，至颍川、陈留而还。乡人留者多见杀略。明年，太祖领兖州牧，后为镇东将军，彧常以司马从。兴平元年，太祖征陶谦，任彧留事。会张邈、陈宫以兖州反，潜迎吕布。布既至，邈乃使刘翊告彧曰："吕将军来助曹使君击陶谦，宜亟供其军食。"众疑惑。彧知邈为乱，即勒兵设备，驰召东郡太守夏侯惇，而兖州诸城皆应布矣。时太祖悉军攻谦，留守兵少，而督将大吏多与邈、宫通谋。惇至，其夜诛谋叛者数十人，众乃定。豫州刺史郭贡帅众数万来至城下，或言与吕布同谋，众甚惧。贡求见彧，彧将往。惇等曰："君，一州镇也，往必危，不可。"彧曰："贡与邈等，分非素结也，今来速，计必未定；及其未定说之，纵不为用，可使中立；若先疑之，彼将怒而成计。"贡见彧无惧意，谓鄄城未易攻，遂引兵去。又与程昱计，使说范、东阿，卒全三城，以待太祖。太祖自徐州还击布濮阳，布东走。

陶谦死，太祖欲遂取徐州，还乃定布。彧曰："昔高祖保关中，光武据河内，皆深根固本以制天下，进足以胜敌，退足以坚守，故虽有困败而终济大业。将军本以兖州首事，平山东之难，百姓无不归心悦服。且河、济，天下之要地也，今虽残坏，犹易以自保，是亦将军之关中、河内也，不可以不先定。今以破李封、薛兰，若分兵东击陈宫，宫必不敢西顾，以其间勒兵收熟麦，约食畜谷，一举而布可破也。破布，然后南结扬州，共讨袁术，以临淮、泗。若舍布而东，多留兵则不足用，少留兵则民皆保城，不得樵采。布乘虚寇暴，民心益危，唯鄄城、范、卫可全，其余非己之有，是无兖州也。若徐州不定，将军当安所归乎？且陶谦虽死，徐州未易亡也。彼惩往年之败，将惧而结亲，相为表里。今东方皆以收麦，必坚壁清野以待将军。将军攻之不拔，略之无获，不出十日，则十万之众未战而自困耳。前讨徐州，威罚实行，其子弟念父兄之耻，必人自为守，无降心，就能破之，尚不可有也。夫事固有弃此取彼者，以大易小可也，以安易危可也，权一时之势，不患本之不固可也。今三者莫利，愿将军熟虑之。"太祖乃止。大收麦，复与布战，分兵平诸县。布败走，兖州遂平。

建安元年，太祖击破黄巾。汉献帝自河东还洛阳。

太祖议奉迎都许，或以山东未平，韩暹、杨奉新将天子到洛阳，北连张杨，未可卒制。或劝太祖曰："昔高祖东伐为义帝缟素而天下归心。自天子播越，将军首唱义兵，徒以山东扰乱，未能远赴关右，然犹分遣将帅，蒙险通使，虽御难于外，乃心无不在王室，是将军匡天下之素志也。今车驾旋轸，义士有存本之思，百姓感旧而增哀。诚因此时，奉主上以从民望，大顺也；秉至公以服雄杰，大略也；扶弘义以致英俊，大德也。天下虽有逆节，必不能为累，明矣。韩暹、杨奉其敢为害！若不时定，四方生心，后虽虑之，无及。"太祖遂至洛阳，奉迎天子都许。天子拜太祖大将军，进彧为汉侍中，守尚书令。常居中持重，太祖虽征伐在外，军国事皆与彧筹焉。太祖问彧："谁能代卿为我谋者？"彧言"荀攸、钟繇"。先是，彧言策谋士，进戏志才。志才卒，又进郭嘉。太祖以彧为知人，诸所进达皆称职，唯严象为扬州，韦康为凉州，后败亡。

　　自太祖之迎天子也，袁绍内怀不服。绍既并河朔，天下畏其强。太祖方东忧吕布，南拒张绣，而绣败太祖军于宛。绍益骄，与太祖书，其辞悖慢。太祖大怒，出入动静变于常，众皆谓以失利于张绣故也。钟繇以问彧，彧曰："公之聪明，必不追咎往事，殆有他虑。"则见太祖问之，太祖乃以绍书示彧，曰："今将讨不义，而力不敌，何如？"彧曰："古之成败者，诚有其才，虽弱必强，苟非其人，虽强易弱，刘、项之存亡，足以观矣。今与公争天下者，唯袁绍尔。绍貌外宽而内忌，任人而疑其心；公明达不拘，唯才所宜，此度胜也。绍迟重少决，失在后机；公能断大事，应变无方，此谋胜也。绍御军宽缓，法令不立，士卒虽众，其实难用；公法令既明，赏罚必行，士卒虽寡，皆争致死，此武胜也。绍凭世资，从容饰智，以收名誉，故士之寡能好问者多归之；公以至仁待人，推诚心不为虚美，行己谨俭，而与有功者无所吝惜，故天下忠正效实之士咸愿为用，此德胜也。夫以四胜辅天子，扶义征伐，谁敢不从？绍之强其何能为！"太祖悦。或曰："不先取吕布，河北亦未易图也。"太祖曰："然。吾所惑者，又恐绍侵扰关中，乱羌、胡，南诱蜀汉，是我独以兖、豫抗天下六分之五也。为将奈何？"或曰："关中将帅以十数，莫能相一，唯韩遂、马超最强。彼见山东方争，必各拥众自保。今若抚以恩德，遣使连和，相持虽不能久安，比公安定山东，足以不动。锺繇可属以西事。则公无忧矣。"

三年，太祖既破张绣，东禽吕布，定徐州，遂与袁绍相拒。孔融谓或曰："绍地广兵强；田丰、许攸，智计之士也，为之谋；审配、逢纪，尽忠之臣也，任其事；颜良、文丑，勇冠三军，统其兵：殆难克乎！"或曰："绍兵虽多而法不整。田丰刚而犯上，许攸贪而不治。审配专而无谋，逢纪果而自用，此二人留知后事，若攸家犯其法，必不能纵也，不纵，攸必为变。颜良、文丑，一夫之勇耳，可一战而禽也。"五年，与绍连战。太祖保官渡，绍围之。太祖军粮方尽，书与或，议欲还许以引绍。或曰："今军食虽少，未若楚、汉在荥阳、成皋间也。是时刘、项莫肯先退，先退者势屈也。公以十分居一之众，画地而守之，扼其喉而不得进，已半年矣。情见势竭，必将有变,此用奇之时,不可失也。"太祖乃住。遂以奇兵袭绍别屯,斩其将淳于琼等,绍退走。审配以许攸家不法,收其妻子,攸怒叛绍;颜良、文丑临阵授首;田丰以谏见诛:皆如彧所策。

六年,太祖就谷东平之安民,粮少,不足与河北相支,欲因绍新破,以其间击讨刘表。彧曰:"今绍败,其众离心,宜乘其困,遂定之;而背兖、豫,远师江、汉,若绍收其余烬,承虚以出人后,则公事去矣。"太祖复次于河上。绍病死。太祖渡河,击绍子谭、尚。八年,太祖录彧前后功,表封彧为万岁亭侯。九年,太祖拔邺,领冀州牧。或说太祖"宜复古置九州,则冀州所制者广大,天下服矣"。太祖将从之,彧言曰:"若是,则冀州当得河东、冯翊、扶风、西河、幽、并之地,所夺者众。前日公破袁尚,禽审配,海内震骇,必人人自恐不得保其土地,守其兵众也;今使分属冀州,将皆动心。且人多说关右诸将以闭关之计;今闻此,以为必以次见夺。一旦生变,虽有守善者,转相胁为非,则袁尚得宽其死,而袁谭怀贰,刘表遂保江、汉之间,天下未易图也。愿公急引兵先定河北,然后修复旧京,南临荆州,责贡之不入,则天下咸知公意,人人自安。天下大定,乃议古制,此社稷长久之利也。"太祖遂寝九州议。

太祖将伐刘表,问彧策安出,彧曰:"今华夏已平,南土知困矣。可显出宛、叶而间行轻进,以掩其不意。"太祖遂行。会表病死,太祖直趋宛、叶如彧计,表子琮以州逆降。

十七年,董昭等谓太祖宜进爵国公,九锡备物,以彰殊勋,密以谘彧。或以为太祖本兴义兵以匡朝宁国,秉忠贞之诚,守退让之实;君子爱人以德,不宜如此。太祖由是心不能平。会征孙权,表请彧劳军于谯,因辄留彧,以侍中光禄大夫持节,参丞相军事。太祖军至濡须,彧疾留寿春,以忧薨,时年五十,谥曰敬侯。明年,太祖遂为魏公矣。

【译文】

荀彧字文若,颍川颍阴人。祖父荀淑,字季和,是朗陵县令。在汉顺帝、桓帝年间,闻名于当世。荀淑有八个儿子,号称"八龙"。荀彧的父亲荀绲是济南国相。

荀彧小时候,南阳人何颙认为他不同寻常,说:"真是辅佐帝王的人才啊!"汉献帝永汉元年(189年),荀彧被推举为孝廉,做了守宫令。董卓之乱时,他请求出任地方官,被任命为亢父县令,后来弃官归家,对父老乡亲说:"颍川是四面受敌的地方,天下一旦有什么变故,往往成为军事要冲,应该尽快离开这里,不可久留。"乡亲们大都留恋故土,犹豫不决,正巧同为颍川郡人的冀州牧韩馥派骑兵来迎接他,没有人跟随他,荀彧只带了他的同族人去了冀州。这时袁绍已经夺取了韩馥的职位,用对待上等宾客的礼节来对待荀彧。荀彧的弟弟荀谌和同郡的辛评、郭图,也都被袁绍所任用。荀彧估量袁绍最终难以成就大事,当时曹操为奋武将军,驻扎在东郡,初平二年(191年),荀彧离开袁绍投奔了曹操。曹操十分高兴地说:"你就是我的子房(指西汉初年的张良)啊!"任命他为司马,当时荀彧只有二十九岁。这时,董卓权倾天下,曹操向荀彧询问对策,荀彧说:"董卓暴虐至极,必定会因暴乱而灭亡,成不了大气候。"董卓派遣部将李傕等人出了关东,所经之地烧杀抢掠,直到颍川、陈留才撤军。荀彧的乡人留下未走的大多都被杀死或掳走。第二年曹操代理兖州牧,后来又做了镇东将军,荀彧经常以司马的身份随侍左右。兴平元年(194年),曹操出征陶谦,任命荀彧主管留守之事。适逢张邈、陈宫在兖州叛乱，暗中迎接吕布主政兖州。吕布来了以后，张邈便派刘翊告诉荀彧说："吕将军前来帮助曹使君攻打陶谦，应该马上向他供应军粮。"众人都感到疑惑不解。荀彧知道张邈已经发动叛乱，立即部署军队，做好防备，然后快马传召东郡太守夏侯惇，而这时兖州所辖诸城皆已响应了吕布。此时曹操全力以赴进攻陶谦，留守的兵力很少，而且带兵的将领和主事官吏大多与张邈、陈宫同谋。夏侯惇到来以后，连夜诛杀数十个阴谋叛乱的人，将士们才安定下来。豫州刺史郭贡率领数万部众来到城下，有人说他和吕布同谋，众人都非常害怕。郭贡请求见荀彧，荀彧准备去见他，夏侯惇等人说道："您是一州的镇守者，去了肯定有危险，所以绝不能前往。"荀彧说："郭贡和张邈等人，并非平时就有交情，现在来得急迫，主意肯定没有完全定下来。趁他没有拿定主意而去劝说他，即使他不和我们站在一边，也可使他保持中立；如果先怀疑他，他就会在一怒之下做出与我们为敌的决定。"郭贡见到荀彧，看见荀彧毫不畏惧，以为鄄城并不能轻易攻下，于是带兵离去。荀彧又和程昱商议，派人去范县和东阿县游说，最终保全了三座城池，等待曹操到来。曹操自徐州回师，在濮阳进攻吕布，吕布向东败逃。

　　陶谦死后，曹操想要趁机夺取徐州，回师时再平定吕布。荀彧说："当年汉高祖保有关中，光武帝据守河内，都是先巩固根基再征服天下，他们进可以克敌制胜，退又足以固守自保，因此虽然遭受过挫折和失败，但最终成就了大业。将军本来是在兖州起事，平定了崤山以东地区的祸乱，百姓无不诚心归服。而且黄河、济水一带是天下的要地，现在虽然残破，但还是容易自我保存的，这里也就是将军的关中、河内啊，不能不先平定下来。现在已经打败了李封、薛兰，如果分兵向东进攻陈宫，陈宫肯定不敢向西迎战，可以利用这个空隙组织军队收割成熟的麦子，节约粮食，储备谷物，就能够一举打败吕布。打败了吕布，然后再向南联合扬州刺史刘繇，与他共同讨伐袁术，进而控制淮水、泗水一带。如果放弃攻打吕布而向东袭取徐州，多留守军则东进的兵力不足，少留守军则城内兵力不够，老百姓也得参加守城，无法出去打柴。而吕布就会乘虚入侵劫掠,百姓就会更加恐惧不安,只有鄄城、范县、东阿三个地方还可以保全,剩下的都不能为我所有,这样就失去兖州了。如果再不能平定徐州,将军又该退居哪儿呢？再说陶谦虽死,徐州并不能轻易被拿下。他们借鉴往年失败的教训,将会因畏惧而紧密联合,彼此内外配合。如今东方都已经收割麦子,他们肯定会坚壁清野来抵御将军。将军攻城又攻不下,粮食又抢不到,不出十天,十万大军就会不战而陷入困境。上次讨伐徐州的时候,曾经实行严酷的武力惩罚,徐州的士兵牢记着父兄的耻辱,必然会个个拼死固守,不会有投降的想法,即便攻下此城,也不能牢牢占有。事情本来就是有舍此取彼的情况,以大换小可以；以安换危可以；权衡一时的形势,不担心根据地不够稳固也是可以的。现在以上三种有利情形我们都不具备,希望将军慎重考虑啊！"曹操便放弃了他的打算。于是曹军大力收割麦子,然后再与吕布交战,又分兵平定了各县。吕布败逃,兖州得以平定。

  建安元年(196年),曹操打败了黄巾军。汉献帝从河东回到洛阳。曹操打算迎接天子迁都许县,有人认为崤山以东地区尚未平定,韩暹、杨奉刚将天子送回洛阳,并且和北面的张杨联合,不可能很快制服他们。荀彧劝说曹操:"当年高祖东征,为义帝发丧致哀,而天下人心归附。自从天子流亡以来,将军首先发起正义的行动,只是因为山东的战乱,尚未奔赴关西,但还是分派将领冒着危险与朝廷互派使者,即使在外面御敌平叛,内心也无时无刻不想着王室,这是将军拯救天下的一贯志向。现在天子圣驾回京,忠臣义士有保卫王室的愿望,平民百姓因感念旧主而增添哀伤。如果能够借此机会而拥戴天子以顺应民心,这可谓是大顺；秉持大公无私之心以使英雄豪杰归附,这可谓是大略；坚守大义招揽贤才俊杰,这可谓是大德。天下虽然有犯上的逆贼,但不会成为多大的忧患。这是明摆着的道理。韩暹、杨奉他们怎敢作乱为害！如果不能及时迎天子迁都而稳定局势,四方都离心离德,以后再怎样谋划,也来不及了。"曹操于是到了洛阳,迎接天子迁都许县。天子任命曹操为大将军,提拔荀彧为侍中,代理尚书令。荀彧经常在朝中承担重任,曹操虽然征伐在外,但军国大事都和荀彧商量。曹操曾询问荀彧:"谁能代替你替我出谋划策?"荀彧说:"荀攸、锺繇可以。"此前,荀彧说到策士和谋士的时候,曾推荐过戏志才。戏志才死后,又推荐了郭嘉。曹操认为荀彧有知人之明,他所推荐的人都很称职,只有严象做扬州刺史,韦康做凉州刺史,后来兵败身亡。

  自从曹操迎接天子定都许县,袁绍内心不服。袁绍已经兼并了黄河以北各郡县,天下人都畏惧他实力强大。曹操这时正东面担忧着吕布,南面抗击着张绣,而张绣又使曹军在宛城遭受失败。袁绍便更加骄横,他给曹操写信,言辞傲慢无礼。曹操非常愤怒,出入举止变得失常,众人都以为是与张绣作战失利的缘故。锺繇询问荀彧对此事的看法,荀彧说:"以曹公的聪明,肯定不会追究往事,大概是为其他事感到忧愁。"荀彧便去询问曹操,曹操拿出袁绍的书信给荀彧看,并且说道:"我现在想讨伐那个行不义之事的人,但是力量不济,怎么办?"荀彧说:"自古以来,成功与失败的道理是,如果确实有才能,即使暂时力量弱小,最终也会变得强大;如果不是能成大器的人,即使一时强大,终究也会变得弱小。刘邦和项羽的存亡,就足以证明这个道理。现在与您争夺天下的人,只有袁绍而已。袁绍表面宽厚而内心猜忌,虽任用人才却又胡乱猜疑;而您开通豁达,不拘一格,唯才是用,这是您在度量方面胜过他。袁绍为人优柔寡断,往往错失良机;而您面临大事时能当机立断,而且善于随机应变,不墨守成规,这是您在谋略方面胜过他。袁绍治军不严,对下属纵容姑息,有法不依,有令不行,因此士卒虽多,其实难以遣用;而您法令严明,各项奖惩措施都会切实执行,士卒虽少,但都能拼死力战,这是您在用兵方面胜过他。袁绍凭借祖先的功业,矫揉造作,自作聪明,沽名钓誉,因而士人中那些徒有虚名而无真才实学的人大都投奔他;而您以最大的仁德待人,推心置腹而不矫揉粉饰,言行谨慎善于自律,而赏赐功臣则毫不吝惜,所以天下忠诚正直、务实肯干的人都愿为您效力,这是您在品德方面胜过他。您凭借这四种优势辅佐天子,仗义征伐,谁敢不服从?袁绍表面的强大又算得了什么呢?"曹操听后非常高兴。荀彧又说:

"如果不先打败吕布,黄河以北地区也不容易谋取。"曹操说:"说得对。但是我所疑虑的是,担心袁绍又去侵扰关中,与羌人、胡人相勾结,再向南引诱、勾结蜀郡的刘璋,这样就是我们用兖州、豫州来对抗天下六分之五的力量了。我们该怎么办呢?"荀彧说:"关中将帅有数十个,但都不能统一在一起,只有韩遂、马超的力量最强。他们看见崤山以东地区正在争斗,一定会各自统领自己的军队自保。现在如果对他们施行仁德和恩惠,派遣使者与他们通好,彼此即使不能长时间安然相处,但在您平定崤山以东地区之前,足以使他们不会对我们采取行动。可以把西面的事情交给锺繇,您就可以高枕无忧了。"

建安三年(198年),曹操打败张绣以后,在东面活捉了吕布,平定了徐州,于是与袁绍对抗。孔融对荀彧说:"袁绍地广兵强,而且有田丰、许攸这样的智谋之士替他出谋划策,有审配、逢纪这样的尽忠之臣替他承担事务,有颜良、文丑这样勇冠三军的将领统率军队,恐怕我们难以战胜他吧!"荀彧说:"袁绍兵力虽多,但法令不严。田丰刚直犯上,许攸贪婪而不检点。审配专断而缺乏谋略,逢纪果决而刚愎自用,这两个人留守主持后方事务,如果许攸的家人违犯了法令,他俩一定不会放过他,不宽纵,许攸势必叛变。颜良、文丑,不过是匹夫之勇而已,一战就可以擒获。"建安五年(200年),曹操与袁绍接连作战。曹军守卫官渡,袁绍领兵包围曹军,曹军粮草将要用尽,曹操便写信给荀彧,商议打算回军许都以牵制袁绍。荀彧说:"现在我军军粮虽少,但还比不上当年西楚霸王项羽和汉王刘邦相持于荥阳、成皋之间那样艰难。当时刘邦和项羽都不肯先退兵,因为先退兵的一方在形势上就会处于劣势。您仅用相当于敌人十分之一的兵力,就地坚守,扼住了敌人的咽喉,使他们不得前进,至今已经有半年的时间了。现在敌人的情势已表现出窘迫,锐气已经衰竭,局面肯定会发生变化,这正是采用奇谋妙计的好时机,不能错过。"于是曹操留了下来,用奇兵袭击袁绍设在乌巢的粮草大营,斩杀了袁绍的将领淳于琼等人,袁绍败退而走。审配因许攸的家人不遵守法令,便逮捕了许攸的妻子儿女,许攸一怒之下背叛了袁绍;颜良、文丑在阵前被斩;

田丰因进谏而被杀：这一切都像荀彧所预料的那样。

建安六年（201年），曹操率军到东平郡的安民亭，就地解决军粮问题。但因粮少，不足以与黄河以北的袁绍势力相抗衡，曹操便想趁袁绍刚刚打了败仗，利用这个空隙去攻打刘表。荀彧说："现在袁绍刚刚被打败，他的部众人心涣散，应该趁他陷入困境，一鼓作气，歼灭他。如果离开兖州、豫州，远征江、汉，一旦袁绍收合残部，乘虚而入，偷袭我军的后方，那么您的大业就付诸东流了。"曹操于是再次驻军于黄河岸边。袁绍病死以后，曹操渡过黄河，进攻袁绍的儿子袁谭、袁尚。建安八年（203年），曹操登记荀彧前后的功劳，上表请求封荀彧为万岁亭侯。建安九年（204年），曹操攻下邺城，兼任冀州牧。有人劝说曹操："应该恢复古代所设的九州，那样冀州所控制的地盘广大，天下百姓就会顺从了。"曹操准备采纳这个建议，荀彧对他说："如果这样的话，冀州就应该包括河东、冯翊、扶风、西河、幽州、并州等地，要夺取的土地很多。此前，您打败袁尚，活捉审配，天下已经震动惊恐，每个人必定都会害怕保不住自己的土地，守不住自己的部众。现在要让他们分属于冀州，势必使他们内心不安。况且，很多人都劝说关西将领闭关自守，现在听到这个消息，他们一定会以为自己将会被逐个吞并。一旦发生变乱，即使有一些将领不想作乱，也会被胁迫着作恶。那么，袁尚就会苟延残喘，袁谭就会怀有异心，刘表也就保有了江、汉一带，天下也就很难继续图谋了。希望您赶快带兵先平定黄河以北，然后修复旧京洛阳，再南征荆州刘表，指责他不向天子朝贡，这样天下人就都知道您的意图，人人都会安心。等天下基本安定下来以后，再去计议恢复古制，这才是关系国家长远利益的大计。"曹操于是放弃了恢复九州的想法。

曹操将要征伐刘表，询问荀彧采用什么计策，荀彧说道："现在中原地区已经平定了，南方已经知道形势不妙了。可以表面上从宛县、叶县出兵，暗地里从小路轻装前进，出其不意打他们个措手不及。"曹操于是出兵。正赶上刘表病死，曹操按照荀彧的计策直接出兵宛县、叶县，刘表的儿子刘琮献出荆州投降。

建安十七年(212年),董昭等人认为曹操应该晋爵为国公,受赐象征臣子最高礼遇的九种礼器,以此表彰他的杰出功勋,他们暗中征询荀彧的意见。荀彧认为曹操本来是发动义兵以匡复汉室,安邦定国,应当秉持忠诚坚贞之心,保持谦逊的操守。君子爱人是爱其德行,所以荀彧认为不应该那样做。曹操因此对荀彧不满。适逢征讨孙权,曹操就上表请求让荀彧到谯县慰劳军队,因此将荀彧留在那里,表面上还任命他为侍中、光禄大夫、持节,参与丞相府军事决策。曹操的军队到濡须,荀彧因病留在寿春,郁郁而终,时年五十岁,后来被追谥为敬侯。第二年,曹操就做了魏公。

郭嘉传（节选）

【导读】

  曹操之所以能成就大业，除了自身政治军事才能过人、知人善任外，还与他身边有一批优秀的谋士为他运筹演谋有关。其中最著名的谋臣要数荀彧、荀攸、郭嘉和程昱等人。对于他们各自的功绩，曹操心中自有评论。他将荀彧比作"吾之子房"；认为荀攸"非常人也，吾得与之计事，天下当何忧哉"；与程昱一见如故，并且断言"卿当终为吾腹心"；至于郭嘉，他留给曹操的第一印象就是"使孤成大业者，必此人也"，后来又评价他"平定天下，谋功为高"。应该说这样的评价还是比较高的。

  郭嘉和荀彧是两种不同类型的谋士。荀彧主要是统筹规划，制定方针，在关乎曹操集团政治、军事走向的大事上做曹操的内参；郭嘉作为曹操的随军谋士，主要是帮他分析敌情、为他提供军事计谋，他分析了孙策的个性，预测了孙策将被刺杀；又利用袁谭、袁尚兄弟之间的矛盾，选准时机将他们各个击破；曹操北征袁尚和三郡乌丸时，郭嘉准确地分析了刘表的心态，打消了曹操的部下对刘表可能会趁机派兵偷袭许都的顾虑，轻兵速进，一举取胜。他还善于把握曹操的心理，据此提出的计谋十分契合曹操的意图，所以曹操才会说："唯奉孝为能知孤意。"

由于曹操的这些谋士当中要数郭嘉最年轻,所以曹操计划让他将来继续辅佐自己的继承人,只可惜郭嘉英年早逝,让曹操深感惋惜。

【原文】

郭嘉字奉孝,颍川阳翟人也。初,北见袁绍,谓绍谋臣辛评、郭图曰:"夫智者审于量主,故百举百全而功名可立也。袁公徒欲效周公之下士,而未知用人之机。多端寡要,好谋无决,欲与共济天下大难,定霸王之业,难矣!"于是遂去之。先是时,颍川戏志才,筹画士也,太祖甚器之。早卒。太祖与荀彧书曰:"自志才亡后,莫可与计事者。汝、颍固多奇士,谁可以继之?"彧荐嘉。召见,论天下事。太祖曰:"使孤成大业者,必此人也。"嘉出,亦喜曰:"真吾主也。"表为司空军祭酒。

征吕布,三战破之,布退固守。时士卒疲倦,太祖欲引军还,嘉说太祖急攻之,遂禽布。

孙策转斗千里,尽有江东,闻太祖与袁绍相持于官渡,将渡江北袭许。众闻皆惧,嘉料之曰:"策新并江东,所诛皆英豪雄杰,能得人死力者也。然策轻而无备,虽有百万之众,无异于独行中原也。若刺客伏起,一人之敌耳。以吾观之,必死于匹夫之手。"策临江未济,果为许贡客所杀。

从破袁绍,绍死,又从讨谭、尚于黎阳,连战数克。诸将欲乘胜遂攻之,嘉曰:"袁绍爱此二子,莫嫡立也。有郭图、逢纪为之谋臣,必交斗其间,还相离也。急之则相持,缓之而后争心生。不如南向荆州若征刘表者,以待其变;变成而后击之,可一举定也。"太祖曰:

"善。"乃南征。军至西平,谭、尚果争冀州。谭为尚军所败,走保平原,遣辛毗乞降。太祖还救之,遂从定邺。又从攻谭于南皮,冀州平。封嘉洧阳亭侯。

太祖将征袁尚及三郡乌丸,诸下多惧刘表使刘备袭许以讨太祖,嘉曰:"公虽威震天下,胡恃其远,必不设备。因其无备,卒然击之,可破灭也。且袁绍有恩于民夷,而尚兄弟生存。今四州之民,徒以威附,德施未加,舍而南征,尚因乌丸之资,招其死主之臣,胡人一动,民夷俱应,以生蹋顿之心,成觊觎之计,恐青、冀非己之有也。表,坐谈客耳,自知才不足以御备,重任之则恐不能制,轻任之则备不为用,虽虚国远征,公无忧矣。"太祖遂行。

至易,嘉言曰:"兵贵神速。今千里袭人,辎重多,难以趣利,且彼闻之,必为备;不如留辎重,轻兵兼道以出,掩其不意。"太祖乃密出卢龙塞,直指单于庭。虏卒闻太祖至,惶怖合战。大破之,斩蹋顿及名王已下。尚及兄熙走辽东。

嘉深通有算略,达于事情。太祖曰:"唯奉孝为能知孤意。"年三十八,自柳城还,疾笃,太祖问疾者交错。及薨,临其丧,哀甚,谓荀攸等曰:"诸君年皆孤辈也,唯奉孝最少。天下事竟,欲以后事属之,而中年夭折,命也夫!"乃表曰:"军祭酒郭嘉,自从征伐,十有一年。每有大议,临敌制变。臣策未决,嘉辄成之。平定天下,谋功为高。不幸短命,事业未终。追思嘉勋,实不可忘。可增邑八百户,并前千户。"谥曰贞侯。子奕嗣。

后太祖征荆州还,于巴丘遇疾疫,烧船,叹曰:"郭奉孝在，不使孤至此。"

初，陈群非嘉不治行检，数廷诉嘉，嘉意自若。太祖愈益重之，然以群能持正，亦悦焉。

【译文】

郭嘉字奉孝，颍川郡阳翟县人。当初，郭嘉到北方去拜见袁绍，对袁绍的谋臣辛评、郭图说："明智的人审慎地衡量和选择自己将要侍奉的主公，所以他们行动无数次都能获得成功，因而成就功名。袁公只是想效法上古时周公礼贤下士的做法，却并不知晓用人的关键。做事头绪太多，不得要领，对问题思考谋划太多却不善作出决断，要想和他这样的人一起拯救天下的危难，成就霸业，太难了！"郭嘉在这时就离开了袁绍。在这之前，颍川人戏志才是一个善于出谋划策的人，曹操非常器重他。可惜他很早就去世了。曹操写信给荀彧说："自从戏志才去世后，找不到可以跟我一起谋划大事的人。汝南和颍川两地德行才能出众的人确实很多，有谁可以接替他呢？"荀彧于是推荐了郭嘉。曹操召见郭嘉，和他一起议论天下大事。曹操说："能让我成就伟大功业的，一定是这个人。"郭嘉出来后，也高兴地说："他真的是值得我侍奉的主公啊！"曹操向朝廷上表推荐郭嘉为司空军祭酒。

曹操征讨吕布，经过几场战斗打败了他，吕布退兵死守。当时士兵疲倦，曹操想要率领军队返回，郭嘉劝说曹操赶紧进攻吕布的军队，于是生擒了吕布。

孙策长途辗转作战，完全占据了江东地区，他得知曹操与袁绍在官渡对战的消息后，打算渡江向北方进发来袭击许都。曹操的部下听说后都非常害怕，郭嘉推测说："孙策刚刚统一了江东地区，所杀的全是英雄豪杰，值得别人为他奋力死战。但是孙策轻敌没有防备，即使他拥兵百万，也与独自在原野中行走没有什么两样。如果有埋伏的刺客一跃而起，只要一个人就可以与他匹敌了。依我看，他必定会死于普通人之手。"孙策尚未渡过长江，果然被许贡的门客刺杀了。

郭嘉跟随曹操打败袁绍，袁绍死后，又跟随曹操在黎阳讨伐袁绍的儿子袁谭、袁尚，接连几场战斗都取得了胜利。曹操手下的各位将领都打算乘胜追击进攻袁氏，郭嘉说："袁绍宠爱这两个儿子，不知道该立谁为继承人。袁氏兄弟手下分别有郭图、逢纪替他们出谋划策，两个人一定会内斗，再发展成彼此分离。如果我们急着进攻他们，两人内斗的局面会暂时停止，然后他们会联合起来对抗我们；如果我们暂缓进攻计划，他们两个人以后又会互相争斗。我们不如挥军南下向荆州进发，装作征讨刘表的军队，来等待袁氏兄弟发生内乱；他们发生内乱之后我们再进击，就可以一举打败他们了。"曹操说："好。"于是他率军南征。当曹军到达西平后，袁谭和袁尚果然开始争夺冀州。袁谭被袁尚的军队打败，撤兵守卫平原县，派遣辛毗向曹操请降。曹操回师援救袁谭，于是郭嘉跟随曹操的大军平定了邺城。后来他又跟随曹军在南皮进攻袁谭，冀州后来被曹操平定了。郭嘉被朝廷封为洧阳亭侯。

曹操即将征讨袁尚和辽西、辽东、右北平三郡的乌丸，他的部下中有很多人担心刘表会趁机派遣刘备袭击许都来讨伐曹操，郭嘉对曹操说："您虽然威震天下，但乌丸部落倚仗自己地处僻远，必定未设防备。我们可以趁其没有设防，发动突然袭击，一定可以消灭他们。况且袁绍对乌丸百姓有恩德，而且袁尚兄弟还活着。现在青、冀、幽、并四州的百姓，只是因为曹公您的威势才使他们归顺，但您还没有对他们施加恩德。如果舍弃这四州之地而南征刘表，那袁尚必定会依靠乌丸的帮助，招纳能为主人拼死效命的人；乌丸的军队一旦行动起来，当地的汉族和少数民族的百姓都将响应，这样会使蹋顿（辽西乌丸的首领）产生进犯中原的野心，成就他非分侵吞中原的计划，只怕到时候青州和冀州将不再为我们所有了。刘表这个人，只不过是一个只知空谈而没有多少实际能力的人罢了，他自知其才力不足以驾驭刘备，重用刘备就会担心无法控制他，不重用刘备的话又不能使刘备为他效力。因此，即使我们在国内兵力空虚的情况下远征乌丸，您也不需要担忧什么。"于是曹操率军出征。

到达易县时，郭嘉说："兵贵神速。现在我军长途跋涉袭击敌军，军用物资太多，很难迅速掌握有利战机，况且如果敌人得到了消息，必定会有所戒备；不如将军用物资留下，让轻装的部队加速行军，出其不意地攻击敌人。"曹操于是秘密地从卢龙塞出兵，直接攻向单于的大本营。乌丸士兵听说曹操的军队来了，惊恐万分，仓促交战。曹军大败乌丸军队，斩杀了蹋顿和几个有名的首领。袁尚和他的哥哥袁熙逃往辽东。

郭嘉深沉通达，有谋略，通晓事理人情。曹操说："只有郭奉孝最能了解我的心思。"郭嘉三十八岁时，从柳城回来，病得很严重，曹操非常焦急，前后几拨派出去探望郭嘉的使者往来不断。郭嘉病逝后，曹操亲自出席郭嘉的丧礼，他非常悲痛，对荀攸等人说："各位的年纪都跟孤相近，只有奉孝最年轻。等到天下都平定之后，孤本想把将来的事业托付给郭嘉，他却不幸中年早逝，这难道就是命运的安排吗？"于是他向朝廷上表说："军祭酒郭嘉，从追随我征战起，到现在已经有十一年了。每次需要作出重大决策的时候，他都能在敌军面前灵活应变。我还拿不定主意的时候，郭嘉就帮我作出了决定。平定天下，郭嘉在出谋划策方面的功勋很高。只可惜郭嘉不幸早逝，事业还没有完成。追念郭嘉的功勋，这些实在不能被遗忘。建议给郭嘉增加食邑八百户，加上之前的食邑累计是一千户。"赐郭嘉谥号为贞侯。他的儿子郭奕继承了他的爵位。

后来曹操南征荆州后回师，在巴丘遇上瘟疫，又被东吴烧掉了战船，曹操慨叹："如果郭奉孝还健在，就不会让我落到现在这个地步了。"

当初，陈群责备郭嘉品行不佳，多次在朝堂上公开指责郭嘉，郭嘉却并不在意。曹操因此更加器重郭嘉，但他同时认为陈群操守正派，也很高兴。

张辽传（节选）

【导读】

在《三国志·魏书》中，张辽是与乐进、于禁、张郃、徐晃合传的，他们都是曹操麾下功勋卓著的名将，但是相比之下，张辽似乎又在其他四人之上，因此被陈寿列为曹魏五子良将第一人。

另外，就张辽的身世经历、为人和战绩来说，也是很有意思的。早年他先后依附丁原、董卓、吕布，直到归降曹操以后，才适得其所，终于成就了赫赫功业，可见"良禽择木而栖"这句古语的正确。张辽勇猛过人，但却不是一介武夫，而是颇有韬略胆识的，这也是名将不可或缺的条件。

张辽主要守御南方，是第二次合肥之战中的曹军统帅，曾创造了以步卒八百破敌十万的辉煌战绩。陈寿浓墨重彩地叙写了张辽指挥的合肥之战，文笔生动精彩。一代名将，跃然纸上，给读者留下深刻印象。

【原文】

张辽字文远，雁门马邑人也。本聂壹之后，以避怨变姓。少为郡吏。汉末，并州刺史丁原以辽武力过人，召为从事，使将兵诣京都。何进遣诣河北募兵，得千余人。还,进败,以兵属董卓。卓败,以兵属吕布,迁骑都尉。布为李傕所败,从布东奔徐州,领鲁相,时年二十八。太祖破吕布于下邳,辽将其众降,拜中郎将,赐爵关内侯。数有战功,迁裨将军。袁绍破,别遣辽定鲁国诸县。与夏侯渊围昌豨于东海,数月粮尽,议引军还,辽谓渊曰:"数日已来,每行诸围,豨辄属目视辽。又其射矢更稀,此必豨计犹豫,故不力战。辽欲挑与语,倘可诱也?"乃使谓豨曰:"公有命,使辽传之。"豨果下与辽语,辽为说"太祖神武,方以德怀四方,先附者受大赏"。豨乃许降。辽遂单身上三公山,入豨家,拜妻子。豨欢喜,随诣太祖。太祖遣豨还,责辽曰:"此非大将法也。"辽谢曰:"以明公威信著于四海,辽奉圣旨,豨必不敢害故也。"

从讨袁谭、袁尚于黎阳,有功,行中坚将军。从攻尚于邺,尚坚守不下。太祖还许,使辽与乐进拔阴安,徙其民河南。复从攻邺,邺破,辽别徇赵国、常山,招降缘山诸贼及黑山孙轻等。从攻袁谭,谭破,别将徇海滨,破辽东贼柳毅等。还邺,太祖自出迎辽,引共载,以辽为荡寇将军。复别击荆州,定江夏诸县,还屯临颍,封都亭侯。从征袁尚于柳城,卒与虏遇,辽劝太祖战,气甚奋,太祖壮之,自以所持麾授辽。遂击,大破之,斩单于蹋顿。

时荆州未定,复遣辽屯长社。临发,军中有谋反者,夜惊乱起火,一军尽扰。辽谓左右曰:"勿动。是不一营尽反,必有造变者,欲以动乱人耳。"乃令军中,其不反者安坐。辽将亲兵数十人,中阵而立。有顷定,即得首谋者杀之。陈兰、梅成以氐六县叛,太祖遣于禁、臧霸等讨成,辽督张郃、牛盖等讨兰。成伪降禁,禁还。成遂将其众就兰,转入灊山。灊中有天柱山,高峻二十余里,道险狭,步径裁通,兰等壁其上。辽欲进,诸将曰:"兵少道险,难用深入。"辽曰:"此所谓一与一,勇者得前耳。"遂进到山下安营,攻之,斩兰、成首,尽虏其众。太祖论诸将功,曰:"登天山,履峻险,以取兰、成,荡寇功也。"增邑,假节。

太祖既征孙权还,使辽与乐进、李典等将七千余人屯合肥。太祖征张鲁,教与护军薛悌,署函边曰"贼至乃发"。俄而权率十万众围合肥,乃共发教,教曰:"若孙权至者,张、李将军出战;乐将军守,护军勿得与战。"诸将皆疑。辽曰:"公远征在外,比救至,彼破我必矣。是以教指及其未合逆击之,折其盛势,以安众心,然后可守也。成败之机,在此一战,诸君何疑?"李典亦与辽同。于是辽夜募敢从之士,得八百人,椎牛飨将士,明日大战。平旦,辽被甲持戟,先登陷阵,杀数十人,斩二将,大呼自名,冲垒入,至权麾下。权大惊,众不知所为,走登高冢,以长戟自守。辽叱权下战,权不敢动,望见辽所将众少,乃聚围辽数重。辽左右麾围,直前急击,围开,辽将麾下数十人得出,余众号呼曰:"将军弃我乎!"辽复还突围,拔出余众。权人马皆披靡,无敢当者。自旦战至日中,吴人夺气,还修守备,众心乃安,诸将咸服。权守合肥十余日,城不可拔,乃引退。辽率诸军追击,几复获权。太祖大壮辽,拜征东将军。建安二十一年,太祖复征孙权,到合肥,循行辽战处,叹息者良久。乃增辽兵,多留诸军,徙屯居巢。

关羽围曹仁于樊,会权称藩,召辽及诸军悉还救仁。辽未至,徐晃已破关羽,仁围解。辽与太祖会摩陂。辽军至,太祖乘辇出劳之,还屯陈郡。文帝即王位,转前将军。孙权复叛,遣辽还屯合肥,进辽爵都乡侯。给辽母舆车,及兵马送辽家诣屯,敕辽母至,导从出迎。所督诸军将吏皆罗拜道侧,观者荣之。文帝践阼,封晋阳侯,增邑千户,并前二千六百户。黄初二年,辽朝洛阳宫,文帝引辽会建始殿,亲问破吴意状。帝叹息顾左右曰:"此亦古之召虎也。"为起第舍,又特为辽母作殿,以辽所从破吴军应募步卒,皆为虎贲。孙权复称藩。辽还屯雍丘,得疾。帝遣侍中刘晔将太医视疾。虎贲问消息,道路相属。疾未瘳,帝迎辽就行在所,车驾亲临,执其手,赐以御衣,太官日送御食。疾小差,还屯。孙权复叛,帝遣辽乘舟,与曹休至海陵,临江。权甚惮焉,敕诸将:"张辽虽病,不可当也,慎之!"是岁,辽与诸将破权将吕范。辽病笃,遂薨于江都。帝为流涕,谥曰刚侯。六年,帝追念辽、典在合肥之功,诏曰:"合肥之役,辽、典以步卒八百,破贼十万,自古用兵,未之有也。使贼至今夺气,可谓国之爪牙矣。其分辽、典邑各百户,赐一子爵关内侯。"

【译文】

张辽字文远,雁门马邑人。原是聂壹的后代,因为躲避仇家而改姓。他年轻时担任郡吏。汉末,并州刺史丁原因张辽武艺高超,力量过人,召他做从事,让他带兵去京都。何进派他到黄河以北招募兵力,召来一千多人。回到京城以后,何进被杀,张辽带着招募来的兵众归附了董卓。

董卓败亡以后,他又率部众归附吕布,被提拔为骑都尉。吕布被李傕打败以后,张辽又跟随吕布逃奔徐州,兼任鲁国国相,时年二十八岁。曹操在下邳打败吕布,张辽率众投降曹操,被任命为中郎将,赐爵关内侯。屡立战功,升为裨将军。袁绍被打败以后,曹操派张辽另率一支军队平定鲁国各县。在东海郡,他与夏侯渊包围了吕布的余党昌豨,几个月过后,粮食接续不上,有人提议撤军,张辽对夏侯渊说:"最近几天,我每次巡视军营,昌豨都专注地盯着我。而且他们射出的箭逐渐减少,一定是昌豨没有拿定主意,不知道该战还是该降,所以并不拼力奋战。我想诱使他和我对话,或许可以劝他投降。"于是派使者对昌豨说:"曹公有令,让张辽传达给你。"昌豨果然从城楼上下来与张辽对话,张辽说道:"曹公神勇威武,现在要以仁德怀柔四方,先归附的将受到重赏。"于是昌豨同意投降。张辽就独自上了三公山,来到昌豨家,拜见了他的妻子。昌豨非常高兴,跟随张辽拜见了曹操。曹操将昌豨打发走后,责备张辽说:"这不是大将做事的方法。"张辽谢罪说:"凭着您显扬于四海的威信,我奉朝廷的旨意传话,昌豨肯定不敢害我。"

他又跟随曹操在黎阳征讨袁谭、袁尚,立下战功,代理中坚将军。后随曹操到邺县进攻袁尚,袁尚坚守,难以攻下。曹操回到许都,派张辽和乐进攻取阴安,将当地百姓迁徙到黄河以南。又随同进攻邺县,邺县被攻占,张辽另率一支军队进攻赵国、常山,招降了沿山的各路山贼和黑山的孙轻等人。此后,又跟随曹操进攻袁谭,打败袁谭之后,曹操另派他率兵攻取海滨,打败辽东的贼寇柳毅等。回到邺县,曹操亲自出来迎接,拉他一同乘车,提升他做荡寇将军。又领兵攻打荆州,平定江夏各县,回军驻守临颍,被封为都亭侯。后来又随曹操去柳城征讨袁尚,突然与敌人相遇,张辽劝曹操迎战,斗志昂扬,曹操为了鼓舞士气,就将自己手中的令旗交给他。于是张辽指挥军队出击,大败敌军,斩杀了单于蹋顿。

此时荆州尚未平定,曹操又派张辽驻守长社。临行前,军中有人谋反,趁夜间纵火呼叫,全军都被扰乱。张辽对身边人说:"不要动。这不是全营都造反了,肯定是那些制造事变的人想借此扰乱军心。"于是传令军营,不想造反的人安稳坐下。张辽率领几十个亲兵,列队站在军营中间。过了一会儿,骚乱平定下来,张辽找出主谋,并将他杀掉。陈兰、梅成煽动氐族聚居的六个县的百姓发动叛乱,曹操派遣于禁、臧霸等人讨伐梅成,令张辽督率张郃、牛盖等人讨伐陈兰。梅成假装投降于禁,于禁撤军。梅成率部众与陈兰的军队合并,转入灊山。灊县境内有天柱山,高峻险要,山路二十余里,道路崎岖狭窄,只有一条仅容一人通过的羊肠小路通到山顶,陈兰等人在上面筑起营垒。张辽想要进军,众将都说:"兵少路险,难以深入。"张辽说:"这就是春秋时期齐国的申鲜虞所说的因为道路狭窄、兵车不能并行而只能一对一单打独斗的情况,只有勇敢的人才能占到先机。"于是进军到山下,安营扎寨,向敌人发起攻击,取了陈兰、梅成的首级,并且俘获了他们所有人马。曹操评定众将功劳时说:"登天柱山,经历艰难险阻,战胜了陈兰和梅成,这是荡寇将军的功劳啊。"给张辽增加了食邑,并授予他符节。

曹操征讨孙权回师,命令张辽和乐进、李典等人率领七千多人驻守合肥。曹操要讨伐张鲁,交给护军薛悌一封密令,密令封皮边缘处写着"敌人来了再启封"。不久,孙权率领十万多人包围合肥,于是薛悌和众将领打开了密令,密令说:"如果孙权来了,张、李二将军出战;乐将军留守,薛护军不得参战。"几位将领都满腹狐疑。张辽说:"曹公远征在外,如果我们按兵不动,一味死守合肥,等救兵赶到时,我们必定已被敌军打败。所以,曹公指示我们趁敌人尚未完全将我们包围之前主动出击,挫败敌人的锐气,以稳定军心,然后城池方可守住。成败的关键在于此战,诸位有什么疑虑呢?"李典也和张辽的看法一致。于是张辽连夜招募敢死队员,一共集合了八百多人,杀牛犒劳他们,准备第二天大战。天一亮,张辽披挂铠甲,手执长戟,率先冲进敌阵,杀死数十名敌兵,斩了两员敌将,大声喊着自己的名字,杀入敌人的营寨,直杀到孙权的麾下。孙权大惊,众人也不知所措,于是孙权逃上高丘,用长戟自卫。张辽大声责骂孙权,要他下来交战,孙权不敢出战,后来望见张辽带领的士兵很少,孙权的部众才渐渐聚拢将张辽团团围住。张辽左右冲击，奋力突围，冲破包围圈，率数十人冲了出来，其他士兵喊道："将军要丢下我们吗？"张辽又杀了回来，救出余下的士兵。孙权的人马都望风披靡，不敢抵抗。从早上战斗到中午，吴军丧失了士气，退回去修筑防御工事，曹营将士才心情安定下来，众位将军都很佩服张辽。孙权围攻合肥十余日，始终没能攻下，便率军撤退。张辽又率军追击，差一点活捉了孙权。曹操高度赞扬张辽的勇武，任命他为征东将军。建安二十一年（216年），曹操再次征讨孙权，到达合肥，巡视张辽当初作战的地方，感叹良久。于是扩充了张辽的部队，多留几支队伍，让他移驻居巢。

关羽将曹仁围困在樊城，适逢孙权向魏国称臣，曹操召张辽和各路军队回军援救曹仁。张辽尚未赶到，徐晃已经打败了关羽，曹仁被解除围困。张辽与曹操会师于摩陂。张辽的军队一到，曹操便乘辇车出来犒劳他们。后来张辽还军屯守陈郡。曹丕做魏王以后，张辽调任前将军。孙权再次叛乱，张辽又被派去屯驻合肥，进封为都乡侯。魏王赐给张辽的母亲一辆舆车，并派兵马护送张辽的家眷到驻地，还下令说张辽的母亲到达驻地以后，仪仗队要出来迎接。张辽麾下的各军将士都要在路边围绕着跪拜，围观的人都认为张辽一家无比荣耀。曹丕即帝位后，张辽受封为晋阳侯，增加食邑一千户，加上以前的共计两千六百户。黄初二年（221年），张辽前往洛阳宫朝拜，文帝带他到建始殿会谈，亲自询问他当年打败吴军的情景。文帝对左右侍从感慨地说："他也是古代召虎一样的勇将啊！"文帝下令为他建造宅第，又特意为他母亲建了一座大殿，将张辽过去招募的那些跟着他打败吴军的士卒全部赐予他，做他的侍卫亲兵。孙权又向魏文帝称臣。张辽回军屯驻雍丘，病倒了，文帝派侍中刘晔带太医来给他看病。不断被派去探问病情的侍卫在路上络绎不绝。张辽的病情没见好转，文帝便接张辽到自己的行在居住，并亲自乘马车前来探望，握着他的手，赐给他一件御衣，并让太官每天送御膳给他。张辽病情略微好转以后，便回到驻地。孙权再次反叛，文帝派张辽乘船，与曹休一同到海陵，在江边驻军。孙权心存畏惧，敕令众将说："张辽虽患病，但不可抵挡，一定要谨慎行事！"这一年，张辽与诸位将领打败了孙权的将领吕范。张辽病重,在江都去世。文帝为之落泪,追谥他为刚侯。黄初六年(225年),文帝追念张辽、李典在合肥的战功,下诏说:"合肥战役,张辽、李典以八百步兵,打败了敌人的十万大军,自古以来用兵,从没有过这样的战例。使敌人至今都没有恢复元气,这二人真可谓国家的虎将。现分给张辽、李典食邑各一百户,分别赐封每人的一个儿子为关内侯。"

锺会传（节选）

【导读】

　　锺会在《三国志·魏书》中与王凌等四人合传，原因就在于他们都因反叛而不得善终。其他四人的反叛，或是为了维护曹魏政权而反对司马氏，或是见逼于司马氏而不得不反，或者是被诬陷为谋反，这些姑且不论。单说锺会，他的举兵反叛，原因只是他功名盖世，不肯复居人下，是政治野心无限膨胀的必然结果。

　　平定蜀汉，是锺会一生事业的顶点；举兵反叛，又是他以性命为代价进行的一次冒险。所以本传用大部分篇幅来记述锺会在汉中、巴蜀的行事，简直就是一篇"锺会入川记"。

　　锺会虽文武双全、有勇有谋，但根本不是老谋深算的司马昭的对手，其悲剧下场是必然的。阅读本传，也可以使我们领略司马昭阴险狡诈的为人。史家笔法中的互现法，在本传中有充分的体现。

【原文】

　　　　锺会字士季，颍川长社人，太傅繇小子也。少敏惠夙成。中护军蒋济著论，谓"观其眸子，足以知人"。会年五岁,繇遣见济,济甚异之,曰:"非常人也。"及壮,有才数技艺,而博学精练名理,以夜续昼,由是获声誉。正始中,以为秘书郎,迁尚书中书侍郎。高贵乡公即尊位,赐爵关内侯。

毌丘俭作乱,大将军司马景王东征,会从,典知密事,卫将军司马文王为大军后继。景王薨于许昌,文王总统六军,会谋谟帷幄。时中诏敕尚书傅嘏,以东南新定,权留卫将军屯许昌为内外之援,令嘏率诸军还。会与嘏谋,使嘏表上,辄与卫将军俱发,还到雒水南屯住。于是朝廷拜文王为大将军、辅政,会迁黄门侍郎,封东武亭侯,邑三百户。

甘露二年,征诸葛诞为司空,时会丧宁在家,策诞必不从命,驰白文王。文王以事已施行,不复追改。及诞反,车驾住项,文王至寿春,会复从行。

初,吴大将全琮,孙权之婚亲重臣也,琮子怿,孙静,从子端、翩、缉等,皆将兵来救诞。怿兄子辉、仪留建业,与其家内争讼,携其母,将部曲数十家渡江,自归文王。会建策,密为辉、仪作书,使辉、仪所亲信赍入城告怿等,说吴中怒怿等不能拔寿春,欲尽诛诸将家,故逃来归命。怿等恐惧,遂将所领开东城门出降,皆蒙封宠,城中由是乖离。寿春之破,会谋居多,亲待日隆,时人谓之子房。军还,迁为太仆,固辞不就。以中郎在大将军府管记室事,为腹心之任。以讨诸葛诞功,进爵陈侯,屡让不受。诏曰:"会典综军事,参同计策,料敌制胜,有谋谟之勋,而推宠固让,辞指款实,前后累重,志不可夺。夫成功不处,古人所重,其听会所执,以成其美。"迁司隶校尉。虽在外司,时政损益,当世与夺,无不综典。嵇康等见诛,皆会谋也。

文王以蜀大将姜维屡扰边陲,料蜀国小民疲,资力单竭,欲大举图蜀。惟会亦以为蜀可取,豫共筹度地形,考论事势。景元三年冬,以会为镇西将军、假节都督关中诸军事。文王敕青、徐、兖、豫、荆、扬诸州,并使作船,又令唐咨作浮海大船,外为将伐吴者。四年秋,乃下诏使邓艾、诸葛绪各统诸军三万余人,艾趣甘松、沓中连缀维,绪趣武街、桥头绝维归路。会统十余万众,分从斜谷、骆谷入。先命牙门将许仪在前治道,会在后行,而桥穿,马足陷,于是斩仪。仪者,许褚之子,有功王室,犹不原贷。诸军闻之,莫不震竦。蜀令诸围皆不得战,退还汉、乐二城守。魏兴太守刘钦趣子午谷,诸军数道平行,至汉中。蜀监军王含守乐城,护军蒋斌守汉城,兵各五千。会使护军荀恺、前将军李辅各统万人,恺围汉城,辅围乐城。会径过,西出阳安口,遣人祭诸葛亮之墓。使护军胡烈等行前,攻破关城,得库藏积谷。姜维自沓中还,至阴平,合集士众,欲赴关城。未到,闻其已破,退趣白水,与蜀将张翼、廖化等合守剑阁拒会。

邓艾追姜维到阴平,简选精锐,欲从汉德阳入江由、左儋道诣绵竹,趣成都,与诸葛绪共行。绪以本受节度邀姜维,西行非本诏,遂进军前向白水,与会合。会遣将军田章等从剑阁西,径出江由。未至百里,章先破蜀伏兵三校,艾使章先登,遂长驱而前。会与绪军向剑阁,会欲专军势,密白绪畏懦不进,槛车征还。军悉属会,进攻剑阁,不克,引退,蜀军保险拒守。艾遂至绵竹,大战,斩诸葛瞻。维等闻瞻已破,率其众东入于巴。会乃进军至涪,遣胡烈、田续、庞会等追维。艾进军向成都,刘禅诣艾降,遣使敕维等令降于会。维至广汉郪县,令兵悉放器仗,送节传于胡烈,便从东道诣会降。会于是禁检士众不得钞略,虚己诱纳,以接蜀之群司,与维情好欢甚。十二月诏曰:"会所向摧弊,前无强敌,缄制众城,罔罗迸逸。蜀之豪帅,面缚归命。谋无遗策,举无废功。凡所降诛,动以万计,全胜独克,有征无战。拓平西夏,方隅清晏。其以会为司徒,进封县侯,增邑万户。封子二人亭侯,邑各千户。"

会内有异志,因邓艾承制专事,密白艾有反状,于是诏书槛车征艾。司马文王惧艾或不从命,敕会并进军成都,监军卫瓘在会前行,以文王手笔令宣喻艾军,艾军皆释仗,遂收艾入槛车。会所惮惟艾,艾既禽而会寻至,独统大众,威震西土。自谓功名盖世,不可复为人下,加猛将锐卒皆在己手,遂谋反。欲使姜维等皆将蜀兵出斜谷,会自将大众随其后。既至长安,令骑士从陆道,步兵从水道顺流浮渭入河,以为五日可到孟津,与骑会洛阳,一旦天下可定也。会得文王书云:"恐邓艾或不就征,今遣中护军贾充将步骑万人径入斜谷,屯乐城,吾自将十万屯长安,相见在近。"会得书,惊呼所亲语之曰:"但取邓艾,相国知我能独办之。今来大重,必觉我异矣,便当速发。事成,可得天下;不成,退保蜀汉,不失作刘备也。我自淮南以来,画无遗策,四海所共知也。我欲持此安归乎!"会以五年正月十五日至,其明日，悉请护军、郡守、牙门骑督以上及蜀之故官，为太后发丧于蜀朝堂。矫太后遗诏，使会起兵废文王，皆班示坐上人，使下议讫，书版署置，更使所亲信代领诸军。所请群官，悉闭著益州诸曹屋中，城门宫门皆闭，严兵围守。会帐下督丘建本属胡烈，烈荐之文王，会请以自随，任爱之。建愍烈独坐，启会，使听内一亲兵出取饮食，诸牙门随例各内一人。烈绐语亲兵及疏与其子曰："丘建密说消息，会已作大坑，白棓数千，欲悉呼外兵入，人赐白帕，拜为散将，以次棓杀坑中。"诸牙门亲兵亦咸说此语，一夜传相告，皆遍。或谓会："可尽杀牙门骑督以上。"会犹豫未决。十八日日中，烈军兵与烈儿雷鼓出门，诸军兵不期皆鼓噪出，曾无督促之者，而争先赴城。时方给与姜维铠杖，白外有匈匈声，似失火，有顷，白兵走向城。会惊，谓维曰："兵来似欲作恶，当云何？"维曰："但当击之耳。"会遣兵悉杀所闭诸牙门郡守，内人共举机以柱门，兵斫门，不能破。斯须，门外倚梯登城，或烧城屋，蚁附乱进，矢下如雨，牙门、郡守各缘屋出，与其卒兵相得。姜维率会左右战，手杀五六人。众既格斩维，争赴杀会。会时年四十，将士死者数百人。

初，文王欲遣会伐蜀，西曹属邵悌求见曰："今遣锺会率十余万众伐蜀，愚谓会单身无重任，不若使余人行。"文王笑曰："我宁当复不知此邪？蜀为天下作患，使民不得安息，我今伐之如指掌耳，而众人皆言蜀不可伐。夫人心豫怯则智勇并竭，智勇并竭而强使之，适为敌禽耳。惟锺会与人意同，今遣会伐蜀，必可灭蜀。灭蜀之后,就如卿所虑,当何所能一办耶?凡败军之将不可以语勇,亡国之大夫不可与图存,心胆以破故也。若蜀以破,遗民震恐,不足与图事。中国将士各自思归,不肯与同也。若作恶,只自灭族耳。卿不须忧此,慎莫使人闻也。"及会白邓艾不轨,文王将西,悌复曰:"锺会所统,五六倍于邓艾,但可敕会取艾,不足自行。"文王曰:"卿忘前时所言邪,而更云可不须行乎?虽尔,此言不可宣也。我要自当以信义待人,但人不当负我,我岂可先人生心哉!近日贾护军问我,言:'颇疑锺会不?'我答言:'如今遣卿行,宁可复疑卿邪?'贾亦无以易我语也。我到长安,则自了矣。"军至长安,会果已死,咸如所策。

【译文】

锺会字士季,颖川长社人,是太傅锺繇的幼子。少时机敏聪慧,少年早成。中护军蒋济有句名言道:"观察一个人的眼睛,足以了解这个人。"锺会五岁时,锺繇带他去见蒋济,蒋济认为他很不一般,说:"这个孩子不同寻常。"长大以后,更是多才多艺,博学多识,又精心研究名理之学,夜以继日地读书,因此获得声誉。正始年间,被任命为秘书郎,升任尚书郎、中书侍郎。高贵乡公曹髦即帝位以后,赐给他关内侯的爵位。

毌丘俭作乱,大将军司马师东征,锺会随从,执掌机要事务,卫将军司马昭所部作为后续部队。司马师在许昌去世以后,由司马昭统领六路兵马东征,锺会出任运筹帷幄的军师。这时宫中下诏给尚书傅嘏,鉴于东南刚刚安定,暂且留卫将军司马昭屯驻许昌,以便里应外合,而让傅嘏率领各路兵马回京。锺会与傅嘏谋划,让傅嘏上表给高贵乡公,然后与卫将军司马昭一起出发,回到洛水南岸屯驻。于是朝廷封司马昭为大将军、辅政大臣,锺会升任黄门侍郎,封为东武亭侯,食邑三百户。

甘露二年(257年),朝廷征召诸葛诞入京任司空,当时锺会守丧在家,他估计诸葛诞肯定不会听从任命,于是驰马禀报司马昭,让他收回成命。司马昭因为事情已经定下,就没再改变主意。等到诸葛诞反叛,皇帝住在项县,司马昭率军至寿春讨伐诸葛诞,锺会也随同前往。

当初,吴国大将全琮是孙权的姻亲重臣,全琮的儿子全怿、孙子全静,侄子全端、全翩、全缉等都率兵来解救诸葛诞。全怿哥哥的儿子全辉、全仪留在建业,和家人产生矛盾,便带着母亲,率领家丁数十人渡江,投奔了司马昭。锺会献策,暗中以全辉、全仪的名义写了封假信,让全辉、全仪的亲信送呈寿春城的全怿等人,谎称东吴人怨恨全怿等人不能攻下寿春,想要将出征将领的家人全部杀掉,所以,他们逃了出来并投奔了司马昭。全怿等人见信以后,十分恐惧,于是率领自己的部众打开东城门出降,他们都得到了魏国的封赏。寿春城内部因此出现分裂。攻破寿春,主要是采用了锺会的谋略,因此锺会愈来愈受到司马昭的亲近和器重,当时的人都称他为"子房(即西汉的张良)"。回军以后,朝廷提升他为太仆,他坚决推辞,没有就职,后以中郎的身份在大将军府掌管记室事务,为司马昭的心腹。因为讨伐诸葛诞有功,被封为陈侯,但他多次辞让,没有接受。皇帝下诏说:"锺会参与处理军务,出谋划策,料敌制胜,有谋划之功,但他却不受封赏,言辞恳切,先后数次辞让,不肯改变主意。有功劳却不居功自傲,这种美德一向为古人所推重,那就依顺锺会的意愿,以成全他的美德。"于是擢升他为司隶校尉,虽在外任职,但朝中大小事务,官吏的任免,锺会无不参与。嵇康等人被杀,都是锺会的主意。

司马昭鉴于蜀汉大将姜维屡次侵扰边境,料想蜀汉国小民疲,财力匮乏,便要出动大军灭蜀。锺会也认为可以灭掉蜀汉,并且和司马昭一同研究地形,预测战争形势。景元三年(262年)冬天,朝廷任命锺会为镇西将军,授予符节,让他统领关中军。司马昭下令青州、徐州、兖州、豫州、荆州、扬州各州,建造战船。又下令唐咨建造航海大船,对外制造出将要讨伐东吴的假象。景元四年(263年)秋天,朝廷下诏令邓艾、诸葛绪各率三万多人马,邓艾赴甘松、沓中牵制姜维,诸葛绪赴武街、桥头截断姜维的退路。锺会率领十多万人马,分别从斜谷、骆谷入蜀。事先派牙门将许仪在前面修路,锺会率大军随后而至,过桥时,马蹄陷进桥面的漏洞,于是锺会斩杀了许仪。许仪是许褚的儿子,许褚为朝廷立过大功,锺会并未因此而宽恕许仪。各路军队听说此事,无不感到震恐。蜀汉命令各据点都不准迎战,全部退守汉城和乐城。魏兴太守刘钦率军赴子午谷,各路大军齐头并进,到达汉中。蜀汉监军王含把守乐城,护军蒋斌把守汉城,各有五千兵马。锺会派护军荀恺、前将军李辅各率一万人马,荀恺包围了汉城,李辅包围了乐城。锺会率军一直前行,往西过了阳安口,派人祭扫诸葛亮的墓地。他派护军胡烈等人做先锋,攻破了关城,获得了城内仓库中的粮食。姜维从沓中撤军,到了阴平,集合兵力,想奔赴关城,还没赶到,听说关城已被攻破,于是退往白水,与蜀将张翼、廖化等合兵据守剑阁,抵御锺会的进攻。

邓艾追击姜维到阴平,挑选精锐的士卒,想从汉德阳经由江由、左儋道到达绵竹,奔往成都,准备与诸葛绪一起前行。诸葛绪认为自己本来受命拦截姜维,并没有接到要他西行的诏令,便进军前往白水,与锺会会合。锺会派遣将军田章等自剑阁西行,直接出江由。行军还不到一百里,田章已经先攻破了蜀军三个校的伏兵,邓艾让田章当先锋,于是大军长驱直入。锺会与诸葛绪向剑阁开进,锺会想独揽军权,便密报朝廷,说诸葛绪畏敌不前,诸葛绪被关进囚车押回京城。于是军权全部落入锺会的手中,锺会下令进攻剑阁,没有攻克,便带领军队撤退,蜀军占据险要地势固守。此时邓艾已经到达绵竹,与蜀军大战,杀了诸葛瞻。姜维等闻知诸葛瞻已被打败,便率领部众向东进入巴郡。锺会于是率军到达涪县,并派胡烈、田续、庞会等追击姜维。邓艾向成都进军,蜀后主刘禅向邓艾投降,同时派遣使者命令姜维等人向锺会投降。姜维到达广汉郡郪县,传令全军放下武器,把军中的符节送给胡烈,然后从东道向锺会投降。于是,锺会下令禁止士卒抢掠,还虚心接纳蜀汉各级官员,以使他们归顺,同姜维的感情也十分亲密。十二月,朝廷下诏说:"锺会所向披靡,英勇无敌,控制了蜀地各城,布下天罗地网追捕逃窜的敌人。蜀国大将束手投降。锺会谋事周详,战无不胜。他歼灭、诱降的敌人数以万计,大获全胜,可谓不战而胜。平定西蜀,边境太平。封锺会为司徒,并进封县侯,增加食邑一万户。封他的两个儿子为亭侯,食邑各一千户。"

锺会内怀叛逆之心,因为邓艾秉承朝廷旨意可以单独决策,便密报朝廷说邓艾要谋反,于是朝廷下令,用囚车押送邓艾回京城。司马昭担心邓艾可能不服从命令,便命令锺会进军成都,监军卫瓘在锺会之前上路,拿着司马昭的手令告谕邓艾的部下,邓艾的部下都放下武器,于是邓艾被押上囚车。锺会所惧怕的人唯有邓艾,邓艾被押走以后,锺会很快抵达成都,独揽大权,威震西蜀。他自以为功名盖世,不再甘居人下,加之猛将精兵都在自己手中,于是密谋反叛。他打算让姜维等人率领蜀军出斜谷,自己率大军紧随其后。到长安以后,锺会再让骑兵走陆路,步兵乘船沿水路由渭水进入黄河,估算五天即可到达孟津,然后与骑兵在洛阳会合,便可很快拥有天下。锺会收到司马昭的书信,信上说:"我担心邓艾可能不听从命令,现在派遣中护军贾充率领一万名步兵直入斜谷,驻军乐城,我自己统率十万大军驻守长安,我们很快就会见面的。"锺会看过书信,吃惊地对自己的亲信说:"只抓一个邓艾,相国(指司马昭)清楚我是完全可以单独办到的。但是现在派了这么多兵力前来,肯定是他发现了我有造反的想法,因此,我们应该迅速出兵。事成的话,可以拥有天下;如果不成,也能够退守西蜀,像当年的刘备那样偏安一隅。我从淮南之战以来,谋划从未失策过,这是天下有目共睹的。我功高名盛,肯定会受君王猜忌,哪里会有什么好下场呢!"于是锺会在景元五年(264年)正月十五日到成都,第二天,遍请护军、郡守、牙门骑督以上官员以及过去蜀汉的官吏,在蜀汉朝堂为太后(魏明帝的皇后郭氏)发丧。锺会假称太后有遗诏,让他起兵废黜司马昭,他还把假诏书出示给在座的人,让大家讨论,并将大家的意见记录下来,又安排自己的亲信接管各路军队。他请来的官员都被软禁在益州各官府中,城门、宫门都紧紧关闭起来,由重兵把守。锺会的帐下督丘建本来是胡烈的下属,胡烈把他推荐给司马昭,锺会请他跟随自己伐蜀,很信任重用他。丘建怜悯胡烈被单独关押,请求锺会让胡烈的一名亲兵出来给胡烈取水取食,各位武将也按例各留一名亲兵在身边。胡烈欺骗亲兵,并且给儿子写了一封书信,说:"丘建透露消息,说锺会已挖好大坑,准备了几千根白棍,打算叫其他各路军队的将士进来,每人赐给一顶白帽,并任命为散将,然后依次用棍棒打死,埋入坑中。"各位将领的亲兵也都传说这一消息,一夜之间,互相传告,都知道了这个消息。有人对锺会说:"可将骑督以上的将领都杀掉。"锺会犹豫不决。十八日中午,胡烈的部下和胡烈的儿子擂鼓出了营门,其他各支队伍的士兵也都不约而同地击鼓,呐喊着冲出营门,并没有人率领,却都争先恐后地奔赴城门。这时,锺会刚刚发给姜维铠甲和兵器,有人传报,外面有喧闹声,好像失火了,过了一会儿,又说士兵涌向城门。锺会大惊,对姜维说:"士兵好像要造反,怎么办?"姜维说:"只好杀掉他们了。"于是锺会命部下把囚禁起来的所有将领和郡守都杀掉,里面的人一齐举起门杠顶住大门,外面的士兵用刀砍门,没有砍破。过了一会儿,门外乱兵竖起梯子登上城墙,有人放火烧了城楼,纷纷涌入城中,箭落如雨,各位将领和郡守都从屋中出来,与他们的部下会合。姜维率领锺会的卫兵冲杀,亲手杀了五六人。经过一阵激战,众人杀了姜维,随后又一拥而上,争着杀了锺会。锺会时年四十岁,当时还有几百名将士丧命。

当初司马昭派锺会讨伐西蜀,西曹属官邵悌求见,说:"如今派锺会率十多万大军伐蜀,我认为锺会没有家室,万一他想谋反的话也无所顾忌,不如另派他人前行。"司马昭笑着说:"难道我不清楚吗?蜀国为天下的祸害,使百姓生活不得安宁,我如今讨伐蜀汉,易如反掌,但众人都说蜀国不能打。人心如果事先就胆怯,就会智勇全失,如果强行让没有智慧和勇气的人出征,肯定会被敌人俘虏。只有锺会与我的意见相同,现在派锺会伐蜀,肯定会灭掉西蜀。灭了西蜀以后,一旦有您所担心的那种事情发生,他又怎能一下子就成事呢?举凡败军之将都是不可以同他谈论勇气的;亡国之臣都是不能与他商量救亡图存的。因为这些人已经闻风丧胆,被彻底吓怕了。如果西蜀灭亡了,留下来的百姓肯定会胆战心惊,因此是不能和他们谋划军国大事的。再说,中原将士思归心切,是不会随同锺会谋反的。如果锺会犯上作乱,那只是他自己招致整个家族的灭亡罢了。请您不要多虑,千万不要让别人听到我们的谈话。"后来,锺会报告邓艾图谋不轨,司马昭将要西征,邵悌又说:"锺会统领的军队,人数是邓艾兵力的五六倍,只要命令锺会捉拿邓艾即可,您不必亲自出马。"司马昭说:"难道您忘记了此前我们的谈话,怎么又说不用我出征了呢?虽然如此,这话不能传出去。我是要以信义待人的,要让别人不负于我,我岂能在别人负我之前先对他存有疑心呢?近日贾护军(贾充)问我:'您怀疑锺会吗?'我回答说:'现在我要派你出征,难道也该怀疑你吗?'贾护军也就无言以对了。我到长安以后,事情就会解决了。"大军到达长安以后,锺会果然已死,情况与司马昭所预料的完全一样。

华佗传（节选）

【导读】

华佗是《三国志·魏书·方技传》所介绍的第一个方技之士。中国古代的医学与巫术、方术密不可分，三国时期依然如此。这正是将一代名医列入方技传的原因。

华佗是中国古代具有划时代意义的著名医学家，他发明的麻沸散、创制的五禽戏，以及高超的针灸术和外科手术，都代表了那个时代医学的最高水平。

从内容和选材来看，本传可谓是有关华佗行医案例的汇编，写得拉拉杂杂，仿佛没经过合理的剪裁取舍，所以从史学的角度看，是不够科学和严谨的。但本传也由此而保留了许多的医学资料，这又未尝不是一件好事。

【原文】

华佗字元化，沛国谯人也。一名旉。游学徐土，兼通数经。沛相陈珪举孝廉，太尉黄琬辟，皆不就。晓养性之术，时人以为年且百岁而貌有壮容。又精方药，其疗疾,合汤不过数种,心解分剂,不复称量,煮熟便饮,语其节度,舍去辄愈。若当灸,不过一两处,每处不过七八壮,病亦应除。若当针,亦不过一两处,下针言"当引某许,若至,语人"。病者言"已到",应便拔针,病亦行差。若病结积在内,针药所不能及,当须刳割者,便饮其麻沸散,须臾便如醉死无所知,因破取。病若在肠中,便断肠湔洗,缝腹膏摩,四五日差,不痛,人亦不自寤,一月之间,即平复矣。

故甘陵相夫人有娠六月,腹痛不安,佗视脉,曰:"胎已死矣。"使人手摸知所在,在左则男,在右则女。人云:"在左。"于是为汤下之,果下男形,即愈。县吏尹世苦四支烦,口中干,不欲闻人声,小便不利。佗曰:"试作热食,得汗则愈;不汗,后三日死。"即作热食而不汗出。佗曰:"藏气已绝于内,当啼泣而绝。"果如佗言。府吏儿寻、李延共止,俱头痛身热,所苦正同。佗曰:"寻当下之,延当发汗。"或难其异,佗曰:"寻外实,延内实,故治之宜殊。"即各与药,明旦并起。盐渎严昕与数人共候佗,适至,佗谓昕曰:"君身中佳否?"昕曰:"自如常。"佗曰:"君有急病见于面,莫多饮酒。"坐毕归,行数里,昕卒头眩堕车,人扶将还,载归家,中宿死。

故督邮顿子献得病已差,诣佗视脉,曰:"尚虚,未得复,勿为劳事,御内即死。临死,当吐舌数寸。"其妻闻其病除,从百余里来省之,止宿交接,中间三日发病,一如佗言。督邮徐毅得病,佗往省之,毅谓佗曰:"昨使医曹吏刘租针胃管讫,便苦咳嗽,欲卧不安。"佗曰:"刺不得胃管,误中肝也,食当日减,五日不救。"遂如佗言。

东阳陈叔山小男二岁得疾,下利常先啼,日以羸困。问佗,佗曰:"其母怀躯,阳气内养,乳中虚冷,儿得母寒,故令不时愈。"佗与四物女宛丸,十日即除。

彭城夫人夜之厕,虿螫其手,呻呼无赖。佗令温汤近热,渍手其中,卒可得寐,但旁人数为易汤,汤令暖之,其旦即愈。

军吏梅平得病,除名还家,家居广陵,未至二百里,止亲人舍。有顷,佗偶至主人许,主人令佗视平。佗谓平曰:"君早见我,可不至此。今疾已结,促去可得与家相见,五日卒。"应时归,如佗所刻。

佗行道,见一人病咽塞,嗜食而不得下,家人车载欲往就医。佗闻其呻吟,驻车往视,语之曰:"向来道边有卖饼家蒜齑大酢,从取三升饮之,病自当去。"即如佗言,立吐蛇一枚,县车边,欲造佗。佗尚未还,小儿戏门前,逆见,自相谓曰:"似逢我公,车边病是也。"疾者前入坐,见佗北壁县此蛇辈约以十数。

又有一郡守病,佗以为其人盛怒则差,乃多受其货而不加治,无何弃去,留书骂之。郡守果大怒,令人追捉杀佗。郡守子知之,属使勿逐。守瞋恚既甚,吐黑血数升而愈。

又有一士大夫不快,佗云:"君病深,当破腹取。然君寿亦不过十年,病不能杀君,忍病十岁,寿俱当尽,不足故自刳裂。"士大夫不耐痛痒,必欲除之。佗遂下手,所患寻差,十年竟死。

广陵太守陈登得病,胸中烦懑,面赤不食。佗脉之,曰:"府君胃中有虫数升,欲成内疽,食腥物所为也。"即作汤二升,先服一升,斯须尽服之。食顷,吐出三升许虫,赤头皆动,半身是生鱼脍也,所苦便愈。佗曰:"此病后三期当发,遇良医乃可济救。"依期果发动,时佗不在,如言而死。太祖闻而召佗,佗常在左右。太祖苦头风,每发,心乱目眩,佗针鬲,随手而差。

李将军妻病甚,呼佗视脉,曰:"伤娠而胎不去。"将军言:"闻实伤娠,胎已去矣。"佗曰:"案脉,胎未去也。"将军以为不然。佗舍去,妇稍小差。百余日复动,更呼佗。佗曰:"此脉故事有胎。前当生两儿,一儿先出,血出甚多,后儿不及生。母不自觉,旁人亦不寤,不复迎,遂不得生。胎死,血脉不复归,必燥著母脊,故使多脊痛。今当与汤,并针一处,此死胎必出。"汤针既加,妇痛急如欲生者。佗曰:"此死胎久枯,不能自出,宜使人探之。"果得一死男,手足完具,色黑,长可尺所。

佗之绝技,凡此类也。然本作士人,以医见业,意常自悔。后太祖亲理,得病笃重,使佗专视。佗曰:"此近难济,恒事攻治,可延岁月。"佗久远家思归,因曰:"当得家书,方欲暂还耳。"到家,辞以妻病,数乞期不反。太祖累书呼,又敕郡县发遣。佗恃能厌食事,犹不上道。太祖大怒,使人往检,若妻信病,赐小豆四十斛,宽假限日;若其虚诈,便收送之。于是传付许狱,考验首服。荀彧请曰:"佗术实工,人命所县,宜含宥之。"太祖曰:"不忧,天下当无此鼠辈耶?"遂考竟佗。佗临死,出一卷书与狱吏,曰:"此可以活人。"吏畏法不受,佗亦不强,索火烧之。佗死后,太祖头风未除。太祖曰:"佗能愈此。小人养吾病,欲以自重,然吾不杀此子,亦终当不为我断此根原耳。"及后爱子仓舒病困,太祖叹曰:"吾悔杀华佗,令此儿强死也。"

初,军吏李成苦咳嗽,昼夜不寐,时吐脓血,以问佗。佗言:"君病肠臃,咳之所吐,非从肺来也。与君散两钱,当吐二升余脓血讫,快自养,一月可小起,好自将爱,一年便健。十八岁当一小发,服此散,亦行复差。若不得此药,故当死。"复与两钱散。成得药,去五六岁,亲中人有病如成者,谓成曰:"卿今强健,我欲死,何忍无急去药,以待不祥?先持贷我,我差,为卿从华佗更索。"成与之。已故到谯,适值佗见收,匆匆不忍从求。后十八岁,成病竟发,无药可服,以至于死。

广陵吴普、彭城樊阿皆从佗学。普依准佗治,多所全济。佗语普曰:"人体欲得劳动,但不当使极尔。动摇则谷气得消,血脉流通,病不得生,譬犹户枢不朽是也。是以古之仙者为导引之事,熊颈鸱顾,引挽腰体,动诸关节,以求难老。吾有一术,名五禽之戏,一曰虎,二曰鹿,三曰熊,四曰猿,五曰鸟,亦以除疾,并利蹄足,以当导引。体中不快,起作一禽之戏,沾濡汗出,因上著粉,身体轻便,腹中欲食。"普施行之,年九十余,耳目聪明,齿牙完坚。阿善针术。凡医咸言背及胸藏之间不可妄针,针之不过四分,而阿针背入一二寸,巨阙胸藏针下五六寸,而病辄皆瘳。阿从佗求可服食益于人者,佗授以漆叶青黏散。漆叶屑一升,青黏屑十四两,以是为率,言久服去三虫,利五藏,轻体,使人头不白。阿从其言,寿百余岁。漆叶处所而有,青黏生于丰、沛、彭城及朝歌云。

【译文】

华佗字元化,沛国谯县人,又名旉。曾游学徐州,兼通数种经书。沛国国相陈珪举荐他做孝廉,太尉黄琬征召他,都不就职。通晓养生之术,当时的人说,他已将近百岁,却有着青壮年时的容貌。又精通医术,给人治病,配制的汤剂所用不过几种药,心里能准确掌握各种药的分量,不用称量,煮好便喝,告诉病人注意事项,药一用完身体就痊愈了。如果需要用艾灸,不过灸一两处,每处也不过燃烧七八个艾炷,病痛也就解除了。如果需要用针,也不过刺一两处,下针时说:"应该扎到某处,如果扎到了,就告诉我。"患者说"已经扎到了",便拔出针来,病也就差不多好了。如果疾病郁结在体内,针和药都无法治疗,应该开刀动手术的,就喝下他发明的麻沸散,一会儿的工夫,病人就好像醉死一样,毫无知觉,于是趁机开刀治疗。如果疾病在肠子里面,就截断肠子,进行清洗,然后缝合腹部切口,涂上药膏,四五天就好了,不疼,病人自己也没感觉,一个月之内,就康复了。

原甘陵相的夫人怀孕六个月了,腹部疼痛不安,华佗为她诊脉,说:"胎儿已经死了。"叫人用手摸,找出胎儿的位置,在左边就是男孩,在右边就是女孩。摸的人说:"在左边。"于是给她喝下汤药打胎,果然是个男婴,这位夫人的腹痛也就好了。县吏尹世苦于四肢疲乏,口中发干,不愿听见说话声,小便不畅。华佗说:"试着给他做点热食吃,如果出汗,病就能好;如果不出汗,三天以后就会死亡。"于是做了热食,但没有出汗,华佗说:"五脏生气已绝,定会哭泣而死。"果然如他所说的那样。府吏倪寻、李延一起来找华佗看病,都头疼发热,症状相同。华佗说:"倪寻应该用泻药,李延应该发汗。"有人不理解他为何对二人采用不同的疗法,华佗说:"倪寻的病是由内部伤食引起的,而身体外部正常;李延的病是由外部受凉感冒引起的,而身体内部正常,因此治疗方法也不同。"随即分别给他俩用药,第二天早上,就都能起床了。盐渎县人严昕与几个人一起等候华佗,正好他来了,华佗对严昕说:"您感觉身体好吗?"严昕说:"没感到异常。"华佗说:"您有急病表现在脸上,不要多喝酒。"严昕等人坐了一会儿之后起身告辞,走了几里,他突然感到头晕,坠下车来,别人搀扶他上车,送他回家,到了半夜时分他就死了。

原督邮顿子献的病已经差不多好了,去找华佗视脉,华佗说:"身体还虚弱,没有完全康复,不要太劳累,同房会死。临死时,会伸出几寸长的舌头。"他的妻子听说他病好了,从百里之外来探望他,留下同房,三日后顿子献发病而死,竟与华佗说的一样。督邮徐毅得病,华佗前去看他,徐毅对华佗:"昨天让医曹吏刘租扎中脘穴以后,不停地咳嗽,想睡又睡不安稳。"华佗说:"没有刺着中脘穴,误刺了肝脏,饭量会一天天减少,五天以后就没救了。"后来果真就如华佗说的那样。

东阳陈叔山的小儿子两岁得病,腹泻之前总是哭闹,日渐瘦弱。请华佗来看,华佗说:"他母亲怀他的时候,阳气集中于腹内,母乳虚冷,小儿吸了母亲的寒气,所以不能很快痊愈。"华佗给他开了四物女宛丸,十天以后就好了。

彭城夫人夜里上厕所,被蝎子蛰了手,呻吟喊叫,疼痛难耐。华佗让她将手浸泡在比较热的温水中,夫人终于能够入睡了,只是别人要经常给她换热水,使水保持温度,天亮时病就好了。

下层军官梅平患病,被取消原有身份以后回家休养,他家住在广陵,走了不到二百里,来到亲戚家借宿。不一会儿,华佗碰巧也来到那里,主人就叫华佗给梅平看病。华佗对梅平说:"如果您早点见到我的话,病情不会到这个地步。现在病情已经很严重了,赶快回去还可以与家人相见,五天后就没救了。"梅平赶紧回家,结果和华佗预料的一样。

华佗走在路上,看见一个病人咽喉肿塞,很想吃饭却咽不下去,患者家人正用车载着他去看医生。华佗听见了病人的呻吟声,便停下车来为此人看病,对他的家属说:"刚才来的时候看见路边有卖饼的人家卖蒜汁醋,去要三升,喝下去病就会好了。"患者家人照办,随后患者吐出一条长得像蛇的寄生虫,他就将它挂在车边,想去拜访华佗。当时华佗还没有回家,华佗的小儿子在门前玩耍,迎面碰见他们,便自言自语地说道:"这些人好像是遇见了我爹,因为车边悬挂着致病之物。"病人进了华佗家以后,看见他家北墙上悬挂着十几条这样长得像蛇的寄生虫。

又有一个郡守生病,华佗认为此人如果大怒就能痊愈,于是收了他很多钱物,却不给他治病,不久就丢下他不管,并且留下了一封书信将此人大骂一顿。郡守果然大怒,派人去追杀华佗。郡守的儿子知道此事,嘱咐所派的人不要去追。郡守非常气愤,吐出几升黑血,病就好了。

又有一个士大夫不舒服,华佗说:"您病得很厉害,应该剖腹治疗,但术后也不过活十年,现在,您的病不会让您送命,忍着活上十年,寿命也就尽了,不值得剖腹治疗。"这个士大夫忍受不了痛痒的折磨,一定要华佗去除病根。于是华佗为他剖腹治疗,病很快就好了,但是十年之后这个人果真死了。

广陵太守陈登得病,心中烦闷,面部赤热,吃不下东西。华佗为他切脉,说道:"您胃中有几升虫子,快要形成体内脏器的毒性肿块,这是吃腥物造成的。"华佗随即制作了两升汤药,让他先服下一升,过一会儿全部服下。大约过了一顿饭的工夫,陈登吐出三升左右的虫子,虫子头部呈红色,躯体会动,下半身还是切细的生鱼丝,然后他很快就痊愈了。华佗说:"此病三年后还会复发,那时如果遇到良医的话,还可以医治。"后来果然在华佗预料的时间发病,当时华佗不在,陈登就如华佗所说死掉了。曹操听说华佗医术高明,便征召华佗,华佗时常在曹操身边服侍。曹操为头风病所苦,每次发病,心乱目眩,华佗针刺膈俞穴,手到病除。

李将军的妻子病得厉害,叫来华佗切脉,华佗说:"怀孕时受到伤害,胎儿死了,但还没有打下来。"李将军说:"确实是怀孕时出了闪失,但胎儿已经下来了。"华佗说:"根据她的脉象,死胎没有下来。"李将军认为他说错了。华佗便离去了,妇人的病也略见好转了。又过了一百来天,妇人再次发病,又将华佗叫来。华佗说:"我原来切脉就断定有死胎。原本应是双胞胎,一个胎儿先下来,失血过多,后面的胎儿来不及生。孕妇自己感觉不出来,别人也不了解,不再接生,所以没生下来。胎儿死了,血脉不再滋养胎儿,胎儿就必然会变干并粘连着母亲的脊背,致使脊背常痛。现在应该给她服用汤药,再扎一针,死胎就一定会下来了。"药针并用,夫人疼痛得好像马上要分娩一样。华佗说:"这个死胎久已干枯,不能自己下来,应该让人伸手取出来。"果然取出一个男婴,手足俱全,颜色发黑,长约一尺。

华佗医术之高超,大抵皆如此类。然而他本是读书人,以行医为业,心里常常感到后悔。后来曹操亲理朝政,病得很重,让华佗诊治。华佗说:"这种病很难根治,如果慢慢治疗,还可以延长寿命。"华佗久别家乡,想回去看看,于是说:"刚接到家人来信,想回家住些日子。"到家以后,他借口妻子病了,多次请假不回。曹操几次写信叫他,又命令郡县官吏催他回去。华佗自恃医术高明,讨厌为衣食而被别人役使,仍不启程。曹操很恼怒,派人去调查核实,如果他妻子真的患病,就赏赐给他四十斛小豆,宽限假期;如果他撒谎骗人,便将他逮捕押回。于是华佗被转押到许都的监狱,拷问以后,华佗认罪。荀彧向曹操请求说:"华佗的医术确实了不起,他的存在关系到很多人的性命,应当宽赦他。"曹操说:"不用担心,难道天下就再也找不出这样的鼠辈了?"于是将华佗在狱中处死。华佗临死前,拿出一卷书给狱吏,说:"它可以治病救人。"狱吏怕犯法,不敢接受,华佗也不强求,便用火把书烧了。华佗死后,曹操的头风病又犯了。曹操说:"华佗能治愈此病。但他故意留下病根,想以此抬高自己的身价,即使我不杀他,他也不会为我去除病根。"后来曹操的爱子仓舒(曹冲)病危,曹操叹息说:"我后悔杀了华佗,让这孩子不治枉死。"

当初,军吏李成为咳嗽所困,昼夜不能入睡,不时吐出脓血,去找华佗看病。华佗说:"你的病是肠道痈肿,咳出的血不是从肺部来的。给你两钱散药,服下吐出两升多脓血以后,就感觉舒服了,然后好好调养,一个月后就能略微下床活动,再好生保养爱护,一年的工夫就身强体健了。十八年后还会略有复发,服下这些药末,也会再次康复的。如果没有这种药,就没救了。"于是又给他两钱药末。李成收藏着此药,五六年后,亲戚中有人得了和李成一样的病,他对李成说:"你现在身体强健,我却快病死了,怎么把药藏起来,等着将来用呢? 你先拿来借给我用,我康复了以后,再替你找华佗求药。"李成把药给了他。后来他因故到谯县,适逢华佗被捕,匆忙之中不忍心求药。十八年以后,李成果然发病,却无药可吃,因此不治身亡。

广陵人吴普、彭城人樊阿都跟随华佗学医。吴普按照华佗的治疗方法,治好了很多人的病。华佗告诉吴普:"人的身体应该适当地活动,但不要过度劳累。活动可以使食物得到消化,血液得到流通,疾病也就不会产生,就和转动着的门轴不会腐烂是一个道理。因此古代的仙人都进行'导引'活动,模仿熊悬挂树枝、鹞鹰左右转头的动作,伸展腰肢,活动关节,以求延缓衰老。我有一套健身术,叫作五禽戏,一为虎戏,二为鹿戏,三为熊戏,四为猿戏,五为鸟戏,以此祛除疾病,使腿脚灵便,可与古代导引术相当。身体不舒服,就起来做一种禽戏,身体出汗浸湿衣服以后,扑上一些粉,就会感觉身体轻便,腹中饥饿,想吃东西。"吴普按照华佗的说法去做,活到九十多岁了,还耳聪目明,牙齿完好坚固。樊阿善于扎针。一般医生都说背部和胸部脏腑之间不能乱扎,即使要扎也不能深过四分,而樊阿在背部用针扎进一二寸,在胸腹上的巨阙穴进针五六寸,都能手到病除。樊阿曾经向华佗求教服用后可以延年益寿的药,华佗传授给他漆叶青黏散。用漆树叶的碎末一升,青黏粉末十四两,按这个比例配制,说是长期服用可以打掉体内的三种寄生虫(蛔虫、赤虫、蛲虫),有利于五脏,使身体轻便,不生白发。樊阿遵照他的话去做,活了一百多岁。漆叶到处都有,青黏生长在丰县、沛县、彭城以及朝歌等地。

蜀书

崇 文 国 学 经 典

先主传（节选）

【导读】

　　在《三国志·蜀书》中，刘备的个人传记《先主传》位居《刘二牧传》之后，从中便可看出，陈寿是把他作为益州军阀刘焉、刘璋父子的后继者来对待的。虽然如此，《先主传》还是按照正史帝王本纪的形式来写的，而且通篇没有指名道姓，可见陈寿对传主刘备是格外高看一等的。之所以如此，一则是因为蜀汉为陈寿的故国，再则刘备的确是一位值得尊重的人物。

　　除了刘汉皇室后裔这块招牌，刘备再无其他可以凭依的资本。因此，他在大半生的时间里，辗转于各派势力之间，栖栖遑遑，不遑宁处。然而，他最终还是凭借百折不挠的意志、非凡的才略，立足于巴蜀，与曹魏、东吴成三足鼎立之局。陈寿在本传结尾的史赞中对刘备的评价也是客观公允的。

【原文】

　　先主姓刘，讳备，字玄德，涿郡涿县人，汉景帝子中山靖王胜之后也。胜子贞，元狩六年封涿县陆城亭侯，坐酎金失侯,因家焉。先主祖雄,父弘,世仕州郡。雄举孝廉,官至东郡范令。

先主少孤,与母贩履织席为业。舍东南角篱上有桑树生,高五丈余,遥望见童童如小车盖,往来者皆怪此树非凡,或谓当出贵人。先主少时,与宗中诸小儿于树下戏,言:"吾必当乘此羽葆盖车。"叔父子敬谓曰:"汝勿妄语,灭吾门也!"年十五,母使行学,与同宗刘德然、辽西公孙瓒俱事故九江太守同郡卢植。德然父元起常资给先主,与德然等。元起妻曰:"各自一家,何能常尔邪!"起曰:"吾宗中有此儿,非常人也。"而瓒深与先主相友。瓒年长,先主以兄事之。先主不甚乐读书,喜狗马、音乐、美衣服。身长七尺五寸,垂手下膝,顾自见其耳。少语言,善下人,喜怒不形于色。好交结豪侠,年少争附之。中山大商张世平、苏双等赀累千金,贩马周旋于涿郡,见而异之,乃多与之金财。先主由是得用合徒众。

灵帝末,黄巾起,州郡各举义兵,先主率其属从校尉邹靖讨黄巾贼有功,除安喜尉。督邮以公事到县,先主求谒,不通,直入缚督邮,杖二百,解绶系其颈着马柳,弃官亡命。顷之,大将军何进遣都尉毌丘毅诣丹杨募兵,先主与俱行,至下邳遇贼,力战有功,除为下密丞。复去官。后为高唐尉,迁为令。为贼所破,往奔中郎将公孙瓒,瓒表为别部司马,使与青州刺史田楷以拒冀州牧袁绍。数有战功,试守平原令,后领平原相。郡民刘平素轻先主,耻为之下,使客刺之。客不忍刺,语之而去。其得人心如此。

袁绍攻公孙瓒，先主与田楷东屯齐。曹公征徐州，徐州牧陶谦遣使告急于田楷，楷与先主俱救之。时先主自有兵千余人及幽州乌丸杂胡骑，又略得饥民数千人。既到，谦以丹杨兵四千益先主，先主遂去楷归谦。谦表先主为豫州刺史，屯小沛。谦病笃，谓别驾麋竺曰："非刘备不能安此州也。"谦死，竺率州人迎先主，先主未敢当。下邳陈登谓先主曰："今汉室陵迟，海内倾覆，立功立事，在于今日。彼州殷富，户口百万，欲屈使君抚临州事。"先主曰："袁公路近在寿春，此君四世五公，海内所归，君可以州与之。"登曰："公路骄豪，非治乱之主。今欲为使君合步骑十万，上可以匡主济民，成五霸之业，下可以割地守境，书功于竹帛。若使君不见听许，登亦未敢听使君也。"北海相孔融谓先主曰："袁公路岂忧国忘家者邪？冢中枯骨，何足介意。今日之事，百姓与能，天与不取，悔不可追。"先主遂领徐州。袁术来攻先主，先主拒之于盱眙、淮阴。曹公表先主为镇东将军，封宜城亭侯，是岁建安元年也。先主与术相持经月，吕布乘虚袭下邳。下邳守将曹豹反，间迎布。布虏先主妻子，先主转军海西。杨奉、韩暹寇徐、扬间，先主邀击，尽斩之。先主求和于吕布，布还其妻子。先主遣关羽守下邳。

先主还小沛，复合兵得万余人。吕布恶之，自出兵攻先主，先主败走归曹公。曹公厚遇之，以为豫州牧。将至沛收散卒，给其军粮，益与兵使东击布。布遣高顺攻之，曹公遣夏侯惇往，不能救，为顺所败，复虏先主妻子送布。曹公自出东征，助先主围布于下邳，生禽布。

先主复得妻子，从曹公还许。表先主为左将军，礼之愈重，出则同舆，坐则同席。袁术欲经徐州北就袁绍，曹公遣先主督朱灵、路招要击术。未至，术病死。

先主未出时，献帝舅车骑将军董承辞受帝衣带中密诏，当诛曹公。先主未发。是时曹公从容谓先主曰："今天下英雄，唯使君与操耳。本初之徒，不足数也。"先主方食，失匕箸。遂与承及长水校尉种辑、将军吴子兰、王子服等同谋。会见使，未发。事觉，承等皆伏诛。

先主据下邳。灵等还，先主乃杀徐州刺史车胄，留关羽守下邳，而身还小沛。东海昌霸反，郡县多叛曹公为先主，众数万人，遣孙乾与袁绍连和，曹公遣刘岱、王忠击之，不克。五年，曹公东征先主，先主败绩。曹公尽收其众，虏先主妻子，并禽关羽以归。

先主走青州。青州刺史袁谭，先主故茂才也，将步骑迎先主。先主随谭到平原，谭驰使白绍。绍遣将道路奉迎，身去邺二百里，与先主相见。驻月余日，所失亡士卒稍稍来集。曹公与袁绍相拒于官渡，汝南黄巾刘辟等叛曹公应绍。绍遣先主将兵与辟等略许下。关羽亡归先主。曹公遣曹仁将兵击先主，先主还绍军，阴欲离绍，乃说绍南连荆州牧刘表。绍遣先主将本兵复至汝南，与贼龚都等合，众数千人。曹公遣蔡阳击之，为先主所杀。

曹公既破绍，自南击先主。先主遣麋竺、孙乾与刘表相闻，表自郊迎，以上宾礼待之，益其兵，使屯新野。荆州豪杰归先主者日益多，表疑其心，阴御之。使拒夏侯惇、于禁等于博望。久之，先主设伏兵，一旦自烧屯伪遁,惇等追之,为伏兵所破。

十二年,曹公北征乌丸,先主说表袭许,表不能用。曹公南征表,会表卒,子琮代立,遣使请降。先主屯樊,不知曹公卒至,至宛乃闻之,遂将其众去。过襄阳,诸葛亮说先主攻琮,荆州可有。先主曰:"吾不忍也。"乃驻马呼琮,琮惧不能起。琮左右及荆州人多归先主,比到当阳,众十余万,辎重数千两,日行十余里,别遣关羽乘船数百艘,使会江陵。或谓先主曰:"宜速行保江陵,今虽拥大众,被甲者少,若曹公兵至,何以拒之?"先主曰:"夫济大事必以人为本,今人归吾,吾何忍弃去!"

曹公以江陵有军实,恐先主据之,乃释辎重,轻军到襄阳。闻先主已过,曹公将精骑五千急追之,一日一夜行三百余里,及于当阳之长坂。先主弃妻子,与诸葛亮、张飞、赵云等数十骑走,曹公大获其人众辎重。先主斜趋汉津,适与羽船会,得济沔,遇表长子江夏太守琦众万余人,与俱到夏口。先主遣诸葛亮自结于孙权,权遣周瑜、程普等水军数万,与先主并力,与曹公战于赤壁,大破之,焚其舟船。先主与吴军水陆并进,追到南郡。时又疾疫,北军多死,曹公引归。

先主表琦为荆州刺史,又南征四郡,武陵太守金旋、长沙太守韩玄、桂阳太守赵范、零陵太守刘度皆降。庐江雷绪率部曲数万口稽颡。琦病死,群下推先主为荆州牧,治公安。权稍畏之,进妹固好。先主至京见权,绸缪恩纪。权遣使云欲共取蜀,或以为宜报听许,吴终不能越荆有蜀,蜀地可为己有。荆州主簿殷观进曰:"若为吴先驱,进未能克蜀,退为吴所乘,即事去矣。

今但可然赞其伐蜀,而自说新据诸郡,未可兴动,吴必不敢越我而独取蜀。如此进退之计,可以收吴、蜀之利。"先主从之,权果辍计。迁观为别驾从事。

十六年,益州牧刘璋遥闻曹公将遣钟繇等向汉中讨张鲁,内怀恐惧。别驾从事蜀郡张松说璋曰:"曹公兵强无敌于天下,若因张鲁之资以取蜀土,谁能御之者乎?"璋曰:"吾固忧之而未有计。"松曰:"刘豫州,使君之宗室而曹公之深仇也,善用兵,若使之讨鲁,鲁必破。鲁破,则益州强,曹公虽来,无能为也。"璋然之,遣法正将四千人迎先主,前后赂遗以巨亿计,正因陈益州可取之策,先主留诸葛亮、关羽等据荆州,将步卒数万人入益州。至涪,璋自出迎,相见甚欢。张松令法正白先主,及谋臣庞统进说,便可于会所袭璋。先主曰:"此大事也,不可仓卒。"璋推先主行大司马,领司隶校尉;先主亦推璋行镇西大将军,领益州牧。璋增先主兵,使击张鲁,又令督白水军。先主并军三万余人,车甲器械资货甚盛。是岁,璋还成都。先主北到葭萌,未即讨鲁,厚树恩德,以收众心。

明年,曹公征孙权,权呼先主自救。先主遣使告璋曰:"曹公征吴,吴忧危急。孙氏与孤本为唇齿,又乐进在青泥与关羽相拒,今不往救羽,进必大克,转侵州界,其忧有甚于鲁。鲁自守之贼,不足虑也。"乃从璋求万兵及资实,欲以东行。璋但许兵四千,其余皆给半。张松书与先主及法正曰:"今大事垂可立,如何释此去乎!"松兄广汉太守肃,惧祸逮己,白璋发其谋。于是璋收斩松,嫌隙始构矣。璋敕关戍诸将文书勿复关通先主。先主大怒，召璋白水军督杨怀，责以无礼，斩之。乃使黄忠、卓膺勒兵向璋。先主径至关中，质诸将并士卒妻子，引兵与忠、膺等进到涪，据其城。璋遣刘璝、冷苞、张任、邓贤等拒先主于涪，皆破败，退保绵竹。璋复遣李严督绵竹诸军，严率众降先主。先主军益强，分遣诸将平下属县。诸葛亮、张飞、赵云等将兵溯流定白帝、江州、江阳，惟关羽留镇荆州。先主进军围雒。时璋子循守城，被攻且一年。

十九年夏，雒城破，进围成都数十日，璋出降。蜀中殷盛丰乐，先主置酒大飨士卒，取蜀城中金银分赐将士，还其谷帛。先主复领益州牧，诸葛亮为股肱，法正为谋主，关羽、张飞、马超为爪牙，许靖、麋竺、简雍为宾友。及董和、黄权、李严等本璋之所授用也，吴壹、费观等又璋之婚亲也，彭羕又璋之所排摈也，刘巴者宿昔之所忌恨也，皆处之显任，尽其器能。有志之士，无不竞劝。

二十年，孙权以先主已得益州，使使报欲得荆州。先主言："须得凉州，当以荆州相与。"权忿之，乃遣吕蒙袭夺长沙、零陵、桂阳三郡。先主引兵五万下公安，令关羽入益阳。是岁，曹公定汉中，张鲁遁走巴西。先主闻之，与权连和，分荆州江夏、长沙、桂阳东属，南郡、零陵、武陵西属，引军还江州。遣黄权将兵迎张鲁，张鲁已降曹公。曹公使夏侯渊、张郃屯汉中，数数犯暴巴界。先主令张飞进兵宕渠，与郃等战于瓦口，破郃等，郃收兵还南郑。先主亦还成都。

二十三年，先主率诸将进兵汉中，分遣将军吴兰、雷铜等入武都，皆为曹公军所没。先主次于阳平关，与渊、郃等相拒。

二十四年春，自阳平南渡沔水，缘山稍前，于定军山势作营。渊将兵来争其地。先主命黄忠乘高鼓噪攻之，大破渊军，斩渊及曹公所署益州刺史赵颙等。曹公自长安举众南征。先主遥策之曰："曹公虽来，无能为也，我必有汉川矣。"及曹公至，先主敛众拒险，终不交锋，积月不拔，亡者日多。夏，曹公果引军还，先主遂有汉中。

秋，群下上先主为汉中王，表于汉帝曰："平西将军都亭侯臣马超、左将军长史领镇军将军臣许靖、营司马臣庞羲、议曹从事中郎军议中郎将臣射援、军师将军臣诸葛亮、荡寇将军汉寿亭侯臣关羽、征虏将军新亭侯臣张飞、征西将军臣黄忠、镇远将军臣赖恭、扬武将军臣法正、兴业将军臣李严等一百二十人上言曰：昔唐尧至圣而四凶在朝，周成仁贤而四国作难，高后称制而诸吕窃命，孝昭幼冲而上官逆谋，皆冯世宠，藉履国权，穷凶极乱，社稷几危。非大舜、周公、朱虚、博陆，则不能流放禽讨，安危定倾。伏惟陛下诞姿圣德，统理万邦，而遭厄运不造之艰。董卓首难，荡覆京畿，曹操阶祸，窃执天衡。皇后太子，鸩杀见害，剥乱天下，残毁民物。久令陛下蒙尘忧厄，幽处虚邑。人神无主，遏绝王命，厌昧皇极，欲盗神器。左将军领司隶校尉豫、荆、益三州牧宜城亭侯备，受朝爵秩，念在输力，以殉国难。睹其机兆，赫然愤发，与车骑将军董承同谋诛操，将安国家，克宁旧都。会承机事不密，令操游魂得遂长恶，残泯海内。臣等每惧王室大有阎乐之祸,小有定安之变,夙夜惴惴,战栗累息。昔在《虞书》,敦序九族,周监二代,封建同姓,《诗》著其义,历载长久。汉兴之初,割裂疆土,尊王子弟,是以卒折诸吕之难,而成太宗之基。臣等以备肺腑枝叶,宗子藩翰,心存国家,念在弭乱。自操破于汉中,海内英雄望风蚁附,而爵号不显,九锡未加,非所以镇卫社稷,光昭万世也。奉辞在外,礼命断绝。昔河西太守梁统等值汉中兴,限于山河,位同权均,不能相率,咸推窦融以为元帅,卒立效绩,摧破隗嚣。今社稷之难,急于陇、蜀,操外吞天下,内残群寮,朝廷有萧墙之危,而御侮未建,可为寒心。臣等辄依旧典,封备汉中王,拜大司马,董齐六军,纠合同盟,扫灭凶逆。以汉中、巴、蜀、广汉、犍为为国,所署置依汉初诸侯王故典。夫权宜之制,苟利社稷,专之可也。然后功成事立,臣等退伏矫罪,虽死无恨。"遂于沔阳设坛场,陈兵列众,群臣陪位,读奏讫,御王冠于先主。

时关羽攻曹公将曹仁,禽于禁于樊。俄而孙权袭杀羽,取荆州。

二十五年,魏文帝称尊号,改年曰黄初。或传闻汉帝见害,先主乃发丧制服,追谥曰孝愍皇帝。

章武元年夏四月,大赦,改年。以诸葛亮为丞相,许靖为司徒。置百官,立宗庙,祫祭高皇帝以下。五月,立皇后吴氏,子禅为皇太子。六月,以子永为鲁王,理为梁王。车骑将军张飞为其左右所害。初,先主忿孙权之袭关羽,将东征,秋七月,遂帅诸军伐吴。孙权遣书请和,先主盛怒不许,吴将陆议、李异、刘阿等屯巫、秭归；将军吴班、冯习自巫攻破异等，军次秭归，武陵五溪蛮夷遣使请兵。

二年春正月，先主军还秭归，将军吴班、陈式水军屯夷陵，夹江东西岸。二月，先主自秭归率诸将进军，缘山截岭，于夷道猇亭驻营，自佷山通武陵，遣侍中马良安慰五溪蛮夷，咸相率响应。镇北将军黄权督江北诸军，与吴军相拒于夷陵道。夏六月，黄气见自秭归十余里中，广数十丈。后十余日，陆议大破先主军于猇亭，将军冯习、张南等皆没。先主自猇亭还秭归，收合离散兵，遂弃船舫，由步道还鱼复，改鱼复县曰永安。吴遣将军李异、刘阿等踵蹑先主军，屯驻南山。秋八月，收兵还巫。司徒许靖卒。冬十月，诏丞相亮营南北郊于成都。孙权闻先主住白帝，甚惧，遣使请和。先主许之，遣太中大夫宗玮报命。冬十二月，汉嘉太守黄元闻先主疾不豫，举兵拒守。

三年春二月，丞相亮自成都到永安。三月，黄元进兵攻临邛县。遣将军陈曶讨元，元军败，顺流下江，为其亲兵所缚，生致成都，斩之。先主病笃，托孤于丞相亮，尚书令李严为副。夏四月癸巳，先主殂于永安宫，时年六十三。五月，梓宫自永安还成都，谥曰昭烈皇帝。秋八月，葬惠陵。

评曰：先主之弘毅宽厚，知人待士，盖有高祖之风，英雄之器焉。及其举国托孤于诸葛亮，而心神无贰，诚君臣之至公，古今之盛轨也。机权干略，不逮魏武，是以基宇亦狭。然折而不挠，终不为下者，抑揆彼之量必不容己，非唯竞利，且以避害云尔。

【译文】

先主姓刘,名备,字玄德,涿郡涿县人,是汉景帝的儿子中山靖王刘胜的后裔。刘胜的儿子刘贞,元狩六年(前117年)受封为涿县陆城亭侯,因为在宗庙祭祀时献金助祭不合规格而被取消侯爵,因此就在涿县安了家。刘备的祖父刘雄、父亲刘弘,均在本州本郡做过官。刘雄被举荐为孝廉,官至东郡范县县令。

刘备少年丧父,和母亲一起靠卖草鞋织草席为生。他家房屋东南角的篱笆处长了一棵桑树,有五丈多高,远远望去枝叶繁茂形同小车盖,往来的人都为它的不同寻常而感到奇怪,有的说这户人家要出贵人。刘备小的时候,与本家族的孩子们在树下玩耍,说道:"我将来一定要乘坐像这样用羽毛装饰华盖的大车(古代皇帝专用的马车)。"他的叔父刘子敬对他说:"不要胡说,会满门抄斩的!"十五岁时,母亲要他外出求学,于是他与同族的刘德然、辽西的公孙瓒拜同郡的原九江郡太守卢植为师。刘德然的父亲刘元起常常资助刘备,与刘德然一样看待。刘元起的妻子说:"我们与他不是一家人,怎么能总是这样呢?"刘元起说:"我们家族有这样一个孩子,可不一般啊!"公孙瓒也与刘备有很深的交情。公孙瓒年长,刘备待他像兄长一样。刘备不太喜欢读书,喜欢养狗骑马、听音乐、穿华丽的衣服。他身高七尺五寸,手臂长得垂下来可以超过膝盖,耳朵大得自己回头都能看得见。为人少言寡语,善于谦虚待人,不轻易表露自己的情绪。喜欢结交豪迈好义的人,年轻人都争着归附他。中山国大商人张世平、苏双等人有千金资产,因贩马来往于涿郡一带,见了刘备以后,感觉他不同寻常,就给了他很多的金钱财物。刘备因此才得以组织起一支队伍。

汉灵帝末年,黄巾军起义,各州郡都组织义兵,刘备率领自己的属下跟随校尉邹靖讨伐黄巾军,立功后被任命为安喜县的县尉。郡里的督邮因公事来到县里,刘备请求拜见,被挡在门外,刘备就直接闯进去绑了督邮,打了他二百棍,并解下自己的印绶套住他的脖子,系在拴马桩上,然后弃官逃跑。不久，大将军何进派遣都尉毌丘毅到丹杨招兵，刘备与他同行，到达下邳时遇上黄巾军，因力战有功，被任命为下密县丞。他再次弃官而去。后来他做了高唐县的县尉，又升任县令。高唐被黄巾军攻破以后，刘备去投奔中郎将公孙瓒，公孙瓒向朝廷上表举荐他为别部司马，命他与青州刺史田楷抵御冀州牧袁绍。因为屡建战功，朝廷命他暂时代理平原县令，后来又兼任平原相。平原人刘平一向看不起刘备，耻居其下，便派刺客刺杀刘备。刺客不忍心行刺，将此事告诉他之后离开。由此可见刘备深得人心。

袁绍进攻公孙瓒，刘备与田楷向东进驻齐地。曹操征讨徐州，徐州牧陶谦派人向田楷告急，田楷与刘备一起去救援。当时刘备有一千多人马，还有幽州乌丸一些少数民族的骑兵，外加掠到的饥民几千人。到了徐州以后，陶谦以四千丹杨兵扩充刘备的军队，刘备便离开田楷投靠了陶谦。陶谦上表举荐刘备为豫州刺史，屯兵小沛。陶谦病危，对别驾糜竺说："除了刘备，无人能安定徐州。"陶谦死后，糜竺率领州民迎接刘备，刘备不敢接受。下邳人陈登对刘备说："如今汉室衰微，天下动荡，建功立业，就在当下。徐州富庶，户口百万，想委屈使君执掌本州事务。"刘备说："袁公路（袁术）近在寿春，此君一家四代有五人位居三公，天下人都归附他，您可以把徐州交给他。"陈登说："袁公路骄横跋扈，不是治理乱世的人才。现在想替使君集合步兵和骑兵十万人，进可以辅佐君主拯救百姓，成就春秋五霸那样的大业，退可以割据一方，守住自己的地盘，功业载入史册。如果使君不能应允，我陈登也不敢听从您的意见。"北海相孔融对刘备说："袁公路岂是忧国忘家之人？他不过是坟墓中的枯骨，没有必要放在心上。当今的形势是百姓都拥戴有才能的人。上天主动送给你的东西，你却不肯接受，将来后悔也来不及了。"刘备于是兼任了徐州牧。袁术前来进攻刘备，刘备在盱眙、淮阴一带抵抗。曹操上表奏请封刘备为镇东将军，封宜城亭侯，这一年是建安元年（196年）。刘备与袁术相持了一个多月，吕布乘虚而入，袭击下邳。下邳守将曹豹反叛，举城归附吕布。吕布俘虏了刘备的妻儿，刘备率领军队转往海西。杨奉和韩暹带兵侵扰徐州和扬州一带,刘备率军拦击,将其全部歼灭。刘备向吕布请求和解,吕布放还了他的妻儿。刘备便派遣关羽驻守下邳。

刘备回到小沛,又纠合兵力万余人。吕布十分气愤,就亲自出兵攻打刘备,刘备败逃,归顺了曹操。曹操给予他优厚的待遇,让他做了豫州牧。刘备打算到沛县集合离散的士兵,曹操供给他军粮,并扩充他的部队,派他向东攻打吕布。吕布派高顺攻击刘备,曹操派夏侯惇前往,不仅没能救刘备,反而被高顺击败。高顺又俘虏了刘备的妻儿,交给吕布。曹操亲自率军东征,帮助刘备在下邳围困吕布,最终活捉了吕布。刘备重新迎回妻儿,跟随曹操回到许都。曹操上表奏请封刘备为左将军,更加以礼相待,出则同车,坐则同席。袁术打算取道徐州北上投奔袁绍,曹操派刘备率领朱灵、路招拦击袁术。刘备的军队还没有赶到,袁术就病死了。

刘备出征之前,汉献帝的岳父车骑将军董承接受了献帝藏在衣带里的密诏,要诛杀曹操。刘备暂时没有行动。这时曹操颇为随意地对刘备说道:"当今天下的英雄,只有使君与我曹操两人而已。本初(袁绍)之流,不足挂齿。"当时刘备正在吃饭,听后惊得勺子和筷子都掉在地上。于是刘备和董承以及长水校尉种辑、将军吴子兰、王子服等人共同谋划,要奉诏诛杀曹操。正赶上刘备被派去拦击袁术,所以没有付诸行动。后来事情败露,董承等人都被处死。

刘备据守下邳。朱灵等人回师,刘备便杀死徐州刺史车胄,留下关羽驻守下邳,自己则回到小沛。东海郡的昌霸反叛曹操,很多郡县也都背叛曹操,投靠刘备,人数有数万之多,刘备派孙乾去与袁绍结盟,曹操派刘岱、王忠进攻刘备,没能取胜。建安五年(200年),曹操亲自率兵征讨刘备,刘备溃败。曹操收编了他的全部人马,俘虏了刘备的妻儿,生擒了关羽之后凯旋。

刘备逃往青州。青州刺史袁谭是刘备以前举荐的茂才,他亲率步兵和骑兵迎接刘备。刘备随袁谭到了平原县,袁谭派人策马飞奔向袁绍报告。袁绍派遣将领沿途迎接,亲自出邺城二百里,与刘备相见。驻留了一个多月后,刘备失散的士卒逐渐聚合起来。曹操和袁绍在官渡对阵,汝南黄巾军刘辟等反叛曹操响应袁绍。袁绍派刘备率军与刘辟等人一同攻打许下。关羽逃归刘备。曹操派曹仁领兵进攻刘备,刘备回到袁绍军营,暗中打算离开袁绍,于是劝说袁绍向南联合荆州牧刘表。袁绍便让刘备率领他的本部人马到汝南,与黄巾军龚都等人合兵一处,总共有数千人马。曹操派蔡阳去攻打刘备,蔡阳被刘备所杀。

曹操打败袁绍以后,亲自南征刘备。刘备派糜竺、孙乾与刘表取得了联系,刘表亲自到郊外迎接刘备,以上宾的礼仪接待他,给他增加兵力,让他屯驻新野。荆州越来越多的豪杰归顺了刘备,刘表怀疑刘备有贰心,便暗中防备他。后来刘表让他到博望坡抵御夏侯惇、于禁等人。过了好长一段时间,刘备预先埋设下伏兵,然后在一个早晨放火烧了自己的营垒,假装逃跑。夏侯惇等人追击,结果被伏兵打败。

建安十二年(207年),曹操北上征讨乌丸,刘备劝刘表袭击许都,刘表不听。曹操南征刘表,适逢刘表病死,他的儿子刘琮继任荆州牧,派出使者请降。刘备当时驻守樊城,不知道曹军突然赶来,到宛县才闻知消息,于是率领部众逃跑。路过襄阳时,诸葛亮劝刘备进攻刘琮,说这样可以占有荆州。刘备说:"我不忍心那样做。"于是在城下停马呼叫刘琮,刘琮吓得不敢出来相见。刘琮身边侍从和荆州民众大多归附了刘备,等走到当阳县,部众已达十余万,粮草物资数千车,队伍一天才行走十余里路。刘备又派关羽率战船几百艘走水路,让他在江陵与自己会合。有人劝刘备说:"应该加速前进,前去保卫江陵,现在虽然有很多士兵和百姓随从,但能披甲作战的将士并不多,如果曹操的追兵赶到,靠什么来抵抗呢?"刘备说道:"成就大事业的人应当以人为本,现在人们来归顺我,我怎么忍心抛弃他们呢!"

曹操因为江陵有军用物资,害怕刘备占据江陵,于是就丢掉不便携带的粮草物资,轻装前进到了襄阳。听说刘备已经过了襄阳,曹操就率领精兵五千人急速追击,一昼夜走了三百多里,在当阳县的长坂追上了刘备。刘备丢下妻儿,与诸葛亮、张飞、赵云等数十人骑马逃跑,曹操获得了大批人马和物资。刘备抄近路快速赶到汉津,正好与关羽的船队相会,得以渡过沔水,又遇上刘表的长子江夏太守刘琦率部众一万多人,就与他们一同到达夏口。刘备派诸葛亮去联络孙权,孙权派周瑜、程普等率水军数万人,与刘备联合,和曹操在赤壁展开大战,大败曹军,焚烧了他的战船。刘备和东吴的军队水陆并进,追到南郡。当时瘟疫流行,北方的曹军士兵大多病死,曹操退回北方。

刘备上表举荐刘琦为荆州刺史,又南征四郡,武陵太守金旋、长沙太守韩玄、桂阳太守赵范、零陵太守刘度全都投降。庐江雷绪率领私人武装数万人前来归顺。刘琦病死,部下推举刘备为荆州牧,州署设在公安。孙权越来越畏惧刘备,于是将自己的妹妹嫁给他,以巩固关系,增进友谊。刘备也到京口拜见孙权,联络感情,加深友谊。孙权派使者告诉刘备说想要和他共同攻取蜀地,有人建议刘备先答应孙权,因为东吴毕竟不可能跨越荆州去占据蜀地,蜀地可以为我方所有。荆州主簿殷观献计说:"如果我们为东吴打先锋,进军未必能攻下西蜀,败退的话则被东吴趁机攻击,那样大事就完了。现在只能表示赞同他的伐蜀计划,并告知对方我们刚占据南方四郡,不能马上出兵,这样东吴肯定不敢越过我们而单独去攻取西蜀。按照这种可进可退的计策行事,可以兼收吴、蜀两方面的好处。"刘备听从了他的建议,孙权果然放弃了原来的计划。刘备提拔殷观为别驾从事。

建安十六年(211年),益州牧刘璋听说曹操将派锺繇等人进军汉中讨伐张鲁,心怀恐惧。别驾从事蜀郡人张松对他说:"曹军实力强大,天下无敌,如果他借助张鲁的地盘和军资而取得蜀地,有谁能抵抗他呢?"刘璋说:"我也忧虑此事,但一直没有想出对策。"张松说:"刘豫州与使君您同宗,又是曹操的仇敌,善于用兵,如果让他去讨伐张鲁,张鲁肯定会被打败。打垮了张鲁,益州就会更加强大。曹操即使来了,也无能为力。"刘璋赞同他的意见,便派出法正率四千人迎接刘备,先后赠送给刘备的财物多至以亿计数,法正趁机向刘备陈说夺取益州的计策。刘备留下诸葛亮、关羽等人据守荆州,亲自带领步兵数万人进入益州。到了涪县，刘璋亲自出迎，二人见面十分高兴。张松让法正告诉刘备，谋臣庞统也献计，都要刘备趁机在会面的地方刺杀刘璋。刘备说："这是大事，不可仓促行事。"刘璋推举刘备代理大司马，兼任司隶校尉；刘备也推举刘璋代理镇西大将军，兼任益州牧。刘璋扩充刘备的兵力，让他进攻张鲁，又让他统率白水的驻军。刘备聚合几处兵力，共计三万多人，车辆、铠甲、器械、物资和钱财都十分充足。这一年，刘璋回到成都。刘备北上到了葭萌关，没有马上讨伐张鲁，只是广施恩德，以收服民心。

第二年，曹操征讨孙权，孙权请刘备前往救援。刘备派使者告诉刘璋说："曹操征讨东吴，东吴正因形势危急而忧心如焚。我与孙权唇齿相依，再说，乐进在青泥与关羽相对抗，如果现在我不去援救关羽，乐进就一定会大获全胜，随后他还会进而侵扰益州地界，他的危害大于张鲁。张鲁是个割据一方的贼寇，不足为虑。"于是向刘璋要一万兵马和军用物资等，准备东行。刘璋只给他四千兵马，其余各项也均减半。张松写信给刘备和法正说："如今大事即将成功，怎么能舍弃这些而离开呢！"张松的哥哥广汉太守张肃害怕张松谋反祸发而牵累自己，便向刘璋告发了张松的密谋。于是刘璋逮捕并杀掉了张松，从此刘璋与刘备开始结怨。刘璋命令守关的各位将领不要再将公文传达给刘备。刘备大怒，召来刘璋驻守白水的将领杨怀，责备他无礼，并且杀了他。于是刘备让黄忠、卓膺领兵进攻刘璋。刘备率军直奔关中，把刘璋手下将士的妻儿当作人质，又带兵和黄忠、卓膺等进军到涪县，占据了县城。刘璋派刘璝、冷苞、张任、邓贤等人在涪县抵抗刘备，都被刘备打败，于是他们退守绵竹。刘璋又派李严统率绵竹各军，而李严也率领部众投降了刘备。刘备的兵力更加强大，又分派众将平定下属各县。诸葛亮、张飞、赵云等统率军队逆流而上，平定了白帝城、江州、江阳，只有关羽镇守荆州。刘备进军包围了雒县。当时刘璋的儿子刘循守城，被围攻将近一年。

建安十九年(214年)夏天，雒城被攻破，刘备接着又进军包围成都数十天，刘璋出降。蜀地物产富饶，人口众多，人民生活安乐，刘备大摆筵席犒劳士卒，取来城中的金银分别赏赐给将士，将粮食和布帛还给当地百姓。刘备又兼任益州牧，诸葛亮做他的重要助手，法正做他的主要参谋，关羽、张飞、马超做他的武将，许靖、麋竺、简雍做他的幕僚。此外，董和、黄权、李严等人原本是刘璋所任命的官员，吴壹、费观等人是刘璋的姻亲，彭羕则是刘璋所排挤的人，刘巴也是刘璋过去所嫉恨的人，现在刘备把他们都安排在重要的职位上，使他们各尽其能。有志之士，无不争相劝勉，尽力辅佐刘备。

建安二十年(215年)，孙权以刘备已得益州为由，派遣使者通报刘备，讨要荆州。刘备说："等我得到凉州以后，就将荆州送还。"孙权很生气，就派吕蒙袭取长沙、零陵、桂阳三郡。刘备率五万大军到公安，命令关羽进入益阳。这一年，曹操平定汉中，张鲁逃到巴西郡。刘备听说以后，与孙权讲和并结盟，将荆州的江夏、长沙、桂阳三郡划归东吴，将南郡、零陵、武陵划归西蜀，然后率军回到江州。刘备派黄权率军迎接张鲁，但张鲁已经投降曹操。曹操派夏侯渊、张郃屯驻汉中，屡屡侵犯巴西郡界。刘备命令张飞进军宕渠，与张郃等人战于瓦口，大败张郃，张郃收兵退回南郑。刘备也回到成都。

建安二十三年(218年)，刘备率领众将进军汉中，分别派遣将军吴兰、雷铜等人进入武都，都被曹操的军队歼灭。刘备驻军阳平关，与夏侯渊、张郃等相对垒。

建安二十四年(219年)春，刘备自阳平关向南渡过沔水，沿着山路逐渐向前推进，依定军山山势安营扎寨。夏侯渊率军前来争夺这块地方。刘备命令黄忠利用居高临下的地势，擂鼓呐喊向他发动进攻，大败夏侯渊的军队，斩杀了夏侯渊和曹操任命的益州刺史赵颙等人。曹操从长安出发率军南征。刘备预先推断说："曹操虽然大举进犯，但肯定无能为力，我们一定会拥有汉川。"待到曹操赶来，刘备聚众在险要地段抵抗，始终不与他交锋，曹军打了一个多月也没有攻下，士兵逃跑的很多。夏天，曹操果然率军撤回，刘备于是拥有了汉中。

这年秋天，文武官员上表请求拥立刘备为汉中王，他们上表给汉献帝说："平西将军都亭侯臣马超、左将军长史领镇军将军臣许靖、营司马臣庞羲、议曹从事中郎军议中郎将臣射援、军师将军臣诸葛亮、荡寇将军汉寿亭侯臣关羽、征虏将军新亭侯臣张飞、征西将军臣黄忠、镇远将军臣赖恭、扬武将军臣法正、兴业将军臣李严等一百二十人上书：当年唐尧圣明至极而朝中尚有四凶横行，周成王仁贤却仍有四个诸侯国作乱，吕后临朝而外戚吕禄、吕产等人窃取权柄，孝昭帝年幼而上官桀谋反，以上逆贼都是倚仗世宠而借机窃取国家权柄的，他们穷凶极恶，作恶多端，使国家濒临灭亡。如果没有大舜、周公、朱虚侯（刘章）、博陆侯（霍光），这些逆贼就不会或被流放或被俘虏，也就无人挽狂澜于既倒，使国家转危为安了。陛下具有圣德之资而统御万邦，不料遭遇厄运，国家不幸。董卓首先作乱，破坏京畿，接着曹操招致祸患，窃取皇朝权柄，杀害皇后，逼太子饮鸩毒而死，祸乱天下，使人民困苦不堪。致使陛下长期流离失所，遭遇忧患和困苦，困居于荒城小邑。汉室宗庙无人祭祀，朝廷政令无法施行，奸臣欺瞒皇帝，想趁机窃国篡权。左将军兼司隶校尉、豫、荆、益三州州牧，宜城亭侯刘备，接受朝廷的封爵和俸禄，时刻不忘报效朝廷，愿意为国家而献身。眼见曹操图谋不轨，愤然而起，与车骑将军董承共谋诛杀曹操，以安定国家，恢复旧都。遗憾的是，董承行事不够谨慎周密，使曹操得以继续作恶，残害天下。臣等时常担心朝廷将要遭受大如阎乐谋杀秦二世，小如王莽废孺子婴为定安公那样的灾祸，日夜忧惧，战战兢兢，不敢喘息。过去《虞书》上说，根据血缘关系的远近团结爱护族人，周朝以夏、商二朝为借鉴，分封同姓建立诸侯国，《诗经》也说明了这样做的意义，周朝因此而历时长久。汉朝建国之初，分割疆土，分封皇室子弟为诸侯王，最终平定了外戚吕禄、吕产的叛乱，奠定了文帝的基业。臣等认为，刘备乃是皇室后裔，朝廷的重臣，心存国家，志在平乱。自从他在汉中打败了曹操，天下英雄望风归附，但他的爵号并不显贵，又没有获赐九锡，这样是不能用来保卫国家、彪炳千古的。我们奉命在外，朝廷的诏令和礼节受到阻隔。当年河西太守梁统等人在汉光武帝中兴时，由于山河阻隔，几位郡守的地位和权力又不分高低，没有现成的统帅，所以就与众人推选窦融做元帅，最终建立了功勋，打败了隗嚣。当今国家的危难远远超过当年的隗嚣割据陇西和公孙述称帝于蜀。曹操对外并吞天下，对内残害群臣，致使朝廷有发生内乱的危险，在这种形势下，能够捍卫朝廷的皇室同姓尚未得到封赏，实在令人寒心啊。臣等擅自遵循旧制，封刘备为汉中王，任命他为大司马，统率六军，联合同盟势力，扫除凶暴逆贼。并以汉中、巴、蜀、广汉、犍为五郡作为封地，官署的设置遵循汉初分封诸侯王的先例。虽然是应时变通之举，但如果有利于江山社稷，暂时专断行事也是可以的。待到事业成功之后，臣等再退而承担假托诏令之罪，那时我们将死而无憾。"于是在沔阳设立了坛场，布置人马，群臣陪席，读完奏疏之后，进献王冠给刘备。

此时关羽出兵攻打曹操手下的将领曹仁，还在樊城生擒了于禁。不久孙权趁关羽不备发动偷袭，最后杀了关羽，夺回荆州。

建安二十五年（220年），曹丕称帝，改国号为魏，改年号为黄初。有传闻说汉献帝已被杀害，刘备便为献帝发丧，身穿丧服，追谥献帝为孝愍皇帝。

章武元年（221年）夏四月，刘备宣布大赦天下，改换年号。任命诸葛亮为丞相，许靖为司徒，设置百官，建立宗庙，在宗庙中合祭汉高祖以下历代先祖。五月，立吴氏为皇后，立儿子刘禅为皇太子。六月，封儿子刘永为鲁王，刘理为梁王。车骑将军张飞被身边人杀害。当初，刘备怨恨孙权袭杀关羽，准备东征，秋七月，便率各路兵马讨伐吴国。孙权派遣使者送信讲和，刘备盛怒之下没有答应。吴将陆议、李异、刘阿等人驻守巫县、秭归，刘备部将吴班、冯习从巫县打败李异等人，驻军秭归，武陵五溪的少数民族部落派出使者请求刘备出兵。

章武二年（222年）春正月，刘备的军队回到秭归，将军吴班、陈式的水军屯驻夷陵，沿长江两岸分布。二月，刘备从秭归率领诸将进军，翻山越岭，在夷道的猇亭驻营，经佷山到达武陵，派遣侍中马良前去安抚慰问五溪少数民族，五溪少数民族群起响应。镇北将军黄权统率江北各军，与吴军在夷陵道交战。夏六月，黄气出现在秭归一带，长有十多里，宽达几十丈。此后十多天里，陆议在猇亭大败刘备的军队，将军冯习、张南等人都阵亡。刘备自猇亭回到秭归，集合离散的士卒，丢掉战船，由陆路回到鱼复，改鱼复县为永安县。吴国派遣将军李异、刘阿等人率军追击刘备的军队，驻军在南山。秋八月，刘备收兵回到巫县。司徒许靖去世。冬十月，刘备下诏命丞相诸葛亮在成都营建南北郊祭坛。孙权听说刘备驻军白帝城后，非常害怕，便派使者讲和。刘备同意了，派出太中大夫宗玮去完成议和的使命并回来报告。十二月，汉嘉太守黄元听说刘备病重，起兵反叛，据郡自守。

章武三年(223 年)春二月，丞相诸葛亮从成都来到永安。三月，黄元进军攻打临邛县。刘备派遣将军陈曶讨伐黄元，黄元兵败，顺江而下，被他的亲兵捆绑起来，押送至成都问斩。刘备病危，委托诸葛亮辅佐太子治理国家，并让尚书令李严协助他。夏四月癸巳，刘备病逝于永安宫，时年六十三岁。五月，灵柩从永安运回成都，谥号为昭烈皇帝。秋八月，葬于惠陵。

评论说：先主志向远大，意志坚强，又宽厚大度，知人善任，礼贤下士，有汉高祖的风范和英雄豪杰的器量。至于他能把整个国家和辅佐太子的重任托付给诸葛亮而毫无疑心，这的确体现了他们君臣二人的大公无私，堪称古往今来的楷模。而他治事的权谋和才能不及曹操，因此统治的疆域也就比较狭小。但他百折不挠，始终不肯屈居曹操之下，究其原因，恐怕也是揣测以曹操的器量肯定容不下自己，而不仅仅是为了争名逐利，也是借以躲避灾祸吧。

诸葛亮传（节选）

【导读】

　　本篇是《三国志·蜀书》的第五篇传记。传主诸葛亮是汉末三国时期著名的政治家、军事家，在文学史上也有一定地位。

　　诸葛亮一生最值得称道的政治建树，是他为刘备集团的发展拟定了一套完整而宏大的战略。按照这一战略设想，刘备光复中原应分三步走：第一步，占领荆州和益州，作为稳固的后方基地；第二步，自荆州北上攻取襄阳，自益州北上攻取汉中；第三步，分别以襄阳、汉中为跳板，进军中原和关中，合力攻克洛阳、许昌。这一战略设想基本是可行的，只是因为后来关羽大意失荆州，蜀汉北伐的军事路线就只剩下西线一路了。

　　刘备死后，诸葛亮全权主持蜀汉的军政外交事务，为报答刘备的知遇之恩，完成北定中原、兴复汉室的夙愿，先后五次亲率大军自汉中北伐，结果皆无功而返，且在最后一次北伐过程中病死，真可谓是"鞠躬尽瘁，死而后已"。诸葛亮北伐失败，原因是多方面的，如蜀汉政权地狭人少，交通不便，辎重接济不上等等，但是就其本人来说，"应变将略，非其所长"应该是一个不可忽视的原因。

　　由于陈寿在本传的结语中对诸葛亮的军事才略有这八个字的评价，于是后世就有人认为陈寿有秉笔不公之嫌。他们说，陈寿的父亲原为马谍的参军,街亭失守,被诸葛亮处以髡刑,陈寿后来为诸葛亮立传,遂挟私报复,说诸葛亮将略非其所长,无应敌之才。此说后经唐代刘知幾的《史通》,几成定论。然而我们从《三国志·蜀书·诸葛亮传》中不难发现,陈寿对诸葛亮的文治推崇备至,对其武功也是褒贬参半,并没有完全否定。陈寿是以敬仰之情来为诸葛亮立传的,他的评语也应该是比较中肯的。因此,本传是我们认识和了解诸葛亮这一重要历史人物的最为重要的依据。

【原文】

诸葛亮字孔明,琅邪阳都人也,汉司隶校尉诸葛丰后也。父珪,字君贡,汉末为太山郡丞。亮早孤,从父玄为袁术所署豫章太守,玄将亮及亮弟均之官。会汉朝更选朱皓代玄。玄素与荆州牧刘表有旧,往依之。玄卒,亮躬耕陇亩,好为《梁父吟》。身长八尺,每自比于管仲、乐毅,时人莫之许也。惟博陵崔州平、颍川徐庶元直与亮友善,谓为信然。

时先主屯新野。徐庶见先主,先主器之,谓先主曰:"诸葛孔明者,卧龙也,将军岂愿见之乎?"先主曰:"君与俱来。"庶曰:"此人可就见,不可屈致也。将军宜枉驾顾之。"由是先主遂诣亮,凡三往,乃见。因屏人曰:"汉室倾颓,奸臣窃命,主上蒙尘。孤不度德量力,欲信大义于天下,而智术浅短,遂用猖蹶,至于今日。然志犹未已,君谓计将安出?"亮答曰:"自董卓已来,豪杰并起,跨州连郡者不可胜数。曹操比于袁绍,则名微而众寡,然操遂能克绍,以弱为强者,非惟天时,抑亦人谋也。今操已拥百万之众,挟天子而令诸侯,此诚不可与争锋。孙权据有江东，已历三世，国险而民附，贤能为之用，此可以为援而不可图也。荆州北据汉、沔，利尽南海，东连吴会，西通巴、蜀，此用武之国，而其主不能守，此殆天所以资将军，将军岂有意乎？益州险塞，沃野千里，天府之土，高祖因之以成帝业。刘璋暗弱，张鲁在北，民殷国富而不知存恤，智能之士思得明君。将军既帝室之胄，信义著于四海，总揽英雄，思贤如渴，若跨有荆、益，保其岩阻，西和诸戎，南抚夷越，外结好孙权，内修政理；天下有变，则命一上将将荆州之军以向宛、洛，将军身率益州之众出于秦川，百姓孰敢不箪食壶浆以迎将军者乎？诚如是，则霸业可成，汉室可兴矣。"先主曰："善！"于是与亮情好日密。关羽、张飞等不悦，先主解之曰："孤之有孔明，犹鱼之有水也。愿诸君勿复言。"羽、飞乃止。

刘表长子琦，亦深器亮。表受后妻之言，爱少子琮，不悦于琦。琦每欲与亮谋自安之术，亮辄拒塞，未与处画。琦乃将亮游观后园，共上高楼，饮宴之间，令人去梯，因谓亮曰："今日上不至天，下不至地，言出子口，入于吾耳，可以言未？"亮答曰："君不见申生在内而危，重耳在外而安乎？"琦意感悟，阴规出计。会黄祖死，得出，遂为江夏太守。俄而表卒，琮闻曹公来征，遣使请降。先主在樊闻之，率其众南行，亮与徐庶并从，为曹公所追破，获庶母。庶辞先主而指其心曰："本欲与将军共图王霸之业者，以此方寸之地也。今已失老母，方寸乱矣，无益于事，请从此别。"遂诣曹公。

先主至于夏口，亮曰："事急矣，请奉命求救于孙将军。"时权拥军在柴桑，观望成败。亮说权曰："海内大乱，将军起兵据有江东，刘豫州亦收众汉南，与曹操并争天下。今操芟夷大难，略已平矣，遂破荆州，威震四海。英雄无所用武，故豫州遁逃至此。将军量力而处之：若能以吴、越之众与中国抗衡，不如早与之绝；若不能当，何不案兵束甲，北面而事之！今将军外托服从之名，而内怀犹豫之计，事急而不断，祸至无日矣！"权曰："苟如君言，刘豫州何不遂事之乎？"亮曰："田横，齐之壮士耳，犹守义不辱，况刘豫州王室之胄，英才盖世，众士慕仰，若水之归海，若事之不济，此乃天也，安能复为之下乎！"权勃然曰："吾不能举全吴之地，十万之众，受制于人。吾计决矣！非刘豫州莫可以当曹操者，然豫州新败之后，安能抗此难乎？"亮曰："豫州军虽败于长阪，今战士还者及关羽水军精甲万人，刘琦合江夏战士亦不下万人。曹操之众，远来疲弊，闻追豫州，轻骑一日一夜行三百余里，此所谓'强弩之末，势不能穿鲁缟'者也。故兵法忌之，曰'必蹶上将军'。且北方之人，不习水战；又荆州之民附操者，逼兵势耳，非心服也。今将军诚能命猛将统兵数万，与豫州协规同力，破操军必矣。操军破，必北还，如此则荆、吴之势强，鼎足之形成矣。成败之机，在于今日。"权大悦，即遣周瑜、程普、鲁肃等水军三万，随亮诣先主，并力拒曹公。曹公败于赤壁，引军归邺。先主遂收江南，以亮为军师中郎将，使督零陵、桂阳、长沙三郡，调其赋税，以充军实。

建安十六年，益州牧刘璋遣法正迎先主，使击张鲁。亮与关羽镇荆州。先主自葭萌还攻璋，亮与张飞、赵云等率众溯江,分定郡县,与先主共围成都。成都平,以亮为军师将军,署左将军府事。先主外出,亮常镇守成都,足食足兵。二十六年,群下劝先主称尊号,先主未许,亮说曰:"昔吴汉、耿弇等初劝世祖即帝位,世祖辞让,前后数四,耿纯进言曰:'天下英雄喁喁,冀有所望。如不从议者,士大夫各归求主,无为从公也。'世祖感纯言深至,遂然诺之。今曹氏篡汉,天下无主,大王刘氏苗族,绍世而起,今即帝位,乃其宜也。士大夫随大王久勤苦者,亦欲望尺寸之功如纯言耳。"先主于是即帝位,策亮为丞相。亮以丞相录尚书事,假节。张飞卒后,领司隶校尉。

章武三年春,先主于永安病笃,召亮于成都,属以后事,谓亮曰:"君才十倍曹丕,必能安国,终定大事。若嗣子可辅,辅之;如其不才,君可自取。"亮涕泣曰:"臣敢竭股肱之力,效忠贞之节,继之以死!"先主又为诏敕后主曰:"汝与丞相从事,事之如父。"

建兴元年,封亮武乡侯,开府治事。顷之,又领益州牧。政事无巨细,咸决于亮。南中诸郡,并皆叛乱,亮以新遭大丧,故未便加兵,且遣使聘吴,因结和亲,遂为与国。

三年春,亮率众南征,其秋悉平。军资所出,国以富饶,乃治戎讲武,以俟大举。

五年,率诸军北驻汉中,临发,上疏曰:

"先帝创业未半而中道崩殂,今天下三分,益州疲弊,此诚危急存亡之秋也。然侍卫之臣不懈于内,忠志之士忘身于外者,盖追先帝之殊遇,欲报之于陛下也。

诚宜开张圣听,以光先帝遗德,恢弘志士之气,不宜妄自菲薄,引喻失义,以塞忠谏之路也。

"宫中府中俱为一体,陟罚臧否,不宜异同。若有作奸犯科及为忠善者,宜付有司论其刑赏,以昭陛下平明之理,不宜偏私,使内外异法也。侍中、侍郎郭攸之、费祎、董允等,此皆良实,志虑忠纯,是以先帝简拔以遗陛下。愚以为宫中之事,事无大小,悉以咨之,然后施行,必能裨补阙漏,有所广益。将军向宠,性行淑均,晓畅军事,试用于昔日,先帝称之曰能,是以众议举宠为督。愚以为营中之事,悉以咨之,必能使行阵和睦,优劣得所。

"亲贤臣,远小人,此先汉所以兴隆也;亲小人,远贤臣,此后汉所以倾颓也。先帝在时,每与臣论此事,未尝不叹息痛恨于桓、灵也。侍中、尚书、长史、参军,此悉贞良死节之臣,愿陛下亲之信之,则汉室之隆,可计日而待也。

"臣本布衣,躬耕于南阳,苟全性命于乱世,不求闻达于诸侯。先帝不以臣卑鄙,猥自枉屈,三顾臣于草庐之中,谘臣以当世之事,由是感激,遂许先帝以驱驰。后值倾覆,受任于败军之际,奉命于危难之间,尔来二十有一年矣。先帝知臣谨慎,故临崩寄臣以大事也。受命以来,夙夜忧叹,恐托付不效,以伤先帝之明,故五月渡泸,深入不毛。今南方已定,兵甲已足,当奖率三军,北定中原,庶竭驽钝,攘除奸凶,兴复汉室,还于旧都。此臣所以报先帝,而忠陛下之职分也。

"至于斟酌损益,进尽忠言,则攸之、祎、允之任也。

愿陛下托臣以讨贼兴复之效；不效，则治臣之罪，以告先帝之灵。若无兴德之言，则责攸之、祎、允等之慢，以彰其咎。陛下亦宜自谋，以谘诹善道，察纳雅言，深追先帝遗诏。臣不胜受恩感激，今当远离，临表涕零，不知所言。"

遂行，屯于沔阳。

六年春，扬声由斜谷道取郿，使赵云、邓芝为疑军，据箕谷，魏大将军曹真举众拒之。亮身率诸军攻祁山，戎阵整齐，赏罚肃而号令明，南安、天水、安定三郡叛魏应亮，关中响震。魏明帝西镇长安，命张郃拒亮，亮使马谡督诸军在前，与郃战于街亭。谡违亮节度，举动失宜，大为郃所破。亮拔西县千余家，还于汉中，戮谡以谢众。上疏曰："臣以弱才，叨窃非据，亲秉旄钺以厉三军，不能训章明法，临事而惧，至有街亭违命之阙，箕谷不戒之失，咎皆在臣授任无方。臣明不知人，恤事多暗，《春秋》责帅，臣职是当。请自贬三等，以督厥咎。"于是以亮为右将军，行丞相事，所总统如前。

冬，亮复出散关，围陈仓，曹真拒之，亮粮尽而还。魏将王双率骑追亮，亮与战，破之，斩双。

七年，亮遣陈式攻武都、阴平。魏雍州刺史郭淮率众欲击式，亮自出至建威，淮退还，遂平二郡。诏策亮曰："街亭之役，咎由马谡，而君引愆，深自贬抑，重违君意，听顺所守。前年耀师，馘斩王双；今岁爰征，郭淮遁走；降集氐、羌，兴复二郡，威镇凶暴，功勋显然。方今天下骚扰，元恶未枭，君受大任，干国之重，而久自挹损，非所以光扬洪烈矣。今复君丞相，君其勿辞。"

九年,亮复出祁山,以木牛运,粮尽退军,与魏将张郃交战,射杀郃。十二年春,亮悉大众由斜谷出,以流马运,据武功五丈原,与司马宣王对于渭南。亮每患粮不继,使己志不申,是以分兵屯田,为久驻之基。耕者杂于渭滨居民之间,而百姓安堵,军无私焉。相持百余日。其年八月,亮疾病,卒于军,时年五十四。及军退,宣王案行其营垒处所,曰:"天下奇才也!"

亮遗命葬汉中定军山,因山为坟,冢足容棺,敛以时服,不须器物。

初,亮自表后主曰:"成都有桑八百株,薄田十五顷,子弟衣食,自有余饶。至于臣在外任,无别调度,随身衣食,悉仰于官,不别治生,以长尺寸。若臣死之日,不使内有余帛,外有赢财,以负陛下。"及卒,如其所言。

亮性长于巧思,损益连弩,木牛流马,皆出其意;推演兵法,作八阵图,咸得其要云。亮言教书奏多可观,别为一集。

景耀六年春,诏为亮立庙于沔阳。秋,魏镇西将军锺会征蜀,至汉川,祭亮之庙,令军士不得于亮墓所左右刍牧樵采。

评曰:诸葛亮之为相国也,抚百姓,示仪轨,约官职,从权制,开诚心,布公道;尽忠益时者虽仇必赏,犯法怠慢者虽亲必罚,服罪输情者虽重必释,游辞巧饰者虽轻必戮;善无微而不赏,恶无纤而不贬;庶事精练,物理其本,循名责实,虚伪不齿;终于邦域之内,咸畏而爱之,刑政虽峻而无怨者,以其用心平而劝戒明也。可谓识治之良才,管、萧之亚匹矣。然连年动众,未能成功,盖应变将略,非其所长欤!

【译文】

诸葛亮,字孔明,琅邪郡阳都人,是汉朝司隶校尉诸葛丰的后代。他的父亲诸葛珪,字君贡,汉末任太山郡丞。诸葛亮幼年丧父,当时叔父诸葛玄被袁术委任为豫章太守,便将诸葛亮和弟弟诸葛均带到任所。适逢朝廷另派朱皓接替诸葛玄的职务。诸葛玄平素与荆州牧刘表有交情,便去投奔他。诸葛玄死后,诸葛亮便以耕种田地为业,喜欢吟诵《梁父吟》。他身高八尺,常常将自己比作管仲、乐毅,但当时的人们并不认同他,只有博陵郡的崔州平、颍川郡的徐庶同诸葛亮亲近友好,认为的确如此。

当时刘备驻军新野。徐庶去拜见刘备,刘备十分器重他,徐庶对刘备说:"诸葛孔明是一条卧龙,将军愿意见他吗?"刘备说:"您与他一起来。"徐庶说:"此人您只可以前往拜见,不可以使他屈身前来见您。将军应该屈尊枉驾拜访他才是。"于是刘备就去拜见诸葛亮,一共去了三次,才见到他。刘备让其他人退避,说道:"汉室即将倾覆,奸臣窃取皇权,主上蒙受出奔之辱。我不自量力,想为天下伸张大义,然而才智低下,缺乏谋略,因而屡屡受挫,以至于落到今天这个地步。然而我并不想放弃自己的志向。您说我该怎么办呢?"诸葛亮回答道:"自董卓作乱以来,天下豪杰纷纷起兵争夺天下,占据数州或吞并数郡的人比比皆是。曹操比起袁绍,名气小,兵马少,但最终却能战胜袁绍,以弱胜强,这不仅是因为他占有天时之利,而且也是人力谋划的结果。如今,曹操拥有百万大军,挟持天子以向诸侯发号施令,在这种情况下,我们的确是不能与他对抗的。孙权占有江东,已经历了父兄三代的经营,既有长江天险,又得民心归附,而且贤能之士为他所用,因此只可以将他作为外援,却不能打他的主意。荆州北面靠着汉水、沔水,南面有着滨海之利,东面连着吴郡、会稽,西面通着巴蜀之地,正是兵家争夺的战略要地,然而它的主人却把守不住,这大概是上天要把荆州送给您吧,不知将军有没有这个想法?益州地势险要,土地肥沃广袤,是天府之国,当年汉高祖凭借此地而成就帝王之业。刘璋昏聩懦弱,张鲁在他北面虎视眈眈,虽然百姓殷实、土地富庶,却不知道珍惜,有智谋有才干的人盼望得到圣明的君主。将军既然是大汉皇室的后裔,以信义著称于四海,广招英雄,思贤若渴,倘若兼有荆州、益州,把守住险要地势,西面与戎族部落通好,南面安抚住夷人、越人,对外与孙权结盟,对内整顿政治。一旦天下有所变化,就派一名高级将领率领荆州的军队向宛城、洛阳出兵,您亲自率领益州的士兵向秦川进军,老百姓谁敢不携带饮食来迎接、慰劳您的军队呢?果真如此的话,您的霸业就能够成功,汉王朝也可以复兴了。"刘备说:"说得好。"于是与诸葛亮日渐亲密,关羽、张飞等人很不高兴,刘备解释说:"我有孔明,就好像鱼有了水一样,希望各位不要再说别的了。"关羽、张飞才无话可说了。

刘表的长子刘琦也非常器重诸葛亮。刘表听信后妻的话,喜爱小儿子刘琮,不喜欢刘琦。刘琦常想和诸葛亮商量自我保全的办法,但诸葛亮总是拒绝他,不给他出主意。刘琦于是带着诸葛亮游览后花园,一同登上高楼,饮酒的时候,让人抽掉梯子,然后趁机对他说道:"现在上不着天,下不着地,话从你嘴里出来,从我耳朵进去,你总可以说了吧?"诸葛亮回答说:"您没听说过申生留在国内而遭难,重耳流亡国外而平安无事吗?"刘琦恍然大悟,暗中计划着出逃。正巧黄祖死了,于是刘琦趁机离去,继黄祖做了江夏太守。不久,刘表死,刘琮听说曹操带兵来攻,便派去使者请求投降。刘备在樊城听说此事后,率众南下,诸葛亮和徐庶也随同前往,被曹操军队追击,曹军俘虏了徐庶的母亲。徐庶辞别刘备,指着自己的心窝说道:"本想协同将军图谋王霸大业的,凭的是这颗心,现在失去了老母亲,方寸已乱,留在这里对您也没什么用了,请让我就此告辞吧。"于是徐庶去了曹营。

刘备到了夏口,诸葛亮说道:"现在形势危急,请让我尊奉您的命令去向孙权求救。"当时孙权统领大军驻扎在柴桑,坐观曹、刘争斗的成败。

诸葛亮劝说孙权道:"天下大乱,将军您起兵据有江东,刘豫州将军也在汉南聚集人马,与曹操共争天下。如今曹操铲除大敌,北方基本上被他平定了,接着又攻破荆州,威震四海。因为英雄无用武之地,刘豫州才逃到这里。将军估量一下您的能力再做出决定:如果能够凭借吴、越士众与中原的曹军抗衡,就不如早早与曹操断绝往来;如果估计自己的力量无法抵挡曹操,那何不放下武器,捆起铠甲,向曹操北面称臣呢?如今将军对外假装服从曹操,内心里又犹豫不决,事情紧急却优柔寡断,灾祸很快就要降临了。"孙权说:"如果真是像您说的那样,刘豫州为何不臣服于曹操呢?"诸葛亮说道:"田横,不过是齐国的壮士,尚且能够坚守大义,不受侮辱,何况刘豫州乃是王室之后,英才盖世,众人对他的仰慕,如同江河里的水归入大海一样,如果大事不成,那也是天意,他怎能屈居曹操之下呢?"孙权勃然大怒,说道:"我不能拿整个东吴的土地和十万大军受制于人。我决心已定!除了刘豫州,无人可以抵挡曹操,但他刚刚吃了败仗,又怎么能够挺得住呢?"诸葛亮说道:"刘豫州的军队虽然在长坂失利,但现在生还的士卒以及关羽的水兵精锐还有上万人,而且刘琦收拢的江夏士卒也不少于一万人。曹操的部众远道而来,疲惫不堪,听说追击刘豫州的骑兵,一天一夜疾驰三百多里,这正是常言所说的'强弓发出的箭达到射程的最远处时,连鲁地出产的薄绢都不能穿透'啊!所以兵法中最忌讳这种情况,并说:'这样一定会招致主将受挫。'况且北方人不熟悉水战;而且,荆州民众依附曹操,只不过是迫于他的武力,并不是心悦诚服。如果现在将军真能命令勇猛的将领率领几万兵力,与刘豫州同心协力迎战敌军,就一定能够击败曹军。曹军被击败,必然会北还,如果这样,荆州、东吴的势力就会变得强大,三足鼎立的局面就形成了。成功或失败的关键,就在今日。"孙权听后非常高兴,立即派周瑜、程普、鲁肃等率领水军三万人,跟随诸葛亮前去拜访刘备,合力对付曹操。曹操在赤壁大败,率军回到邺县。刘备于是占据了江南,任命诸葛亮为军师中郎将,让他督领零陵、桂阳、长沙三郡,征调赋税,用来补充军需。

建安十六年（211年），益州牧刘璋派遣法正前去迎接刘备，并让刘备去进攻张鲁。诸葛亮与关羽镇守荆州。刘备从葭萌关掉头进攻刘璋，诸葛亮与张飞、赵云等人率领众人沿江逆流而上，分头平定了各郡县，与刘备合兵一处包围了成都。攻占成都后，刘备任命诸葛亮为军师将军，监理左将军府事务。刘备外出，诸葛亮经常镇守成都，粮食、兵力都十分充足。建安二十六年（221年），僚属们都劝说刘备称帝，刘备没有同意，诸葛亮劝说道："当年吴汉、耿弇等人劝说世祖（即刘秀）即皇帝位，世祖辞让，前后一共四次，耿纯进谏道：'天下英雄十分敬仰您，都希望追随您实现自己的抱负。如果您不采纳大家的建议，士大夫们将各投新主，不再追随您了。'世祖觉得耿纯的话十分在理，于是就同意了。如今曹操篡夺了汉朝政权，天下无主，而您是帝室后裔，继承大统，即皇帝位，正是名正言顺的事。士大夫们长时间跟随您辛勤效力，也希望建立一点点功勋，就像耿纯所说的那样。"于是刘备称帝，册命诸葛亮为丞相。诸葛亮以丞相的身份总揽尚书省的事务，并被授予符节。张飞死后，诸葛亮还兼任司隶校尉。

章武三年（223年）春天，刘备在永安病危，将诸葛亮从成都召来，把后事托付给他，对他说道："您的才能比曹丕强上十倍，一定能安邦定国，最终能成就大业。如果太子可以辅佐，就辅佐他；如果他不成器，您就取而代之。"诸葛亮流着泪说道："我一定竭尽全力辅佐太子，效法先贤的忠贞节操，死而后已。"刘备又下诏命令后主说："你跟着丞相治理国家，要像侍奉父亲那样对待他。"

建兴元年（223年），后主封诸葛亮为武乡侯，设置丞相府署，处理政务。不久，又让他兼领益州牧。政事无论大小都由诸葛亮决断。南中（相当于现在的云南、贵州两省和四川西南部）各郡同时发生叛乱，诸葛亮因为刚刚遭遇国丧，所以没有出兵讨伐。同时，派遣使者出访吴国，缔结友好，和睦亲善，两国结为盟国。

建兴三年（225年）春天，诸葛亮率领军队南征，当年秋天，彻底平定了南中各郡的叛乱。军需费用都由那些刚平定的地区承担，国家因此而富足起来。于是诸葛亮治理军队,训练士卒,为重大军事行动作准备。

建兴五年(227年),诸葛亮率领各路军队驻守汉中,临行之前,向后主上书说:

"先帝所创立的大业尚未完成一半就中途撒手人寰,如今天下三足鼎立,而蜀汉国力衰弱、困乏,这正是国家安危存亡的关键时刻。但是,侍从近臣依然在宫内毫不懈怠地坚守岗位,忠心耿耿的勇士们仍然在外面舍生忘死地为国效力,这都是因为他们追念先帝对自己的恩宠,想要在陛下身上报恩啊。所以,陛下应该广开言路,以发扬光大先帝的美德,重振有志之士的斗志,而不应该妄自菲薄,言谈违背道义,以致堵住忠臣进谏的渠道。

"皇宫和官府是一个整体,对宫中侍臣和朝廷官员的升降、褒贬,不应区别对待。如果有违法乱纪的,或者有尽忠行善的,都应该交给有关部门评定对他们的惩罚或奖赏,以此表明陛下的公正严明,而不应该有所偏袒,使宫内和宫外的执法标准不同。侍中郭攸之、费祎,侍郎董允等,都是善良、诚实的人,思想忠贞纯正,所以先帝挑选、提拔他们,以便留给陛下任用。我认为宫内的事,无论大小,都应该征求他们的意见,然后再去实施,这样就一定能够弥补过失或疏漏,收到更大的成效。将军向宠,品性和善公正,通晓军事,当年试用他的时候,先帝就称赞他能干,因此大家建议推荐他做中部督。我认为军营里的事,可以征求他的意见,这样就一定能使军队内部和睦团结,德行和才能高低不同的人各得其所。

"亲近贤臣,疏远小人,这是前汉兴盛的原因;亲近小人,疏远贤臣,这是后汉衰败的原因。先帝在世的时候,每每和我谈论起这些,总是对桓帝、灵帝表示遗憾和痛心。侍中、尚书、长史、参军,这些都是忠贞善良、能够以死报国的贤士,希望陛下亲近他们,信任他们,这样汉室的复兴就会指日可待了。

"我本是一介布衣,在南阳亲自耕田种地,只想在乱世中苟且偷生,并不想在诸侯手下求得显达。先帝不嫌我卑贱鄙陋,屈尊枉驾,三顾茅庐来求访我,询问我对时事的看法,因此我十分感激,于是答应为先帝奔走效力。后来遇到军事失利,我便在兵败之际接受委任,在危难关头承担重任,从那时到现在已经有二十一年了。先帝知道我为人谨慎,所以临终前把兴复汉室的重任托付给我。自接受重托以来,我日夜忧愁叹息,唯恐完成不了先帝委托的使命,以至于损伤先帝的知人之明,因此,五月率军渡过泸水,深入不毛之地。如今南方已经平定,武器装备也已充足,所以应该激励三军斗志,率领他们北伐以平定中原,我愿竭尽自己平庸的才智,铲除奸诈凶险的敌人,恢复汉室江山,将国都迁回洛阳。这正是我报答先帝、效忠陛下的职责啊。

"至于斟酌权衡政事的利弊,多向陛下进献忠言,那是郭攸之、费祎、董允的职责。希望陛下把讨伐逆贼、恢复汉室的任务交给我,如果我没有完成任务,就对我进行处罚,以告先帝在天之灵。如果您没有听到可以光大美德的善言,就追究郭攸之、费祎、董允等人怠慢失职之责,以昭示他们的罪过。陛下您也应该深思极虑,多多征询治国安邦的好办法,分析并采纳正确的意见,时时牢记先帝遗诏中的嘱托。我蒙受圣恩,感激不尽。现在将要远离陛下,面对这份奏章泪流不止,不知道自己都说了些什么。"

于是诸葛亮出征,屯兵沔阳。

建兴六年(228年)春天,诸葛亮扬言经斜谷道进攻郿县,让赵云、邓芝率军虚张声势迷惑敌人,他们占据了箕谷,魏国大将军曹真率军抵抗。诸葛亮亲自率领各路兵马进攻祁山,阵容整齐,赏罚公正,号令严明,南安、天水、安定三郡背叛魏国响应诸葛亮,关中震惊。魏明帝亲自西进坐镇长安,命令张郃率军抵御诸葛亮。诸葛亮派马谡在前方统领各军,与张郃在街亭交战。马谡擅自改变诸葛亮的部署,行动失当,被张郃打得溃不成军。诸葛亮迁移西县百姓一千多家,退回到汉中,斩杀马谡以向全军谢罪。他上书后主说:"我以低下的才智,忝居高位,亲掌军权指挥军队,严格地训练三军,却没能使军队做到训练有素、军纪严明,面临大事不能心怀谨慎畏戒,以至于酿成马谡在街亭违抗命令的大错以及我军在箕谷放松警戒的大过,过失都在于我用人不当。我不能知人善任,处事、用人失当,依照《春秋》上的说法,作战失利应该追究主帅的责任,我正应该承担罪责。我自请降职三级,以惩罚我的过错。"于是后主降诸葛亮为右将军,代理丞相职务,统管军政事务的职责不变。

这年冬天,诸葛亮又出兵大散关,兵围陈仓,曹真出兵抵抗,诸葛亮粮草用尽后撤军。魏国将军王双率骑兵追击,诸葛亮指挥军队和他交战,大败魏军,斩杀王双。

建兴七年(229年),诸葛亮派陈式攻打武都郡和阴平郡,魏国雍州刺史郭淮率军准备进攻陈式,诸葛亮亲率军队至建威,郭淮撤退,于是平定了这两个郡。后主下诏册封诸葛亮,说道:"街亭一战,罪责主要在马谡,而您承担了过错,深刻反省,自我贬责,我难以违背您的意愿,只好同意了您坚持自贬的请求。去年您扬我军威,阵斩王双;今年出征,又使郭淮逃窜;收降了氐、羌的部族,收复了武都和阴平二郡,威名震慑了凶狠残暴的敌人,功勋振扬于天下。当今天下骚乱不安,元凶尚未铲除,而您承担重任,主持国政,长期地自我贬抑,是难以将先帝的伟业发扬光大的。现在恢复您的丞相职位,希望您不要推辞。"

建兴九年(231年),诸葛亮又出兵祁山,用木牛运送军粮,粮食耗尽后退兵。与魏国将领张郃交战,射杀张郃。建兴十二年(234年)春,诸葛亮督率所有军队由斜谷出发,用流马运输粮草,占领武功县的五丈原,与司马懿在渭水南岸对峙。诸葛亮总是担心因粮草不足而使自己的宏愿无法实现,因此,分派士兵屯田,为长期驻扎打下基础。耕种的士兵与渭水边的百姓杂居在一起,百姓安居乐业,军队对他们秋毫无犯。蜀军与司马懿相持了一百多天。这一年的八月,诸葛亮染病,病逝于军中,时年五十四岁。蜀军撤退以后,司马懿巡视蜀军遗弃的营垒,感叹道:"真是天下奇才呀!"

诸葛亮临终时命令部下将自己安葬在汉中的定军山上,依山势建坟,墓穴只能容纳下棺材,只用平时的衣服殓葬,不需要器物陪葬。

当初,诸葛亮向后主表明心愿说:"在成都,我有桑树八百株,薄田十五顷,子孙们的衣食所需已经绰绰有余了。至于我本人,在外地任职,没有别的花销,自身所需要的衣食,都依赖官府供应,不需要再另外经营家产,增加丝毫财富了。一旦我死了,绝不让家里有多余的绢帛,外面有多余的财物,以至于辜负陛下对我的信任。"诸葛亮死后,果真像他所说的那样。

诸葛亮生性精于巧思。改进弓弩使其能连续发射,设计木牛流马运输粮草,都出自他的想法;推演兵法,设计八卦阵图,都深得兵法之精义。诸葛亮的言论、教令、书札、奏章大都值得一读,所以另编成一部文集。

景耀六年(263年)春天,后主下诏在沔阳为诸葛亮立庙。秋天,魏国镇西将军锺会征伐蜀国,到了汉川,祭祀诸葛亮的庙宇,命令士卒不得在诸葛亮墓地附近割草、放牧、砍柴。

评论说:诸葛亮做丞相的时候,能够安抚百姓,率先垂范,精简机构,因地制宜,开诚布公;尽忠报国有益于当世者,即使是自己的仇人也必定会给予奖赏;触犯法令玩忽职守者,即使是自己非常亲近的人,也一定会加以处罚;认罪悔改者,即使罪行较重,也能宽大处理;巧言开脱者,即使罪行较轻,也一定要严惩不贷;再细小的善行也总要加以奖赏;再轻微的恶行也会给予惩戒;处理政务精干练达,解决问题抓住根本,根据名声考核实绩,弄虚作假者鄙弃不用。所以,蜀汉国内无人不敬畏他、爱戴他,刑罚政令虽然严厉,却没有人怨恨,就是因为他用心公正而且赏罚分明啊!他可以说是精于治国的良才了,即使与管仲、萧何相比,也差不了多少啊!然而,他连年用兵,却未能成功,大概根据战场形势的发展来筹划和施展用兵之道不是他的长处吧!

关羽传（节选）

【导读】

东汉末年，天下扰攘，战火连绵不断，因此也造就了一批战功卓著的军事家，这一时期真可谓猛将如云，然而只有关羽在后来的一千多年间，被尊奉为战神乃至关帝，成为中国传统社会家喻户晓、顶礼膜拜的人物。

历史上的关羽究竟是怎样一个人物呢？读了本传，我们就会有清楚的认识。他是刘备手下的一员虎将，深得刘备的器重。刘备入川，曾将留守荆州的重任交给他，然而，他最终却辜负了刘备的重托，丢掉了荆州，并且断送了自己的性命，使诸葛亮在隆中对策中提出的东西两线分头并进、进而逐鹿中原的战略设想化为泡影，使蜀汉政权遭受了极其沉重的打击。

关羽的人生悲剧，与他性格上的缺陷有很大关系，他自恃武艺绝伦、威名盖世，于是骄横狂傲，目空一切。这样一来，就难免造成许多恶果：首先，缺少容人之量，不利于团结同僚和部下；其次，不能坚持诸葛亮结好东吴的外交方针，与孙权的关系搞得很僵；最后，不能知己知彼，过低估计了曹营的军事实力和谋略水平，导致樊城久攻不下，后防空虚被吴军乘虚而入。

这样一位悲剧式的将军,为什么千百年来一直受到国人的尊重和敬仰呢?主要在于他思想品质中最为突出的特色,即"忠义"二字。他不为曹操的高官厚禄所动,矢志不渝地追随刘备,这种忠义品格得到了上自封建统治者、下至平民百姓的普遍赞扬。

【原文】

关羽字云长,本字长生,河东解人也,亡命奔涿郡。先主于乡里合徒众,而羽与张飞为之御侮。先主为平原相,以羽、飞为别部司马,分统部曲。先主与二人寝则同床,恩若兄弟。而稠人广坐,侍立终日,随先主周旋,不避艰险。先主之袭杀徐州刺史车胄,使羽守下邳城,行太守事,而身还小沛。

建安五年,曹公东征,先主奔袁绍。曹公禽羽以归,拜为偏将军,礼之甚厚。绍遣大将颜良攻东郡太守刘延于白马,曹公使张辽及羽为先锋击之。羽望见良麾盖,策马刺良于万众之中,斩其首还,绍诸将莫能当者,遂解白马围。曹公即表封羽为汉寿亭侯。

初,曹公壮羽为人,而察其心神无久留之意,谓张辽曰:"卿试以情问之。"既而辽以问羽,羽叹曰:"吾极知曹公待我厚,然吾受刘将军厚恩,誓以共死,不可背之。吾终不留,吾要当立效以报曹公乃去。"辽以羽言报曹公,曹公义之。及羽杀颜良,曹公知其必去,重加赏赐。羽尽封其所赐,拜书告辞,而奔先主于袁军。左右欲追之,曹公曰:"彼各为其主,勿追也。"

从先主就刘表。表卒,曹公定荆州,先主自樊将南渡江,别遣羽乘船数百艘会江陵。曹公追至当阳长阪,先主斜趣汉津，适与羽船相值，共至夏口。孙权遣兵佐先主拒曹公，曹公引军退归。先主收江南诸郡，乃封拜元勋，以羽为襄阳太守、荡寇将军，驻江北。先主西定益州，拜羽董督荆州事。羽闻马超来降，旧非故人，羽书与诸葛亮，问超人才可谁比类。亮知羽护前，乃答之曰："孟起兼资文武，雄烈过人，一世之杰，黥、彭之徒，当与益德并驱争先，犹未及髯之绝伦逸群也。"羽美须髯，故亮谓之髯。羽省书大悦，以示宾客。

羽尝为流矢所中，贯其左臂，后创虽愈，每至阴雨，骨常疼痛，医曰："矢镞有毒，毒入于骨，当破臂作创，刮骨去毒，然后此患乃除耳。"羽便伸臂令医劈之。时羽适请诸将饮食相对，臂血流离，盈于盘器，而羽割炙引酒，言笑自若。

二十四年，先主为汉中王，拜羽为前将军，假节钺。是岁，羽率众攻曹仁于樊。曹公遣于禁助仁。秋，大霖雨，汉水泛溢，禁所督七军皆没。禁降羽，羽又斩将军庞德。梁、郏、陆浑群盗或遥受羽印号，为之支党，羽威震华夏。曹公议徙许都以避其锐，司马宣王、蒋济以为关羽得志，孙权必不愿也。可遣人劝权蹑其后，许割江南以封权，则樊围自解。曹公从之。先是，权遣使为子索羽女，羽骂辱其使，不许婚，权大怒。又南郡太守糜芳在江陵，将军士仁屯公安，素皆嫌羽轻己。自羽之出军，芳、仁供给军资，不悉相救。羽言"还当治之"，芳、仁咸怀惧不安。于是权阴诱芳、仁，芳、仁使人迎权。而曹公遣徐晃救曹仁，羽不能克，引军退还。权已据江陵，尽虏羽士众妻子，羽军遂散。权遣将逆击羽，斩羽及子平于临沮。

追谥羽曰壮缪侯。

【译文】

关羽,字云长,本字长生,河东解县人,后来因战乱逃亡到涿郡。刘备在家乡召集人马起事时,关羽和张飞给刘备做护卫。刘备做了平原国相,让关羽和张飞做别部司马,分别统领所辖军队。刘备与他二人共睡一张床,情同手足。而二人在公开场合中,整日站在刘备身边侍候,总是跟随刘备作战,不避艰险。刘备袭击徐州并杀死徐州刺史车胄以后,便让关羽驻守下邳城,代行太守职务,而自己回到小沛。

建安五年(200年),曹操东征,刘备投奔袁绍。曹操擒获关羽回师,任命他为偏将军,以优厚的礼节对待他。袁绍派大将颜良在白马攻打东郡太守刘延,曹操让张辽和关羽为先锋进攻颜良。关羽望见颜良的帅旗和车盖,策马奔到阵前,在千军万马之中刺杀颜良,斩掉他的首级回营,袁绍的那些大将没有能够抵挡他的,于是解除了白马之围。曹操便上表启奏皇帝,封关羽为汉寿亭侯。

当初,曹操敬佩关羽的为人,但观察他的精神状态似乎没有久留之意,便对张辽说:"你试着问问他的想法。"不久,张辽询问了关羽,关羽叹息道:"我当然知道曹公待我不薄,但是我已接受了刘将军的厚恩,并且发誓与他同生共死,永远不背叛他。我最终是不会留下来的,我要在立功报效了曹公以后再离去。"张辽把这些话告诉了曹操,曹操认为他很讲义气。所以后来关羽斩杀颜良以后,曹操知道他一定会离去,便重重地赏赐他。关羽将曹操赐给他的物品全部封起来,留下书信告辞,前往袁绍军营投奔刘备。曹操身边的人想要追击关羽,曹操说:"大家也是各为其主,不要追他了。"

关羽跟随刘备投奔刘表。刘表死了以后,曹操平定了荆州,刘备将要从樊城南下渡江,另外派关羽率几百艘战船到江陵会合。曹操追赶到当阳长坂,刘备抄近路到了汉津,正好与关羽的战船相会,就一同到了夏口。孙权派兵帮助刘备抵抗曹操,曹操领军撤回。刘备拥有了江南各郡,于是封赏立下大功的将士,任命关羽为襄阳太守、荡寇将军,驻军江北。刘备西进平定益州以后,任命关羽统领荆州政务。关羽听说马超来归降刘备,他以前不认识马超,便写信给诸葛亮,问马超的才能可以与谁相比。诸葛亮知道关羽好强自负,不愿别人超过自己,便回信说:"马孟起兼擅文武,勇猛过人,可谓一代俊杰,是黥布、彭越一类的人,可以和张益德并驾齐驱,但还不如美髯公超群绝伦。"关羽胡须漂亮,所以诸葛亮称他为"美髯公"。关羽看过书信,非常高兴,便拿着书信给幕僚们传看。

  关羽曾经被弓箭射伤,箭头穿透了他的左臂,后来伤口虽然愈合了,但是每逢阴雨天气骨头经常疼痛,医生说:"箭头有毒,毒素已经渗入骨头,应当剖开左臂,刮骨疗毒,然后方能根除此患。"关羽便伸出左臂让医生剖开。当时,关羽正在宴请诸位将领,与他们对坐饮酒进食,左臂鲜血淋漓,淌满了一盘子,而关羽却割肉持酒,言笑自若。

  建安二十四年(219年),刘备做了汉中王,任命关羽为前将军,授予他符节斧钺。这一年,关羽率领部众在樊城进攻曹仁。曹操派于禁增援曹仁。秋天,阴雨连绵,汉水泛滥,于禁所统率的七支军队全都被淹。于禁投降关羽,关羽又斩杀将军庞德。梁、郏、陆浑等地的豪强武装虽然相距遥远,有的却接受了关羽的官印和封号,成为他的支党,关羽威震中原。曹操商议迁都以避开他的锋芒,司马懿、蒋济认为关羽得志,孙权肯定不希望如此,可以派人劝说孙权偷袭他的后方,答应事成之后割让长江以南的土地封赏孙权,那么樊城之围自然会解除。曹操听从了他们的建议。此前,孙权曾经派使者为儿子向关羽求亲,关羽辱骂来使,不答应婚事,孙权大怒。另外,南郡太守糜芳在江陵,将军士仁屯驻公安,二人一向都嫌关羽轻视自己。关羽此次出兵,由糜芳、士仁供应军用物资,二人没有竭力相救。关羽声称:"回来要好好惩治你们。"糜芳、士仁都很恐惧不安。于是孙权暗中派人诱降糜芳和士仁,糜芳、士仁便派人迎接孙权的军队。曹操派徐晃援救曹仁,关羽不能取胜,便带兵撤退。这时孙权已经占据江陵,把关羽将士们的妻子儿女都俘虏了,关羽的军队于是溃散。孙权派将领迎击关羽,在临沮斩杀了关羽和他的儿子关平。

刘备追谥关羽为壮缪侯。

张飞传（节选）

【导读】

　　在蜀汉名将中，张飞的地位和声望仅次于关羽。他膂力过人，性情暴躁，却又粗中有细，这是《三国演义》塑造的张飞形象。但是，阅读本传，给人的感觉是张飞的事迹和功业并不十分突出，与他的赫赫威名并不十分相称。在他的一生中，最值得称道的仿佛只有当阳长坂坡之战和义释严颜两件事。一介武夫，难以独当一面，刘备是最清楚不过的。所以，当刘备拿下汉中以后，汉中守将的人选是魏延，而不是张飞，即使魏延的年龄和资历根本不能和张飞同日而语。

【原文】

　　张飞字益德，涿郡人也，少与关羽俱事先主。羽年长数岁，飞兄事之。先主从曹公破吕布，随还许，曹公拜飞为中郎将。先主背曹公依袁绍、刘表。表卒，曹公入荆州，先主奔江南。曹公追之，一日一夜，及于当阳之长阪。先主闻曹公卒至，弃妻子走，使飞将二十骑拒后。飞据水断桥，瞋目横矛曰："身是张益德也，可来共决死！"敌皆无敢近者，故遂得免。先主既定江南，以飞为宜都太守、征虏将军，封新亭侯，后转在南郡。先主入益州，还攻刘璋，飞与诸葛亮等溯流而上，分定郡县。至江州，破璋将巴郡太守严颜，生获颜。飞呵颜曰："大军至，何以不降而敢拒战？"颜答曰："卿等无状，侵夺我州，我州但有断头将军，无有降将军也。"飞怒，令左右牵去斫头，颜色不变，曰："斫头便斫头，何为怒邪！"飞壮而释之，引为宾客。飞所过战克，与先主会于成都。益州既平，赐诸葛亮、法正、飞及关羽金各五百斤，银千斤，钱五千万，锦千匹，其余颁赐各有差，以飞领巴西太守。

曹公破张鲁，留夏侯渊、张郃守汉川。郃别督诸军下巴西，欲徙其民于汉中，进军宕渠、蒙头、荡石，与飞相拒五十余日。飞率精卒万余人，从他道邀郃军交战，山道迮狭，前后不得相救，飞遂破郃。郃弃马缘山，独与麾下十余人从间道退，引军还南郑，巴土获安。先主为汉中王，拜飞为右将军、假节。章武元年，迁车骑将军，领司隶校尉，进封西乡侯。

初，飞雄壮威猛，亚于关羽，魏谋臣程昱等咸称羽、飞万人之敌也。羽善待卒伍而骄于士大夫，飞爱敬君子而不恤小人。先主常戒之曰："卿刑杀既过差，又日鞭挝健儿，而令在左右，此取祸之道也。"飞犹不悛。先主伐吴，飞当率兵万人，自阆中会江州。临发，其帐下将张达、范强杀飞，持其首，顺流而奔孙权。飞营都督表报先主，先主闻飞都督之有表也，曰："噫！飞死矣。"追谥飞曰桓侯。

【译文】

　　张飞字益德,涿郡人,年轻的时候与关羽一起共事刘备。关羽年长几岁,张飞像对待哥哥一样对待关羽。刘备随同曹操打败了吕布,张飞随刘备回到许昌,曹操封张飞为中郎将。刘备背叛曹操先后投奔袁绍、刘表。刘表死后,曹操进入荆州,刘备逃奔江南。曹操追击刘备,急行一日一夜,赶到当阳长坂。刘备听说曹操突然追来,便丢下妻子儿女逃跑,让张飞率二十名骑兵断后。张飞占据河岸,毁坏桥梁,怒目圆睁、手执长矛大吼道:"本人乃张益德,谁来和我决一死战!"敌军都不敢前进,刘备因此得以脱身免难。刘备平定江南各郡以后,任命张飞为宜都太守、征虏将军,封为新亭侯,后来改任南郡太守。刘备进入益州,掉头进攻刘璋,张飞与诸葛亮等逆长江而上,分兵平定沿江各郡县。到达江州,打败刘璋手下将领巴郡太守严颜,活捉了严颜。张飞呵斥严颜道:"我们大军来到,你为什么不投降,还胆敢抗拒?"严颜答道:"你们太不像话,侵占了我们的州郡,我们州郡只有断头将军,没有投降将军。"张飞大怒,命令左右将严颜拉出去砍头,严颜面不改色,说:"砍头便砍头,为何发火!"张飞敬佩他,便释放了他,招他为宾客。张飞所过之处,战无不胜,与刘备会于成都。益州平定以后,刘备赐给诸葛亮、法正、张飞以及关羽各五百斤黄金,一千斤白银,五千万铜钱,一千匹蜀锦,给予其余将士数量不等的奖赏,让张飞兼任巴西郡太守。

　　曹操打败了张鲁,留下夏侯渊、张郃把守汉川。张郃命令几支兵马南下巴西郡,准备将巴西郡的民众迁至汉中,进军宕渠、蒙头、荡石,与张飞对峙五十多天。张飞率领一万人的精锐部队,从小路去截击张郃的军队,山路狭窄,张郃部队前后不能相救,张飞因此打败张郃。张郃丢下战马,与麾下十余人沿着山间小路溃逃,领兵回到南郑,巴西一带得以安定。刘备为汉中王后,任命张飞为右将军,授予他符节。章武元年(221年),升迁为车骑将军,兼任司隶校尉,晋封为西乡侯。

　　当初,张飞雄壮威武,仅次于关羽,魏国谋臣程昱等人都称赞关羽、张飞有万夫莫当之勇。关羽善待士卒而对士大夫骄横无礼,张飞尊敬士大夫而不体恤士卒。刘备常常告诫张飞说:"你滥施刑罚,杀人过度,又每天鞭打士卒,却仍将这些被你惩罚过的人留在身边,这可是自招祸患的做法啊!"张飞仍不知悔改。刘备讨伐吴国,张飞遵照命令准备率领一万兵马,自阆中到江州会合。出发前,他帐下的将领张达、范强将他杀了,二人带着他的头颅,顺江而下,投奔了孙权。张飞营中的都督上表报告刘备,刘备听说张飞营中的都督有表要上奏,说道:"唉!张飞死了。"刘备追谥张飞为桓侯。

马超传（节选）

【导读】

　　马超出身将门，父亲马腾是东汉末年割据凉州一带的军阀。在那个讲究门阀出身的时代，这样显赫的家世无疑会提升马超的知名度，加之他自身骁勇善战，迫使曹操不得不感慨"马儿不死，吾无葬地也"，荀彧称赞他："关中将帅以十数，莫能相一，唯韩遂、马超最强。"这样高的评价又为他的经历增加了一些传奇色彩。

　　然而，马超的人生并没有因出身名门和战场上的威风凛凛而一帆风顺。先是父亲被朝廷征为卫尉，实则变相地充当曹操的人质，马超被迫代父领兵；接着联合韩遂讨伐曹操，反被人离间，军队大败；后来被凉州刺史韦康的旧部逼走，只得去依附汉中的张鲁，却遭受排挤。即使最终投靠了刘备，被授官封爵，但论受信任程度，还是远远无法跟追随刘备多年的关羽、张飞、赵云、诸葛亮等人相比，在同僚中也有被孤立之感，加之过去长期的辗转不定、疲于奔命，这些因素使他"羁旅归国，常怀危惧"（《三国志·蜀书·彭羕传》）。马超临终时上疏给刘备，请求他关照堂弟马岱，这是他在命运面前表现出的最后一丝无奈。

【原文】

马超字孟起，扶风茂陵人也。父腾，灵帝末与边章、韩遂等俱起事于西州。初平三年，遂、腾率众诣长安。汉朝以遂为镇西将军，遣还金城，腾为征西将军，遣屯郿。后腾袭长安，败走，退还凉州。司隶校尉锺繇镇关中，移书遂、腾，为陈祸福。腾遣超随繇讨郭援、高幹于平阳，超将庞德亲斩援首。后腾与韩遂不和，求还京畿。于是征为卫尉，以超为偏将军，封都亭侯，领腾部曲。

超既统众，遂与韩遂合从，及杨秋、李堪、成宜等相结，进军至潼关。曹公与遂、超单马会语，超负其多力，阴欲突前捉曹公，曹公左右将许褚瞋目盼之，超乃不敢动。曹公用贾诩谋，离间超、遂，更相猜疑，军以大败。超走保诸戎，曹公追至安定，会北方有事，引军东还。

杨阜说曹公曰："超有信、布之勇，甚得羌、胡心。若大军还，不严为其备，陇上诸郡非国家之有也。"超果率诸戎以击陇上郡县，陇上郡县皆应之，杀凉州刺史韦康，据冀城，有其众。超自称征西将军，领并州牧，督凉州军事。康故吏民杨阜、姜叙、梁宽、赵衢等，合谋击超。阜、叙起于卤城，超出攻之，不能下；宽、衢闭冀城门，超不得入。进退狼狈，乃奔汉中依张鲁。鲁不足与计事，内怀于邑，闻先主围刘璋于成都，密书请降。

先主遣人迎超，超将兵径到城下。城中震怖，璋即稽首，以超为平西将军，督临沮，因为前都亭侯。先主为汉中王，拜超为左将军，假节。章武元年，迁骠骑将军,领凉州牧,进封斄乡侯。

二年卒,时年四十七。临没上疏曰:"臣门宗二百余口,为孟德所诛略尽,惟有从弟岱,当为微宗血食之继,深托陛下,余无复言。"追谥超曰威侯,子承嗣。岱位至平北将军,进爵陈仓侯。超女配安平王理。

【译文】

马超字孟起,是扶风郡茂陵人。他的父亲马腾,在汉灵帝末年与边章、韩遂等人一起在西部雍凉地区起兵。汉献帝初平三年(192年),韩遂和马腾率军到达长安。朝廷任命韩遂为镇西将军,派遣他回去驻守金城;马腾为征西将军,派遣他驻守郿县。后来马腾进攻长安,兵败而逃,退回凉州。司隶校尉锺繇镇守关中,写信给韩遂和马腾,为他们分析利害得失。马腾派遣马超跟随锺繇在平阳讨伐郭援和高幹,马超的部将庞德亲手斩下了郭援的头颅。后来马腾与韩遂关系破裂,请求回到国都及其周边地区。于是马腾被征召为卫尉,马超被任命为偏将军,封为都亭侯,统领马腾的部下。

马超统领了马腾的军队后,便与韩遂的军队联合,还和杨秋、李堪、成宜等人的军队结盟,带兵打到了潼关。曹操与韩遂、马超各自只带少量随从骑马前来会面,马超倚仗自己身强力壮,暗中想突然上前擒住曹操,曹操身边的将领许褚瞪大眼睛怒视马超,马超才不敢轻举妄动。曹操采纳了贾诩的计策,离间马超和韩遂,使他们二人相互猜疑,联军最终大败。马超败逃到西部少数民族地区,曹操的军队追到了安定,刚好赶上北方有战事发生,只好带领大军向东回师。

杨阜对曹操说:"马超有韩信、英布的勇敢,很受西北少数民族的爱戴。如果大军回朝,不对马超严加防守,那么陇上的各个郡县将不再受国家管辖。"马超果然带领西北少数民族的军队进攻陇上的郡县,陇上郡县全都响应马超,杀死了凉州刺史韦康,占据了冀城,收编了当地的军队。马超自称征西将军,兼任并州牧,督凉州军事。韦康的老部下杨阜、姜叙、梁宽、赵衢等人共同谋划攻打马超。杨阜和姜叙在卤城起兵，马超出兵攻打他们，无法攻破卤城；梁宽和赵衢关闭了冀城的城门，马超回不去冀城。进退两难，处境艰难窘迫，马超只好前往汉中依附张鲁。张鲁这个人不值得别人和他一起计议大事，马超内心忧愁不安，又听闻刘备将刘璋围困在成都，就秘密写信给刘备请求归降。

　　刘备派遣下属迎接马超，马超带兵直接抵达成都城下。成都城中的人都惊恐害怕，刘璋立即俯首投降，刘备任命马超为平西将军，督管临沮，爵位仍然保持朝廷之前所封的都亭侯不变。刘备进位汉中王时，授予马超左将军之职，加假节（汉末与魏晋南北朝时掌管地方军政的官员所加的一种称号，能杀犯军令者）的称号。章武元年（221年）刘备称帝，马超升任骠骑将军，兼任凉州牧，进封斄乡侯。

　　章武二年（222年）马超去世，年仅四十七岁。他临终前上书皇帝说："臣的宗族本有二百多人，几乎被曹操杀尽了，只留下堂弟马岱，自当由他继承家族血脉，现在臣将马岱托付给陛下，便没有其他的请求了。"刘备追谥马超为威侯，马超的儿子马承继承爵位。马岱官至平北将军，爵位晋升为陈仓侯。马超的女儿嫁给了安平王刘理（刘备的儿子，后主刘禅的异母弟）。

赵云传（节选）

【导读】

在陈寿的《三国志》中，关于赵云的记载其实并不多，这和《三国演义》中那个忠勇无双、"一身都是胆"的常山赵子龙形象有些不同。因为当时留存的蜀汉方面的史料非常有限，而陈寿在修史时秉持严谨求实的态度，没有采录野史传闻，所以在撰写赵云的传记时可谓惜墨如金。尽管如此，从寥寥数百字的《赵云传》中，我们仍然可以窥见他的忠勇与谋略。

赵云长期被刘备留在身边，担任他的贴身护卫。和其他将领相比，赵云征战沙场的机会相对较少，说到他的忠勇，最让人称道的事迹就是在长坂坡以寡敌众，拼死护卫刘备的妻儿。公元228年诸葛亮第一次北伐，赵云奉命带领少数兵力实施疑兵之计，来扰乱曹真的军事部署，虽然在箕谷遭遇失利，但是他带兵坚持防守，使蜀军在敌我力量悬殊的情况下不致遭遇毁灭性打击，由此可见，赵云除了骁勇之外，还具有一定的军事谋略。

陈寿在《三国志》中评价蜀汉五虎将中的赵云和黄忠"强挚壮猛，并作爪牙"，将他们比作汉高祖刘邦的大将灌婴和夏侯婴。对于这样的评价，赵云完全可以说是当之无愧。

【原文】

赵云字子龙，常山真定人也。本属公孙瓒，瓒遣先主为田楷拒袁绍，云遂随从，为先主主骑。及先主为曹公所追于当阳长阪，弃妻子南走，云身抱弱子，即后主也，保护甘夫人，即后主母也，皆得免难。迁为牙门将军。先主入蜀，云留荆州。

先主自葭萌还攻刘璋，召诸葛亮。亮率云与张飞等俱溯江西上，平定郡县。至江州，分遣云从外水上江阳，与亮会于成都。成都既定，以云为翊军将军。

建兴元年，为中护军、征南将军，封永昌亭侯，迁镇东将军。五年，随诸葛亮驻汉中。明年，亮出军，扬声由斜谷道，曹真遣大众当之。亮令云与邓芝往拒，而身攻祁山。云、芝兵弱敌强，失利于箕谷，然敛众固守，不至大败。军退，贬为镇军将军。

七年卒，追谥顺平侯。

初，先主时，惟法正见谥；后主时，诸葛亮功德盖世，蒋琬、费祎荷国之重，亦见谥；陈祗宠待，特加殊奖，夏侯霸远来归国，故复得谥；于是关羽、张飞、马超、庞统、黄忠及云乃追谥，时论以为荣。云子统嗣，官至虎贲中郎，督行领军。次子广，牙门将，随姜维沓中，临阵战死。

【译文】

赵云字子龙，常山郡真定县人。他原本是公孙瓒的部下，公孙瓒派遣刘备帮助田楷共同抗击袁绍，于是赵云随同前往，替刘备管理骑兵。等到刘备被曹操的军队追逼到当阳长坂坡的时候，刘备抛下自己的妻儿往南逃跑,赵云抱着刘备年幼的儿子,也就是后来的蜀后主刘禅,拼死护卫后主的母亲甘夫人,使他们母子二人最终幸免于难。后来,赵云升任牙门将军。刘备率军入蜀时,赵云留守荆州。

刘备从葭萌回军攻打益州牧刘璋,召诸葛亮前往。诸葛亮率领赵云和张飞等部众沿着长江逆流而上,平定了沿途所经郡县。到达江州后,诸葛亮派遣赵云率领部分人马从岷江直上江阳,与诸葛亮在成都会师。成都被平定后,刘备封赵云为翊军将军。

蜀汉建兴元年(223年),赵云升任中护军、征南将军,封永昌亭侯,不久又升任镇东将军。建兴五年(227年),赵云跟随诸葛亮驻守汉中。第二年,诸葛亮出兵伐魏,采取声东击西的战术,声称走斜谷道攻取郿县,曹魏大将曹真调遣大军在那里抵御蜀军进攻。诸葛亮命令赵云和邓芝前往斜谷道佯攻曹军,然后亲自率领主力部队进攻祁山。赵云和邓芝的兵力弱小,而对方兵力强盛,所以他们在箕谷受挫,好在他们随后集中兵力坚持防守,才不至于遭到惨败。军队退还汉中后,赵云被降为镇军将军。

建兴七年(229年),赵云去世,被追谥为顺平侯。

当初,刘备在位时,只有法正去世后被赐予谥号;后主在位时,诸葛亮因为功业和德行举世无双,蒋琬和费祎因为担负了辅佐后主治国的重任,也被赐予了谥号。陈祗受到了后主的恩遇,得到了特殊的奖掖,夏侯霸远道而来投奔蜀汉,所以他们死后也得到了谥号;因此关羽、张飞、马超、庞统、黄忠和赵云也被追谥,当时的人们都认为这是一种荣耀。赵云的儿子赵统后来继承了赵云的爵位,做官做到了虎贲中郎将,督行领军。第二个儿子赵广,曾担任牙门将,跟随姜维北伐到了沓中,在战场上阵亡。

庞统传（节选）

【导读】

　　庞统是刘备的重要谋士，后世一些人认为他的智慧谋略可以和诸葛亮齐名。《三国演义》的作者罗贯中在书中就曾借水镜先生司马徽之口说："伏龙、凤雏，两人得一，可安天下。"然而，由于历史上那个真实的庞统追随刘备的时间比较短，又英年早逝，留存于史书中的人生经历与受刘备三顾之恩、后来又受托辅政的诸葛亮相比确实黯淡了不少，所以人们大多认为，《三国演义》作为一部文学作品，对庞统这个历史人物过于美化。

　　让我们来大致了解一下真实的庞统。他自幼朴实无华，所以虽有能力却不为人所知，后来是司马徽对他的高度赞誉让他声名鹊起；做功曹时，举荐人才，重视人品；眼光独到，善识人，在东吴时，能够直言不讳地指出几位江东名士各自的长处和缺点，往往能一语中的，让人信服；夺占益州使刘备继占领荆州之后拥有了第二个根据地。自此，刘备的事业进入了另一个重要阶段，而庞统的计策功不可没，于是陈寿在他的传记中为他大书一笔。

　　与诸葛亮在刘备面前时时谨言慎行不同的是，庞统敢于直言劝谏，在夺取涪县之后的庆功宴上，批评刘备的做法不仁义，得罪主公被当众斥责后从容退出，事后一句"君臣俱失"更显出他的性格直率。这样的庞统，比被美化了的文学形象更立体，更真实。

【原文】

庞统字士元，襄阳人也。少时朴钝，未有识者。颍川司马徽清雅有知人鉴，统弱冠往见徽，徽采桑于树上，坐统在树下，共语自昼至夜。徽甚异之，称统当为南州士之冠冕，由是渐显。

后郡命为功曹。性好人伦，勤于长养。每所称述，多过其才，时人怪而问之，统答曰："当今天下大乱，雅道陵迟，善人少而恶人多。方欲兴风俗，长道业，不美其谭即声名不足慕企，不足慕企而为善者少矣。今拔十失五，犹得其半，而可以崇迈世教，使有志者自励，不亦可乎？"

吴将周瑜助先主取荆州，因领南郡太守。瑜卒，统送丧至吴，吴人多闻其名。及当西还，并会昌门，陆绩、顾劭、全琮皆往。统曰："陆子可谓驽马有逸足之力，顾子可谓驽牛能负重致远也。"谓全琮曰："卿好施慕名，有似汝南樊子昭。虽智力不多，亦一时之佳也。"绩、劭谓统曰："使天下太平，当与卿共料四海之士。"深与统相结而还。

先主领荆州，统以从事守耒阳令，在县不治，免官。吴将鲁肃遗先主书曰："庞士元非百里才也，使处治中、别驾之任，始当展其骥足耳。"诸葛亮亦言之于先主，先主见与善谭，大器之，以为治中从事。亲待亚于诸葛亮，遂与亮并为军师中郎将。亮留镇荆州。统随从入蜀。

益州牧刘璋与先主会涪，统进策曰："今因此会，便可执之，则将军无用兵之劳而坐定一州也。"先主曰："初入他国，恩信未著，此不可也。"璋既还成都，先主当为璋北征汉中，统复说曰："阴选精兵，昼夜兼道，径袭成都；璋既不武，又素无预备，大军卒至，一举便定，此上计也。杨怀、高沛，璋之名将，各仗强兵，据守关头，闻数有笺谏璋，使发遣将军还荆州。将军未至，遣与相闻，说荆州有急，欲还救之，并使装束，外作归形；此二子既服将军英名，又喜将军之去，计必乘轻骑来见，将军因此执之，进取其兵，乃向成都，此中计也。退还白帝，连引荆州，徐还图之，此下计也。若沉吟不去，将致大困，不可久矣。"先主然其中计，即斩怀、沛，还向成都，所过辄克。于涪大会，置酒作乐，谓统曰："今日之会，可谓乐矣。"统曰："伐人之国而以为欢，非仁者之兵也。"先主醉，怒曰："武王伐纣，前歌后舞，非仁者邪？卿言不当，宜速起出！"于是统逡巡引退。先主寻悔，请还。统复故位，初不顾谢，饮食自若。先主谓曰："向者之论，阿谁为失？"统对曰："君臣俱失。"先主大笑，宴乐如初。

进围雒县，统率众攻城，为流矢所中，卒，时年三十六。先主痛惜，言则流涕。拜统父议郎，迁谏议大夫，诸葛亮亲为之拜。追赐统爵关内侯，谥曰靖侯。

【译文】

庞统字士元，襄阳人。年少时为人朴实而不显聪敏，当时没有人了解到他的真才实学。颍川郡的司马徽清高拔俗，具有识别人的品行才能的能力。庞统二十岁时前去拜访司马徽，司马徽正在树上采摘桑叶，让庞统坐在树下，两人一起交谈，一直从白天谈到夜晚。司马徽对庞统的才学感到十分惊异，称赞庞统真是南方地区儒生中的翘楚，从此庞统的名声渐渐显扬开来。

后来庞统被本郡任命为功曹。他生性注重人伦道德，尽心尽力于赡养老人、抚育子女。每次他述说评论他人时，总是对他人的才能有溢美之词，当时的人都感到不解，问他为什么这么做，庞统回答说："现在天下局势动荡，合乎道德规范的正道衰微不振，好人少而坏人多。要想使社会风尚纯正起来，宣扬善行和美德，如果不赞美那些值得称道的人的言论，他们的名声就不足以让人们去仰慕效仿，无法使人仰慕效仿善言善行，那世间行善的人将会很少；现在选拔十个人而其中有五个人因为不合乎标准而被淘汰，尚且能得到一半的人才，通过这些被选拔的人才向社会宣扬教化，使那些有志于行善的人砥砺自强，这样做难道不可以吗？"

东吴大将周瑜协助刘备夺取了荆州，于是兼任了南郡太守。周瑜去世后，庞统护送周瑜的灵柩回到东吴，东吴的民众大都听说过庞统的声名。等到庞统即将离开东吴向西踏上归途时，这些人便齐聚在阊门相送，陆绩、顾劭和全琮都去了。庞统说："陆君可说是一匹驽马，但还有快步奔跑的能力；顾君可说是一条资质较差的牛，却能背负沉重的东西到达遥远的目的地（比喻能肩负重任）。"庞统又对全琮说："您乐善好施追求名声，和汝南的樊子昭类似。虽然您的才智、能力一般，但也称得上是一时俊秀！"陆绩和顾劭对庞统说："等将来天下太平了，再与您一起品评天下名士。"于是他们与庞统结下深交，然后送他回去。

刘备兼任荆州牧后，庞统以州从事的身份代行耒阳令，在县内不能治理县政，被免除官职。东吴将领鲁肃写信对刘备说："庞士元不是一个能治理百里小县的人才，让他担任治中、别驾（州刺史的佐官）之类的职务，才能让他施展高才。"诸葛亮也对刘备说了类似的话，于是刘备召见庞统并和他详谈，然后十分器重他，任命他为治中从事。刘备对庞统的亲近和信任仅次于诸葛亮,于是庞统和诸葛亮共同担任军师中郎将。诸葛亮留守荆州。庞统跟随刘备领兵入蜀。

益州牧刘璋和刘备在涪城会面,庞统向刘备献策说:"趁着今天会面的时机,可将刘璋擒住,这样将军您不需要动用兵力便可轻易地平定益州。"刘备说:"刚进入别人管辖的地域,尚未施行恩德、树立威信,不能这样做。"刘璋回到成都后,刘备承担起为刘璋北上征讨汉中张鲁的使命,庞统又劝说刘备:"请暗中选派精兵,昼夜兼程疾行,抄小道袭击成都。刘璋缺乏领兵作战的能力,一直以来又没有防备,如果我方大军突然赶到,经过一次行动就能夺取成都,这是最高明的计策。杨怀和高沛是刘璋手下的名将,他们各自倚仗强大的兵力,据守白水关,听说他们曾多次写信劝说刘璋,要刘璋把将军您打发回荆州。您还没到达白水关时,先派人去告知他们,就说荆州形势危急,您准备回军救援,同时下令我军将士整理行装,佯装出撤还的样子。这两人既佩服将军的英名,又乐见您撤离益州,预计他们一定会轻装前来送别将军,将军可趁机下令擒住他们,进而进关收编他们的军队,然后向成都进攻,这是中等的计策。退回白帝城,联络荆州的兵马入蜀,然后慢慢图谋一步步攻占益州,这是下策。如果犹豫不决而在此地徘徊,必然会陷入十分困窘的境地,不能长久地维持下去。"刘备采纳了庞统所说的中策,立马用计斩杀了杨怀和高沛,回军进攻成都,军队所经过的郡县纷纷被攻克。刘备在涪城召集部下庆功,大摆筵席,饮酒作乐,他对庞统说:"今日的集会可真让人愉快。"庞统说:"攻占别人所管辖的地域却认为是件值得快乐的事,这不是仁义之师所为。"刘备已经喝醉,大怒说:"过去周武王讨伐商纣王,前歌后舞,士气高昂,难道不是仁义之师吗?你的言辞很不得当,应该马上起身离开!"于是庞统从容地退席而出。刘备很快就感到后悔了,急忙派人请庞统回来。庞统回到原来的座位上,对刘备不理不睬,也不道歉,只管像先前那样吃喝。刘备问他:"刚才的言论,到底是谁不对?"庞统回答说:"我们君臣二人都有错。"刘备大笑,筵席上的气氛恢复到开始时那样热闹欢快。

刘备的军队进围雒县,庞统率军攻城,被乱箭射中而死,当时年仅三十六岁。刘备感到非常痛惜,提到庞统就会流泪。他任命庞统的父亲为议郎,后来又擢升他为谏议大夫,诸葛亮亲自为他主持授官仪式。刘备后来为庞统追赐了关内侯的爵位,赐谥号为靖侯。

吴书

崇文国学经典

吴主传(节选)

【导读】

　　本传在《三国志》中被列为第四十七卷,《吴书》的第二篇传记。传主孙权的才略在三国英雄豪杰中是鲜有其匹的,他比曹操晚了整整一代,属于晚辈,然而曹操对他极其佩服,曾感慨道:"生子当如孙仲谋。"

　　在三国的创建者中,孙权的在世时间和在位时间都是最长的,因此,本传在《三国志》中也是篇幅最长的个人传记之一。由于他是一国之主,所以,本传又是按照帝王本纪的形式来写的,与孙权和吴国有关的大小事件都以时间顺序排列。这样虽然保存了大量的资料,也能比较全面地反映孙权这个人物的生平,但是却影响到该传的可读性。

　　另外,应注意的是,孙权的东吴政权,论硬实力远远不是地广人众的曹魏政权的对手,论软实力甚至也比不上以炎汉正统自居的蜀汉政权,所以,终孙权之世,吴国基本上对外采取守势,很少主动出击,即使出击,也是以攻为守,他将主要精力投入到内政的整顿和山越地区的开发上。这对于东吴人民安居乐业当然是一件好事,但是他本人展示雄韬伟略的机会也就相对减少了许多,这也是本传略显平淡的原因之一。

　　即便如此,通过本传,我们仍然能领略到一代政治家、军事家孙权的熠熠风采。

【原文】

孙权字仲谋。兄策既定诸郡,时权年十五,以为阳羡长。郡察孝廉,州举茂才,行奉义校尉。汉以策远修职贡,遣使者刘琬加锡命。琬语人曰:"吾观孙氏兄弟虽各才秀明达,然皆禄祚不终,惟中弟孝廉,形貌奇伟,骨体不恒,有大贵之表,年又最寿,尔试识之。"

建安四年,从策征庐江太守刘勋。勋破,进讨黄祖于沙羡。

五年,策薨,以事授权,权哭未及息。策长史张昭谓权曰:"孝廉,此宁哭时邪?且周公立法而伯禽不师,非欲违父,时不得行也。况今奸宄竞逐,豺狼满道,乃欲哀亲戚,顾礼制,是犹开门而揖盗,未可以为仁也。"乃改易权服,扶令上马,使出巡军。是时,惟有会稽、吴郡、丹杨、豫章、庐陵,然深险之地犹未尽从,而天下英豪布在州郡,宾旅寄寓之士以安危去就为意,未有君臣之固。张昭、周瑜等谓权可与共成大业,故委心而服事焉。曹公表权为讨虏将军,领会稽太守,屯吴,使丞之郡行文书事。待张昭以师傅之礼,而周瑜、程普、吕范等为将率。招延俊秀,聘求名士,鲁肃、诸葛瑾等始为宾客。分部诸将,镇抚山越,讨不从命。

七年,权母吴氏薨。

八年,权西伐黄祖,破其舟军,惟城未克,而山寇复动。还过豫章,使吕范平鄱阳,程普讨乐安,太史慈领海昏,韩当、周泰、吕蒙等为剧县令长。

九年,权弟丹杨太守翊为左右所害,以从兄瑜代翊。

十年，权使贺齐讨上饶，分为建平县。

十二年，西征黄祖，虏其人民而还。

十三年春，权复征黄祖，祖先遣舟兵拒军，都尉吕蒙破其前锋，而凌统、董袭等尽锐攻之，遂屠其城。祖挺身亡走，骑士冯则追枭其首，虏其男女数万口。是岁，使贺齐讨黟、歙，分歙为始新、新定、犁阳、休阳县，以六县为新都郡。荆州牧刘表死，鲁肃乞奉命吊表二子，且以观变。肃未到，而曹公已临其境，表子琮举众以降。刘备欲南济江，肃与相见，因传权旨，为陈成败。备进住夏口，使诸葛亮诣权，权遣周瑜、程普等行。是时曹公新得表众，形势甚盛，诸议者皆望风畏惧，多劝权迎之。惟瑜、肃执拒之议，意与权同。瑜、普为左右督，各领万人，与备俱进，遇于赤壁，大破曹公军。公烧其余船引退，士卒饥疫，死者大半。备、瑜等复追至南郡。曹公遂北还，留曹仁、徐晃于江陵，使乐进守襄阳。时甘宁在夷陵，为仁党所围，用吕蒙计，留凌统以拒仁，以其半救宁，军以胜反。权自率众围合肥，使张昭攻九江之当涂。昭兵不利，权攻城逾月不能下。曹公自荆州还，遣张喜将骑赴合肥。未至，权退。

十四年，瑜、仁相守岁余，所杀伤甚众。仁委城走。权以瑜为南郡太守。刘备表权行车骑将军，领徐州牧。备领荆州牧，屯公安。

十九年五月，权征皖城。闰月，克之，获庐江太守朱光及参军董和，男女数万口。是岁刘备定蜀。权以备已得益州，令诸葛瑾从求荆州诸郡。备不许，曰："吾方图凉州,凉州定,乃尽以荆州与吴耳。"权曰:"此假而不反,而欲以虚辞引岁。"遂置南三郡长吏,关羽尽逐之。权大怒,乃遣吕蒙督鲜于丹、徐忠、孙规等兵二万取长沙、零陵、桂阳三郡;使鲁肃以万人屯巴丘以御关羽。权住陆口,为诸军节度。蒙到,二郡皆服,惟零陵太守郝普未下。会备到公安,使关羽将三万兵至益阳,权乃召蒙等,使还助肃。蒙使人诱普,普降,尽得三郡将守。因引军还,与孙皎、潘璋并鲁肃兵并进,拒羽于益阳。未战,会曹公入汉中,备惧失益州,使使求和。权令诸葛瑾报,更寻盟好,遂分荆州长沙、江夏、桂阳以东属权,南郡、零陵、武陵以西属备。备归,而曹公已还。权反自陆口,遂征合肥。合肥未下,彻军还。兵皆就路,权与凌统、甘宁等在津北为魏将张辽所袭,统等以死捍权,权乘骏马越津桥得去。

二十三年十月,权将如吴,亲乘马射虎于庱亭。马为虎所伤,权投以双戟,虎却废,常从张世击以戈,获之。

二十四年,关羽围曹仁于襄阳,曹公遣左将军于禁救之。会汉水暴起,羽以舟兵尽虏禁等步骑三万送江陵,惟城未拔。权内惮羽,外欲以为己功,笺与曹公,乞以讨羽自效。曹公且欲使羽与权相持以斗之,驿传权书,使曹仁以弩射示羽。羽犹豫不能去。闰月,权征羽,先遣吕蒙袭公安,获将军士仁。蒙到南郡,南郡太守糜芳以城降。蒙据江陵,抚其老弱,释于禁之囚。陆逊别取宜都,获秭归、枝江、夷道,还屯夷陵,守峡口以备蜀。关羽还当阳,西保麦城。权使诱之。羽伪降,立幡旗为象人于城上，因遁走，兵皆解散，尚十余骑。权先使朱然、潘璋断其径路。十二月，璋司马马忠获羽及其子平、都督赵累等于章乡，遂定荆州。是岁大疫，尽除荆州民租税。曹公表权为骠骑将军，假节领荆州牧，封南昌侯。权遣校尉梁寓奉贡于汉。

二十五年春正月，曹公薨。太子丕代为丞相魏王，改年为延康。秋，魏将梅敷使张俭求见抚纳。南阳阴、酂、筑阳、山都、中庐五县民五千家来附。冬，魏嗣王称尊号，改元为黄初。

二年四月，刘备称帝于蜀。权自公安都鄂，改名武昌，以武昌、下雉、寻阳、阳新、柴桑、沙羡六县为武昌郡。五月，建业言甘露降。八月，城武昌，下令诸将曰："夫存不忘亡，安必虑危，古之善教。昔隽不疑汉之名臣，于安平之世而刀剑不离于身，盖君子之于武备，不可以已。况今处身疆畔，豺狼交接，而可轻忽不思变难哉？顷闻诸将出入，各尚谦约，不从人兵，甚非备虑爱身之谓。夫保己遗名，以安君亲，孰与危辱？宜深警戒，务崇其大，副孤意焉。"自魏文帝践阼，权使命称藩，及遣于禁等还。

十一月，策命权为吴王。是岁，刘备帅军来伐，至巫山、秭归，使使诱导武陵蛮夷，假与印传，许之封赏。于是诸县及五溪民皆反为蜀。权以陆逊为督，督朱然、潘璋等以拒之。遣都尉赵咨使魏。魏帝问曰："吴王何等主也？"咨对曰："聪明仁智，雄略之主也。"帝问其状，咨曰："纳鲁肃于凡品，是其聪也；拔吕蒙于行阵，是其明也；获于禁而不害，是其仁也；取荆州而兵不血刃，是其智也；据三州虎视于天下，是其雄也；屈身于陛下，是其略也。"帝欲封权子登，权以登年幼，上书辞封，重遣西曹掾沈珩陈谢，并献方物。立登为王太子。

黄武元年春正月，陆逊部将军宋谦等攻蜀五屯，皆破之，斩其将。三月，鄱阳言黄龙见。蜀军分据险地，前后五十余营。逊随轻重以兵应拒，自正月至闰月，大破之。临阵所斩及投兵降首数万人。刘备奔走，仅以身免。

三年夏，遣辅义中郎将张温聘于蜀。秋八月，赦死罪。九月，魏文帝出广陵，望大江，曰"彼有人焉，未可图也"，乃还。

四年夏五月，丞相孙邵卒。六月，以太常顾雍为丞相。皖口言木连理。冬十二月，鄱阳贼彭绮自称将军，攻没诸县，众数万人。是岁地连震。

六年春正月，诸将获彭绮。闰月，韩当子综以其众降魏。

黄龙元年春，公卿百司皆劝权正尊号。夏四月，夏口、武昌并言黄龙、凤凰见。丙申，南郊即皇帝位。是日大赦，改年。追尊父破虏将军坚为武烈皇帝，母吴氏为武烈皇后，兄讨逆将军策为长沙桓王。吴王太子登为皇太子。将吏皆进爵加赏。

初，兴平中，吴中童谣曰："黄金车，班兰耳，闿昌门，出天子。"六月，蜀遣卫尉陈震庆权践位。权乃参分天下，豫、青、徐、幽属吴，兖、冀、并、凉属蜀。其司州之土，以函谷关为界。

二年春正月，魏作合肥新城。诏立都讲祭酒，以教学诸子。遣将军卫温、诸葛直将甲士万人浮海求夷洲及亶洲。亶洲在海中,长老传言秦始皇帝遣方士徐福将童男童女数千人入海,求蓬莱神山及仙药,止此洲不还。世相承有数万家,其上人民,时有至会稽货布,会稽东县人海行,亦有遭风流移至亶洲者。所在绝远,卒不可得至,但得夷洲数千人还。

三年春二月,遣太常潘濬率众五万,讨武陵蛮夷。卫温、诸葛直皆以违诏无功,下狱诛。

嘉禾三年冬,庐陵贼李桓、罗厉等为乱。四年夏,遣吕岱讨桓等。秋七月,有雹。魏使以马求易珠玑、翡翠、玳瑁,权曰:"此皆孤所不用,而可得马,何苦而不听其交易?"

赤乌元年春,铸当千大钱。夏,吕岱讨庐陵贼,毕,还陆口。秋八月,武昌言麒麟见。有司奏言麒麟者太平之应,宜改年号。诏曰:"间者赤乌集于殿前,朕所亲见,若神灵以为嘉祥者,改年宜以赤乌为元。"群臣奏曰:"昔武王伐纣,有赤乌之祥,君臣观之,遂有天下,圣人书策载述最详者,以为近事既嘉,亲见又明也。"于是改年。

初,权信任校事吕壹,壹性苛惨,用法深刻。太子登数谏,权不纳,大臣由是莫敢言。后壹奸罪发露伏诛,权引咎责躬,乃使中书郎袁礼告谢诸大将,因问时事所当损益。礼还,复有诏责数诸葛瑾、步骘、朱然、吕岱等曰:"袁礼还,云与子瑜、子山、义封、定公相见,并以时事当有所先后,各自以不掌民事,不肯便有所陈,悉推之伯言、承明。伯言、承明见礼,泣涕恳恻,辞旨辛苦,至乃怀执危怖,有不自安之心。闻此怅然,深自刻怪。何者?夫惟圣人能无过行,明者能自见耳。人之举措,何能悉中,独当已有以伤拒众意,忽不自觉,故诸君有嫌难耳。不尔,何缘乃至于此乎?自孤兴军五十年,所役赋凡百皆出于民。天下未定,孽类犹存,士民勤苦,诚所贯知。然劳百姓,事不得已耳。与诸君从事,自少至长,发有二色,以谓表里足以明露,公私分计,足用相保。尽言直谏,所望诸君;拾遗补阙,孤亦望之。昔卫武公年过志壮,勤求辅弼,每独叹责。且布衣韦带,相与交结,分成好合,尚污垢不异。今日诸君与孤从事,虽君臣义存,犹谓骨肉不复是过。荣福喜戚,相与共之。忠不匿情,智无遗计,事统是非,诸君岂得从容而已哉!同船济水,将谁与易?齐桓诸侯之霸者耳,有善管子未尝不叹,有过未尝不谏,谏而不得,终谏不止。今孤自省无桓公之德,而诸君谏诤未出于口,仍执嫌难。以此言之,孤于齐桓良优,未知诸君于管子何如耳?久不相见,因事当笑。共定大业,整齐天下,当复有谁?凡百事要所当损益,乐闻异计,匡所不逮。"

四年夏五月,太子登卒。

五年春正月,立子和为太子,大赦。改禾兴为嘉兴。百官奏立皇后及四王,诏曰:"今天下未定,民物劳瘁,且有功者或未录,饥寒者尚未恤,猥割土壤以丰子弟,崇爵位以宠妃妾,孤甚不取。其释此议。"三月,海盐县言黄龙见。夏四月,禁进献御,减太官膳。秋七月,遣将军聂友、校尉陆凯以兵三万讨珠崖、儋耳。是岁大疫，有司又奏立后及诸王。八月，立子霸为鲁王。

七年春正月，以上大将军陆逊为丞相。秋，宛陵言嘉禾生。是岁，步骘、朱然等各上疏云："自蜀还者，咸言欲背盟与魏交通，多作舟船，缮治城郭，又蒋琬守汉中，闻司马懿南向，不出兵乘虚以掎角之，反委汉中，还近成都。事已彰灼，无所复疑，宜为之备。"权揆其不然，曰："吾待蜀不薄，聘享盟誓，无所负之，何以致此？又司马懿前来入舒，旬日便退，蜀在万里，何知缓急而便出兵乎？昔魏欲入汉川，此间始严，亦未举动，会闻魏还而止，蜀宁可复以此有疑邪？又人家治国，舟船城郭，何得不护？今此间治军，宁复欲以御蜀邪？人言苦不可信，朕为诸君破家保之。"蜀竟自无谋，如权所筹。

八年春二月，丞相陆逊卒。夏，雷霆犯宫门柱，又击南津大桥楹。茶陵县鸿水溢出，流漂居民二百余家。

十一年春正月，朱然城江陵。二月，地仍震。夏四月，雨雹，云阳言黄龙见。五月，鄱阳言白虎仁。诏曰："古者圣王积行累善，修身行道，以有天下，故符瑞应之，所以表德也。朕以不明，何以臻兹？《书》云'虽休勿休'，公卿百司，其勉修所职，以匡不逮。"

十三年秋八月，废太子和，鲁王霸赐死。冬十一月，立子亮为太子。

太元元年夏五月，立皇后潘氏，大赦，改年。初临海罗阳县有神，自称王表，周旋民间，语言饮食，与人无异，然不见其形。又有一婢，名纺绩。是月，遣中书郎李崇赍辅国将军罗阳王印绶迎表。表随崇俱出，与崇及所在郡守令长谈论,崇等无以易。所历山川,辄遣婢与其神相闻。秋七月,崇与表至,权于苍龙门外为立第舍,数使近臣赍酒食往。表说水旱小事,往往有验。秋八月朔,大风。江海涌溢,平地深八尺,吴高陵松柏斯拔,郡城南门飞落。冬十一月,大赦。权祭南郊还,寝疾。十二月,驿征大将军恪,拜为太子太傅。诏省徭役,减征赋,除民所患苦。

二年春正月,立故太子和为南阳王,居长沙;子奋为齐王,居武昌;子休为琅邪王,居虎林。二月,大赦,改元为神凤。皇后潘氏薨。诸将吏数诣王表请福,表亡去。夏四月,权薨,时年七十一,谥曰大皇帝。秋七月,葬蒋陵。

评曰:孙权屈身忍辱,任才尚计,有勾践之奇英,人之杰矣。故能自擅江表,成鼎峙之业。然性多嫌忌,果于杀戮,暨臻末年,弥以滋甚。至于谗说殄行,胤嗣废毙,岂所谓"贻厥孙谋,以燕翼子"者哉?其后叶陵迟,遂致覆国,未必不由此也。

【译文】

孙权,字仲谋。兄长孙策平定江东各州郡时,他才十五岁,孙策让他出任阳羡县令。郡里考察并举荐他做了孝廉,州里推举他做了茂才,并且让他代理奉义校尉。朝廷因为孙策身处遥远还尽人臣之责向朝廷进贡,便派遣使者刘琬赐给他爵位和器服。刘琬对别人说:"我看孙氏兄弟虽然个个都才智出众、深明事理,但都短寿,福禄不会长久,唯有他做孝廉的二弟,身材魁梧,相貌奇特,形象不凡,有大富大贵的气象,而且寿命又最长。你们记住我说的这些话。"

建安四年(199年),孙权跟随孙策征讨庐江太守刘勋。打败刘勋后,又进军沙羡征讨黄祖。

建安五年(200年),孙策去世,把军政大事委托给孙权,孙权痛哭不止。孙策的长史张昭对孙权说:"孝廉,难道现在是哭的时候吗?再说,周公立下了丧礼制度,他的儿子伯禽也没能遵守执行,并不是伯禽有意违背父命,而是形势迫使他不能拘泥于丧礼。何况现在奸凶并起、豺狼当道?你却要哀悼亲人,顾念礼制,就如同打开大门拱手迎接强盗入室一样,这是不能被认为是仁义的。"于是张昭让孙权换下了丧服,又让人扶他上马,让他出去巡视军队。当时,东吴仅占有会稽、吴郡、丹杨、豫章、庐陵五郡,然而,深山老林和地势险要的地方还没有完全归附。而且,天下的英雄豪杰散布在各个州郡,为躲避战乱而旅居在江东的士人们只是根据自己的安危而决定去留,还没有形成稳固的君臣关系。张昭、周瑜认为能够与孙权共成大业,因此忠心耿耿地侍奉他。曹操上表奏请任命孙权为讨虏将军,兼任会稽太守,驻守吴县,同时派吴县县丞到会稽郡行使文书的职责。孙权以太师太傅的礼节对待张昭,而以周瑜、程普、吕范等人为将帅。他还招揽才智杰出的人,聘请名士,鲁肃、诸葛瑾等人开始成为孙权的幕僚。孙权又分别部署各路将领,镇压或者安抚山贼,讨伐那些不服从命令的人。

建安七年(202年),孙权的母亲吴氏去世。

建安八年(203年),孙权向西讨伐黄祖,打败了他的水军,但没有攻破城池,而山贼又发生叛乱。孙权回师经过豫章,派吕范平定鄱阳,程普讨伐乐安。太史慈兼任海昏县令,韩当、周泰、吕蒙等人出任难以治理的大县的地方长官。

建安九年(204年),孙权的弟弟丹杨太守孙翊被他手下人谋杀,孙权让他的堂兄孙瑜接替孙翊的职务。

建安十年(205年),孙权派贺齐征讨上饶,分置建平县。

建安十二年(207年),孙权向西征讨黄祖,掳掠了他治下的百姓后还军。

建安十三年(208年)春天,孙权又去征讨黄祖,黄祖事先派水军抵抗孙权,都尉吕蒙击破了黄祖的先锋部队,而凌统、董袭等人利用了所有的精锐部队进攻黄祖,于是攻破城池,屠杀全城军民。黄祖脱身逃跑,骑兵冯则追击并砍了他的头,东吴军队俘虏江夏军民上万人。这一年,孙权派贺齐讨伐黟县和歙县,并从歙县中分出一部分设置始新、新定、犁阳、休阳四县,并将以上六县设置为新都郡。荆州牧刘表去世,鲁肃请求奉命去慰问刘表的两个儿子,并且静观那里的形势变化。鲁肃尚未到达,曹操已经兵临荆州,刘表的儿子刘琮率领所有的军民投降曹操。刘备想要南渡长江,鲁肃与他相见,趁机向刘备转述了孙权的意图,并且向他陈说成败之理。刘备派兵进驻夏口,派诸葛亮去谒见孙权,孙权派周瑜、程普等人率军前往夏口联刘抗曹。当时曹操刚刚收编刘表的部众,势力强盛,孙权的诸位谋士都被吓坏了,大都劝说孙权投降曹操。只有周瑜、鲁肃坚持抗曹的主张,与孙权的意见相同。孙权任命周瑜、程普分别为左、右都督,各自统领一万人马,与刘备一起进攻曹军,与曹军在赤壁相遇,大败曹军。曹操烧毁曹军剩余的船只撤退,士卒饥饿,而且又发生瘟疫,死亡大半。刘备、周瑜等人又追击到南郡。曹操于是撤军北归,让曹仁、徐晃留在江陵,让乐进驻守襄阳。当时甘宁在夷陵,被曹仁的部众包围,孙权采用吕蒙的计策,留下凌统以抵御曹仁,然后用他的一半兵力救援甘宁,结果军队凯旋。孙权亲自率领部众围攻合肥,让张昭进攻九江郡的当涂县。张昭进攻受挫,孙权攻城一月有余仍不能拿下。曹操从荆州撤军以后,派遣张喜率领骑兵赶往合肥。张喜还没有到达,孙权已经撤军。

建安十四年(209年),周瑜与曹仁两军相持对抗了一年多,曹军伤亡惨重。曹仁弃城而逃。孙权任命周瑜为南郡太守。刘备上表奏请朝廷让孙权代理车骑将军,兼任徐州牧。刘备兼任荆州牧,屯兵公安。

建安十九年(214年)五月,孙权征讨皖城。闰月,孙权攻克皖城,俘获了庐江太守朱光、参军董和以及百姓数万人。这一年,刘备平定了蜀地。孙权因刘备已拥有益州,便命令诸葛瑾前去讨还荆州诸郡。刘备不答应,说道:"我正谋取凉州,等凉州平定后,就将荆州全部归还东吴。"

孙权说："这是只借而不还，却要用空话拖延时间。"于是设立了荆州南部三个郡的太守，不久三名太守就都被关羽驱逐了。孙权大怒，便派遣吕蒙统领鲜于丹、徐忠、孙规等人的两万人马袭取了长沙、零陵、桂阳三郡，并且让鲁肃率领一万兵马屯兵巴丘以防御关羽。孙权驻军陆口，做各路军队的总指挥。吕蒙领兵到来，长沙、桂阳二郡都归服了，只有零陵太守郝普还没有降服。适逢刘备到公安，派关羽统率三万兵马进军益阳，孙权便召吕蒙等回援鲁肃。吕蒙派人诱降郝普，郝普投降，吕蒙俘虏了三郡的将领和太守。于是他领兵东还，与孙皎、潘璋以及鲁肃的军队一同前进，在益阳抵抗关羽。双方尚未交战，正赶上曹操进军汉中，刘备害怕丢掉益州，便派遣使者向孙权求和。孙权派出诸葛瑾回访刘备，重新结盟修好，于是将荆州一分为二，长沙、江夏、桂阳三郡以东归属孙权，南郡、零陵、武陵三郡以西归属刘备。刘备回到益州，曹操已经撤军。孙权从陆口回师，便去征讨合肥，未能攻下，便撤军回去了。军队都上路以后，孙权和凌统、甘宁等人在逍遥津北面被魏将张辽袭击，凌统等人以死相拼保护孙权，孙权骑着骏马飞跃津桥才得以逃脱。

建安二十三年（218年）十月，孙权将要去吴郡，在庱亭亲自骑马射虎。他的马被老虎咬伤，孙权猛力将自己的双戟投向老虎，老虎受伤后逃跑。贴身侍从张世又用戈攻击老虎，最终捕获了老虎。

建安二十四年（219年），关羽将曹仁围困在襄阳，曹操派左将军于禁去救援。正赶上汉水暴涨，关羽动用水军俘虏了于禁的三万步兵、骑兵，并且将他们押送到江陵，只是襄阳城还没有攻下。孙权心里害怕关羽，又想通过攻打关羽来建立自己的功勋，于是写信给曹操，请求以攻打关羽来表达自己愿意为其效力。曹操正想让孙权和关羽相互对峙争斗，便让驿站传递孙权的书信给曹仁，让曹仁用弓箭射给关羽看。关羽看信以后犹豫不决，没有立即撤离。闰十月，孙权征讨关羽，事先派遣吕蒙袭击公安，俘获守将士仁。吕蒙到达南郡，南郡太守糜芳献城投降。吕蒙占据江陵，抚恤那里的老弱，释放被囚禁的于禁。陆逊也另外率军攻取了宜都，占领了秭归、枝江、夷道，又回军驻守夷陵，把守峡口以防备蜀军。关羽还军当阳,向西退保麦城。孙权派人诱降,关羽假装投降,在城上树起旗帜和木偶人来欺骗孙权,背地里却偷偷逃跑,士兵都解散了,只有十几个骑兵跟随。孙权先让朱然、潘璋拦截他要走的小路。十二月,潘璋的司马马忠在章乡俘获了关羽和他的儿子关平以及都督赵累等人,孙权于是平定了荆州。这一年瘟疫流行,孙权免除了荆州百姓的租税。曹操上表奏请朝廷任命孙权为骠骑将军,赐给他符节,让他兼任荆州牧,封他为南昌侯。孙权派遣校尉梁寓向汉室进贡。

建安二十五年(220年)春正月,曹操去世。太子曹丕继任丞相、魏王,改年号为延康。秋天,魏将梅敷派张俭求见孙权,请求孙权接纳梅敷的归顺。南阳郡的阴、酂、筑阳、山都、中庐五县的五千家百姓前来归附。冬天,曹丕称帝,改元为黄初。

黄初二年(221年)四月,刘备在蜀称帝。孙权从公安迁至鄂县,改名武昌,以武昌、下雉、寻阳、阳新、柴桑、沙羡六县合为武昌郡。五月,建业声称天降甘露。八月,建造武昌城,下令给诸将说:"生存的时候不要忘记败亡的危险,安定的时候要时刻警惕危险的出现,这是古代遗留下来的有益教诲。当年隽不疑是汉代的名臣,在太平盛世仍然刀剑不离身体,所以君子对于武备,时时刻刻都不能有丝毫松弛。何况如今我们处在边境之地,与豺狼般凶狠的人打交道,怎么可以放松警惕而不考虑变乱的发生呢?前不久,我听说诸位将领往来出入,都因为崇尚谦逊、简约而不带随从和兵器,这可不是考虑周全、爱惜生命的做法。善待自己,留名后世,使君主和双亲都放心,这与崇尚谦逊简约相比,哪一项更容易使自己的身体受到危害和侮辱呢?大家一定要提高警惕,把这件事当作大事看待,这样才能让我放心。"自魏文帝登基,孙权便派使者自称藩属,并送于禁等人回魏国。

十一月,魏文帝用策书封孙权为吴王。这一年,刘备率军来攻,行进到巫山、秭归,派出使者诱导武陵郡的少数民族部落,授予他们印信,许诺给他们封赏。于是当地各县以及五溪一带的少数民族部落都叛吴降蜀。孙权让陆逊做都督,率领朱然、潘璋等人抵抗刘备,还派遣都尉赵咨出使魏国。魏文帝问赵咨:"吴王是一个什么样的君主啊?"赵咨回答道:"吴王是一位聪明仁智、富有雄才大略的君主。"魏文帝又询问具体情况,赵咨回答:"从普通阶层中招纳鲁肃,是他聪明的表现;在军队中提拔吕蒙,是他圣明的表现;俘获于禁而不加害,是他仁慈的表现;兵不血刃而收回荆州,是他智慧的表现;据守三州而虎视天下,是他雄才的表现;屈身向陛下称臣,是他谋略高深的表现。"魏文帝想封孙权的长子孙登为侯,孙权以孙登年幼为由,上书辞谢,又派遣西曹掾沈珩前去表示谢意,同时进献地方特产。立孙登为王太子。

黄武元年(222年)春正月,陆逊率领将军宋谦等人攻打蜀国的五个屯兵地点,都攻下了,并且斩杀了守将。三月,鄱阳那里传说有黄龙现身。蜀军分兵据守险要地带,前后共有五十多个营地。陆逊根据轻重缓急带兵拒敌,从正月到闰六月,最终打败了蜀军。阵前被斩和放下兵器投降的士兵有几万人。刘备逃跑,仅能保住性命。

黄武三年(224年)夏天,孙权派遣辅义中郎将张温出使蜀国。秋八月,大赦死囚。九月,魏文帝出巡广陵,望着长江对岸说道:"那里有人才呀,不能打它的主意。"于是返回。

黄武四年(225年)夏五月,丞相孙邵去世。六月,任命太常顾雍做丞相。皖口传言有树木长了连理枝。冬十二月,鄱阳的强盗彭绮自称将军,攻下各县,部众有几万人。这一年连续发生地震。

黄武六年(227年)春正月,诸将俘获彭绮。闰十二月,韩当的儿子韩综率领部众投降了魏国。

黄龙元年(229年)春天,公卿百官都劝说孙权正式称帝。夏四月,夏口、武昌都传说有黄龙、凤凰出现。十三日,孙权在南郊举行仪式即皇帝位。当日大赦天下,改年号。追尊父亲破虏将军孙坚为武烈皇帝,母亲吴氏为武烈皇后,长兄讨逆将军孙策为长沙桓王。立吴王太子孙登为皇太子。文武官员都晋升了官位,增加了封赏。

当初,汉献帝兴平年间(194—195),吴地一带有童谣说:"黄金车,班兰耳,闾昌门,出天子。"黄龙元年(229年)六月,蜀国派遣卫尉陈震庆贺孙权登上皇位。孙权便与蜀国商议将来平分天下，豫州、青州、徐州、幽州归属吴国，兖州、冀州、并州、凉州归属蜀国。司州的土地，以函谷关为界分属两国。

黄龙二年（230年）春正月，魏国营建合肥新城。孙权下诏书设立都讲祭酒，以教育各位皇子。又派遣将军卫温、诸葛直率领一万人的武装航行海上，寻找夷洲和亶洲。亶洲在大海里，据老人们传说：秦始皇曾经派遣方士徐福率几千童男童女到海上，寻找蓬莱仙山和仙药，他们到达亶洲后就没有回来。现在世代相传已经有几万户人家，那里的百姓偶尔还到会稽买卖布匹，而会稽以东各县渔民出海，也有遭遇风浪而漂流到亶洲的。那里非常遥远，卫温等人始终没能到达，只带了夷洲几千人回来。

黄龙三年（231年）春二月，孙权命太常潘濬率领五万人马讨伐武陵郡的少数民族部落。卫温、诸葛直都因违背命令没能完成任务而被投入监狱处死。

嘉禾三年（234年）冬天，庐陵人李桓和罗厉等人聚众作乱。嘉禾四年（235年）夏天，孙权命吕岱讨伐李桓等人。秋七月，天降冰雹。魏国派使者用马匹交换珍珠、翡翠、玳瑁，孙权说："这些都是我弃而不用的东西，若能够换来马匹，何乐而不为？"

赤乌元年（238年）春天，吴国铸造了一枚可抵小钱一千的大钱。夏天，吕岱讨伐庐陵的贼寇，事后回到陆口。秋八月，武昌传言出现麒麟。相关部门的官员上奏孙权，说麒麟出现是太平盛世的表现，应该改年号。孙权下诏书说："最近赤乌聚集在宫殿前面，是我亲眼所见，如果神灵以此作为祥瑞，那就将年号改为赤乌吧。"群臣上奏道："当年武王伐纣，就有赤乌的祥瑞，武王与群臣们都亲眼看见了，于是武王就拥有了天下。圣人之所以在史书中详细记载，就是因为这样的事是美好吉祥而且又是亲眼所见真实可信的。"于是改了年号。

当初，孙权信任校事吕壹，吕壹性情刻薄残忍，执法苛刻严酷。太子孙登曾多次进谏，孙权没有采纳，于是大臣们不敢劝谏。后来吕壹罪行暴露以后,被依法处死,孙权因此承认错误并自责,于是让中书郎袁礼向诸位大将表示歉意,借此向他们咨询对时政的意见。袁礼回来以后,孙权又下诏责备诸葛瑾、步骘、朱然、吕岱等人说:"袁礼回来说,他与子瑜(诸葛瑾)、子山(步骘)、义封(朱然)、定公(吕岱)相见,就时政的轻重缓急向他们征询看法,他们都以自己不负责民事为借口,不肯陈述自己的意见,都推到伯言(陆逊)、承明(潘濬)身上。伯言、承明见了袁礼,泪流满面,凄恻伤心,言辞悲切,甚至还心怀畏惧,惴惴不安。我听了袁礼的回报后非常失望,又感到十分困惑不解。为什么会这样呢?因为只有圣人才能不犯错误,而明智的人能够觉察出自己的错误。人的一举一动,怎么可能都恰如其分呢?可能是我自以为正确就拒绝接受大家的意见,而自己又没有觉察,所以诸位才对我有猜疑和不满吧。不然的话,怎么会到这种地步呢?自从我用兵以来将近五十年时间,徭役、赋税都依靠百姓们承担。天下尚未安定,奸恶之徒依然存在,将士和百姓非常劳苦,这是我十分清楚的。然而,让老百姓辛勤劳苦,这样的事也是不得已呀。我与诸位共事,从小到大,现在头发都已经由黑变白了,一直以为表里如一,心胸坦荡,公私分明,也就能够得到大家的信任和支持。因此指望大家直言敢谏,期望能达到帮我指出不足、让我弥补过失的目的。当年,卫武公年事已高,壮志犹存,勤勤恳恳地搜求辅弼之臣,常常独自叹息,反省自责。况且普通百姓之间的交往情谊,也是以情感和志趣为基础的,他们尚且能够在对方深陷逆境时不变心,感情依然如故。现在诸位与我共事,虽然存在君臣之义,但在私下里说是至亲骨肉都不为过,荣辱与共,休戚相关。希望大家能竭尽忠诚,不要隐瞒自己的真实情感;积极建言献策,不要对自己的智慧有所保留。此事关系到大是大非,难道诸位就这样事不关己漠然处之吗?我们同在一条船上,船行河中,难道还能把谁换掉吗?齐桓公是诸侯之中的霸主,他有善行的时候,管仲总是赞美;他有过错的时候,管仲总是劝谏,如果桓公不听,管仲就继续劝谏。现在我自我反省没有齐桓公的德行,而诸位又没有对我进行劝谏,仍然对我心存芥蒂,有不满和怨恨情绪。就这一点来看,我与齐桓公相比还是不错的,而诸位与管仲相比又怎么样呢?好久不见,对这类事应觉得可笑。与我共建大业、统一天下的,除了你们,还会有谁呢?凡事都应该有所变革改进,我很愿意倾听你们的不同意见,以弥补我的不足,纠正我的过错。"

赤乌四年(241年)夏五月,太子孙登去世。

赤乌五年(242年)春正月,孙权立他的儿子孙和为太子,大赦天下。改禾兴县为嘉兴县。文武百官上奏请求立皇后、立四个皇子为王。孙权下诏说:"如今天下尚未安定,百姓劳苦,有功劳的人尚未完全得到录用,饥寒交迫的人民还没得到抚恤,随意割取土地增加子弟的封邑,提高外戚的爵位来宠幸自己的妃妾,我很不赞同这种做法。放弃这项建议吧!"三月,海盐县传言有黄龙出现。夏四月,孙权禁止向皇宫进献地方特产,降低太官署供应膳食的规格。秋七月,派将军聂友、校尉陆凯率兵三万讨伐珠崖、儋耳。这一年瘟疫流行,相关部门的官员又奏请立皇后和诸王。八月,孙权立儿子孙霸为鲁王。

赤乌七年(244年)春正月,孙权任命上大将军陆逊为丞相。秋天,宛陵传言有嘉禾出现。这一年,步骘、朱然等人分别上书说:"从蜀国回来的人,都说蜀国要背弃盟约而与魏国勾结,制造了很多船只,修缮城郭;而且蒋琬镇守汉中,听说司马懿南下,他并没有趁魏国后方空虚而进攻魏国,与东吴形成掎角之势,反而放弃汉中,向成都靠拢。事情已经十分明显,再没有什么可怀疑的了,应该早做防范。"孙权推测形势,不赞同他们的看法,说道:"我对待蜀国不薄,与它遣使互访、献纳礼品,又结盟立誓,没有对不起它的地方,它怎么会这样呢?再说,司马懿前来进攻舒县,十多天便撤退了,蜀国远在万里,怎么能知道形势紧急而轻易出兵呢?当年魏国要进攻汉川,我们这里也只是严阵以待,并没有采取军事行动,恰好听说魏军撤退,也就停止了出兵,蜀国难道可以因此而怀疑我们吗?而且,人家治理自己的国家,怎么就不该制造战船和修缮城郭呢?现在我们在这里训练军队,难道也是想要抵御蜀国吗?传言很不可信,我可以用我的家庭作担保。"蜀国最终并没有图谋吴国,正如孙权所推测的那样。

赤乌八年(245年)春二月,丞相陆逊去世。夏天,雷电击中皇宫中的门柱,又击中南津大桥的桥栏。茶陵县洪水泛滥,冲走居民二百多家。

赤乌十一年(248年)春正月,朱然修建江陵城。二月,频繁发生地震。夏四月,下了冰雹,传言云阳有黄龙出现。五月,鄱阳传言有白虎出现而没有伤人。孙权下诏说:"古代圣王积累善行,修养身心以行仁义之道,因而拥有了天下,所以上天降下祥瑞与人事相应,这是用来表彰圣王的德行的。我自知并不圣明,怎么会招来祥瑞呢?《尚书》上说:'虽然已经很美好了,但不要以为就完美无瑕了。'公卿百官们,希望大家勤于职守,以匡正我的过错,弥补我的不足。"

赤乌十三年(250年)秋八月,孙权废黜太子孙和,赐死鲁王孙霸。冬十一月,立皇子孙亮为太子。

太元元年(251年)夏五月,孙权立潘氏为皇后,大赦天下,改年号为太元。当初临海郡的罗阳县有个所谓的神人,自言名叫王表,往来于民间,平日的言谈饮食与常人没有什么不同,但是看不见他的形体。他有一名婢女,名叫纺绩。当月,派中书郎李崇捧着辅国将军罗阳王的印绶去迎接王表。王表随李崇一起出门,与李崇及所经之处的郡守和县令谈论,李崇等人都驳不倒他。他游历高山大川时,就派婢女向当地的山神、水神报告。秋七月,李崇与王表来到建业,孙权在苍龙门外为王表建造宅舍,并多次派亲近的大臣献上酒食。王表预言水旱灾害之类的小事,往往都能应验。秋八月初一日,狂风大作,江海漫溢,平地水深八尺,吴郡高陵上的松柏被刮断或连根拔起,郡城的南门被风刮落。冬十一月,大赦天下。孙权在都城南郊祭天回来,卧病不起。十二月,孙权让驿使紧急召回大将军诸葛恪,任命他为太子太傅。还下诏减少徭役,减征赋税,废除那些让百姓感到害怕和痛苦的不合理的规定。

太元二年(252年)春正月,立原来的太子孙和为南阳王,让他居住在长沙;儿子孙奋为齐王,让他居住在武昌;儿子孙休为琅邪王,让他居住在虎林。二月,大赦天下,改年号为神凤。皇后潘氏去世。文武百官屡次拜访王表求福,王表逃跑。夏四月,孙权去世,享年七十一岁,谥号为大皇帝。秋七月,安葬在蒋陵。

评论说:孙权屈身忍辱,任用贤才,崇尚谋略,具有勾践的奇才,是出类拔萃的俊杰。所以才能独据长江以南地区,最终成就了与魏、蜀鼎足而立的大业。然而,他性格多疑,好猜忌,随意杀戮,到了晚年,这个缺点更加严重。至于他听信谗言而做了一些损德败行的事,废黜并杀死了皇子,难道是《诗经》中所说的"贻厥孙谋,以燕翼子"吗?他的后代衰落,终致国家覆灭,未必不是因为这个缘故吧。

张昭传（节选）

【导读】

　　张昭是三国时期吴国的开国功臣，位居文臣之首。东汉末年，他和周瑜一文一武，在辅佐孙策开创江东基业的过程中，立下了无数功劳，两人的功勋和威望可谓不相上下。孙策在去世前，还将自己的弟弟孙权托付给张昭。能被委以如此重任，这与张昭在才能、远见、胆识和品行等方面的过人之处不无关系。

　　然而，随着孙策去世和孙权继任江东之主，张昭的人生轨迹也迎来了转折点，逐渐被权力集团边缘化。这与孙氏兄弟的不同个性有关，而张昭自身的性格因素决定了他必定会经历这种冷暖人生。孙策爱才，善于用人，且对下属没有猜忌之心，不以张昭在北方士人心目中的地位高过自己为忌。张昭后来之所以不顾性命，屡次对孙权犯颜直谏，其中就包含着报答当年孙策知遇之恩的情感因素。而在赤壁之战前，张昭作为东吴主降派的代表人物，在年轻的主公孙权心目中留下了不可抹去的人生污点。孙权在羽翼丰满之后，也非常渴望一展抱负，不愿意一直受制于一个倚老卖老、时刻以顾命大臣自居的老翁。从张昭对孙权说的那句"昔太后、桓王不以老臣属陛下，而以陛下属老臣"就可窥见他的这种心态。张昭的德行和威望对孙权来说是一种威胁，他那些苦口婆心的劝谏经常让孙权感到难堪,逼得孙权不得不当众以悔恨和道歉的形式作出让步。一方面,君臣二人数度出演感人肺腑的"苦情戏";而另一方面,张昭却又一次次与相位失之交臂,可见孙权只是表面上对他以礼相待,却并不愿重用他。这种貌合神离的君臣关系是封建社会的常见现象,不独在孙权和张昭之间上演。

【原文】

张昭字子布,彭城人也。少好学,善隶书,从白侯子安受《左氏春秋》,博览众书,与琅邪赵昱、东海王朗俱发名友善。弱冠察孝廉,不就。刺史陶谦举茂才,不应,谦以为轻己,遂见拘执。昱倾身营救,方以得免。

汉末大乱,徐方士民多避难扬土,昭皆南渡江。孙策创业,命昭为长史、抚军中郎将,升堂拜母,如比肩之旧,文武之事,一以委昭。昭每得北方士大夫书疏,专归美于昭,昭欲嘿而不宣则惧有私,宣之则恐非宜,进退不安。策闻之,欢笑曰:"昔管仲相齐,一则仲父,二则仲父,而桓公为霸者宗。今子布贤,我能用之,其功名独不在我乎!"

策临亡,以弟权托昭,昭率群僚立而辅之。上表汉室,下移属城,中外将校,各令奉职。权悲感未视事,昭谓权曰:"夫为人后者,贵能负荷先轨,克昌堂构,以成勋业也。方今天下鼎沸,群盗满山,孝廉何得寝伏哀戚,肆匹夫之情哉?"乃身自扶权上马,陈兵而出,然后众心知有所归。昭复为权长史,授任如前。后刘备表权行车骑将军,昭为军师。

权每田猎,常乘马射虎,虎常突前攀持马鞍。昭变色而前曰:"将军何有当尔？夫为人君者,谓能驾御英雄,驱使群贤,岂谓驰逐于原野,校勇于猛兽者乎？如有一旦之患,奈天下笑何？"权谢昭曰:"年少虑事不远,以此惭君。"然犹不能已,乃作射虎车,为方目,间不置盖,一人为御,自于中射之。时有逸群之兽,辄复犯车,而权每手击以为乐。昭虽谏争,常笑而不答。

魏黄初二年,遣使者邢贞拜权为吴王。贞入门,不下车。昭谓贞曰:"夫礼无不敬,故法无不行。而君敢自尊大,岂以江南寡弱,无方寸之刃故乎！"贞即遽下车。拜昭为绥远将军,封由拳侯。

权于武昌,临钓台,饮酒大醉。权使人以水洒群臣曰:"今日酣饮,惟醉堕台中,乃当止耳。"昭正色不言,出外车中坐。权遣人呼昭还,谓曰:"为共作乐耳,公何为怒乎？"昭对曰:"昔纣为糟丘酒池长夜之饮,当时亦以为乐,不以为恶也。"权默然,有惭色,遂罢酒。

初,权当置丞相,众议归昭。权曰:"方今多事,职统者责重,非所以优之也。"后孙邵卒,百寮复举昭,权曰:"孤岂为子布有爱乎？领丞相事烦,而此公性刚,所言不从,怨咎将兴,非所以益之也。"乃用顾雍。

权既称尊号,昭以老病,上还官位及所统领。更拜辅吴将军,班亚三司,改封娄侯,食邑万户。在里宅无事,乃著《春秋左氏传解》及《论语注》。权尝问卫尉严畯:"宁念小时所谙书不？"畯因诵《孝经》"仲尼居"。昭曰:"严畯鄙生,臣请为陛下诵之。"乃诵"君子之事上",咸以昭为知所诵。

昭每朝见,辞气壮厉,义形于色,曾以直言逆旨,中不进见。后蜀使来，称蜀德美，而群臣莫拒，权叹曰："使张公在坐，彼不折则废，安复自夸乎？"明日，遣中使劳问，因请见昭。昭避席谢，权跪止之。昭坐定，仰曰："昔太后、桓王不以老臣属陛下，而以陛下属老臣，是以思尽臣节，以报厚恩，使泯没之后，有可称述，而意虑浅短，违逆盛旨，自分幽沦，长弃沟壑，不图复蒙引见，得奉帷幄。然臣愚心所以事国，志在忠益，毕命而已。若乃变心易虑，以偷荣取容，此臣所不能也。"权辞谢焉。

权以公孙渊称藩，遣张弥、许晏至辽东拜渊为燕王，昭谏曰："渊背魏惧讨，远来求援，非本志也。若渊改图，欲自明于魏，两使不反，不亦取笑于天下乎？"权与相反覆，昭意弥切。权不能堪，案刀而怒曰："吴国士人入宫则拜孤，出宫则拜君，孤之敬君，亦为至矣，而数于众中折孤，孤尝恐失计。"昭熟视权曰："臣虽知言不用，每竭愚忠者，诚以太后临崩，呼老臣于床下，遗诏顾命之言故在耳。"因涕泣横流。权掷刀致地，与昭对泣。

然卒遣弥、晏往。昭忿言之不用，称疾不朝。权恨之，土塞其门，昭又于内以土封之。渊果杀弥、晏。权数慰谢昭，昭固不起，权因出过其门呼昭，昭辞疾笃。权烧其门，欲以恐之，昭更闭户。权使人灭火，住门良久，昭诸子共扶昭起，权载以还宫，深自克责。昭不得已，然后朝会。

昭容貌矜严，有威风，权常曰："孤与张公言，不敢妄也。"举邦惮之。年八十一，嘉禾五年卒。遗令幅巾素棺，敛以时服。权素服临吊，谥曰文侯。长子承已自封侯，少子休袭爵。

【译文】

张昭字子布,彭城人。他年少时好学,擅长隶书,跟随白侯子安学习《左氏春秋》,广泛地阅读各种书籍,他和琅琊人赵昱、东海人王朗一道出名,关系友好。他二十岁时被举荐过孝廉,但他推辞未就。刺史陶谦举荐他为茂才,他却没有应召,陶谦认为张昭在藐视自己,于是拘捕了他。幸亏赵昱竭力营救,才使他得以脱身。

东汉末年天下大乱,徐州一带的百姓大多前往扬州避难,张昭也南下渡过长江。孙策开创基业后,任命张昭为长史、抚军中郎将,并亲自前往张昭家中,登堂拜见他的母亲,如同地位相当的旧交,把所有军政大事全都托付给张昭。张昭每次收到北方士人的书信,他们都在信中单独称赞张昭。张昭想保持静默又担心有私情之嫌,公开说出来又怕有不妥,所以进退两难,心中不安。孙策听说后,高兴地笑着说:"从前管仲担任齐国国相,百姓开口仲父、闭口仲父,而齐桓公成了诸侯的盟主。如今子布有才能,我能重用他,他的功业名声难道不能为我所用吗?"

孙策临终前,将其弟孙权托付给张昭,张昭率领百官拥立孙权并辅佐他。他向朝廷上奏章,给下属各县发公文,让内外将校各自奉行职事。孙权因为悲伤而没有处理政事,张昭对他说:"作为继任者,贵在能继承先人遗业,使它昌盛兴隆,以成就伟大的功业。现在天下大乱,盗贼遍布山林,孝廉您怎么能卧床哀伤,像普通百姓那样去放纵个人感情呢?"于是他亲自扶孙权上马,让士兵列队而出接受检阅,这才让众人心里感到有所归向。张昭又成了孙权的长史,被授予和过去相同的职位。后来刘备上表推荐孙权兼代车骑将军,张昭为军师。

孙权每次打猎,经常骑马射虎,有一次老虎猛扑上前抓住他的马鞍。张昭神色大变,上前对孙权说:"将军您为什么要这样做呢!一个人能担任统治者,是说他能使英雄豪杰服从自己的意志,调遣任用众多德才兼备的人,难道是指他能在原野策马驰逐,和猛兽比试勇猛吗?万一遭遇意外而被天下取笑该怎么办?"孙权向张昭道歉说:"我年纪尚轻,考虑事情不深远,因为这个原因而在您面前感到惭愧。"然而孙权还是不能停止打猎,于是做了一辆射虎车,车上开有方孔,孔洞上并没有用任何物体遮盖,由一人为他驾车,他自己坐在车中从方孔向外射猎。常常有脱群的猛兽,总是冲犯他的车子,而孙权却常以用手击打野兽为乐。即使张昭直言劝谏,他也常常只是笑笑,不正面回答。

魏文帝黄初二年(221年),魏国派遣使者邢贞任命孙权为吴王。邢贞进宫门后,没有下车。张昭对邢贞说:"礼节没有不恭敬这一条,因此法律也没有不能执行这一点。而您竟然敢妄自尊大,难道是认为江南势孤力小,连一把用来执法行刑的小刀子也没有吗?"邢贞赶紧下车。孙权又任命张昭为绥远将军,封由拳侯。

孙权在武昌时,登临钓台,喝酒喝到大醉。他让人用水泼洒大臣们说:"今日开怀畅饮,只有醉倒在台上了才能罢休。"张昭神情严肃,沉默不语,走到外面的车中坐着。孙权派人叫他回来,对他说:"不过是为了大家在一起作乐而已,您为什么发怒呢?"张昭回答说:"过去商纣王建酒糟山、美酒池而通宵饮酒,当时他也认为这只是作乐而已,却不认为是在作恶啊!"孙权听后沉默不语,面带愧色,于是宣布停止饮酒作乐。

当初,孙权将要设置丞相,大家的意见都认为张昭是合适人选。孙权说:"如今天下纷乱,主管各项事务的官员责任重大,职位并非是用来给人优待的。"后来孙邵(吴国第一任丞相)去世,百官再一次共同推举张昭,孙权说:"孤难道是对子布吝啬吗?只是考虑到丞相的事务繁杂,而他性格刚烈,如果他的建议没有被采纳,就会心生埋怨和指责,这对他并没有益处。"于是任命顾雍为丞相。

孙权称帝后,张昭因为年老多病,就把官位和所统领的事务归还给朝廷。孙权改任他为辅吴将军,地位仅次于三公,改封为娄侯,食邑一万户。张昭居家清闲,于是撰著《春秋左氏传解》和《论语注》。孙权曾经问卫尉严畯:"你还记得小时候熟读过的书吗?"严畯于是背诵了《孝经》中的"仲尼居"一节(《孝经》中开宗明义的第一篇)。张昭说:"严畯是一个浅陋的书生,臣请为陛下背诵。"于是背诵了"君子之事上"的那段

（张昭在这里是以《孝经》为武器，提醒孙权，作为一个忠臣，要时刻帮助君主改正不良的言行）。大家都认为张昭很机智，明白该在皇帝面前背诵什么。

张昭每次上朝参拜皇帝，言辞谈吐刚直毅烈，心怀正义都在脸上流露出来，曾经因为直言不讳而忤逆了孙权的旨意，中间有一段时间不能入朝觐见。后来蜀国的使者来到东吴，称颂蜀国大臣的德行高尚，而吴国的群臣中竟无人站出来反驳，孙权叹息说："假如张公在座，那个人不是被他折服就是被他弄得羞愧沮丧，哪里还敢自我吹嘘呢？"第二天，他就派宫中使者前去慰问张昭，并乘机请张昭入宫觐见。张昭离席向孙权赔罪道歉，孙权跪下劝止了他。张昭坐好后，抬起头说："当年太后、长沙桓王（指孙策）不是把老臣托付给陛下，而是将陛下托付给老臣，因此老臣想着竭尽全力坚守臣子的节操，来报答他们的厚恩，使自己在死后能有值得他人称道的地方。但是我思虑短浅，违逆了陛下的旨意，自己料想以后会沉沦下去，死后尸骸会被永远丢弃在沟壑中，没想到又蒙召见，得以侍奉陛下。然而臣的一片愚诚之心用来报效国家，志在尽忠效力，直到生命结束。至于说要改变思想，来窃取世间的利禄和取悦陛下，这些是臣绝对做不到的！"孙权向他道歉。

孙权因为公孙渊派人前来自称藩属，就派遣张弥和许晏前往辽东任命公孙渊为燕王，张昭劝谏说："公孙渊背叛了魏国，害怕受到征讨，所以才远道而来谋求援助，称藩并不是他的本意。如果公孙渊改变意图，想向魏国表明心迹，我国的这两位使者就回不来了，这不是要让天下人取笑吗？"孙权与他反复争辩，但张昭更加坚持自己的意见。孙权无法忍受，用手压着刀愤怒地说："吴国的士大夫进宫则拜见我，出宫则拜见您，孤对您的敬重，也算到了极点，而您却多次在大庭广众之下反驳孤，孤真担心自己会作出错误的谋划。"张昭长久地注视着孙权说："臣即使知道自己的建议不会被采纳，每每还是竭尽愚忠，的确是因为太后临终前，将老臣叫到床前，遗诏中将辅佐您的重任托付给我的那些话语总在我耳边啊！"于是他涕泪交流。孙权把刀扔在地上，与张昭相对而泣。

但是孙权最终还是派张弥和许晏去了辽东。张昭忿恨自己的意见未被采纳，就声称患病不去朝见孙权。孙权很不满，命人用土堵住张昭家的大门，张昭又在里面用土把门封死。后来公孙渊果然杀害了张弥和许晏。孙权多次派人慰问张昭并道歉，张昭都坚决不起床，孙权趁外出时上门叫张昭出来相见，张昭以病重为由而推辞。孙权命人放火烧他家的大门，想用这种方法把他吓出来，张昭反而又把门关紧。孙权让人扑灭了火，在门外站了很久，张昭的几个儿子共同搀扶他起来，孙权用车带他一起进宫，作了深刻的自我批评。张昭没有办法，从此又恢复了朝见。

张昭容貌庄重严肃，有威风。孙权常说："孤与张公谈话，不敢任意乱说。"东吴上下所有人都敬畏他。他活了八十一岁，在嘉禾五年（236年）去世。他在遗嘱中要求用全幅细绢为他裹头，用没有上漆的棺材，以平常穿的衣服来装殓。孙权穿着白色衣服亲自去吊唁，追谥他为文侯。张昭的长子张承已被封侯，由小儿子张休来继承他的爵位。

周瑜传（节选）

【导读】

　　周瑜是东吴政权的开国元勋，富于文韬武略。赤壁之战前夕，曹操大兵压境，东吴上下充斥着浓重的悲观主义的投降论调，只有周瑜和鲁肃坚决主战。周瑜对天下形势和曹军的虚实了如指掌，透彻精辟地分析了战争形势和曹操必败的原因，坚定了孙权联刘抗曹的决心，随后他亲自指挥了赤壁之战，以弱胜强，打败了曹操，从而奠定了一代名将的地位。

　　这篇传记可以使我们比较真实而全面地认识周瑜，有助于我们将历史上的周瑜和文学作品中的周瑜区别开来，摆脱和纠正《三国演义》等文学作品对周瑜的曲解。《三国演义》中的周瑜心胸狭隘，嫉妒心极强，最后竟被诸葛亮活活气死。而历史上的周瑜却是心胸豁达，气量宏大，他的英年早逝与诸葛亮毫无干系。此外，戏曲中的周瑜是儒雅英俊的武生，而历史上的周瑜却是身躯伟岸的大丈夫。这一切都是我们读本传时应该注意的。

【原文】

　　周瑜字公瑾，庐江舒人也。从祖父景，景子忠，皆为汉太尉。父异,洛阳令。瑜长壮有姿貌。初,孙坚兴义兵讨董卓,徙家于舒。坚子策与瑜同年,独相友善,瑜推道南大宅以舍策,升堂拜母,有无通共。瑜从父尚为丹杨太守,瑜往省之。会策将东渡,到历阳,驰书报瑜,瑜将兵迎策。策大喜曰:"吾得卿,谐也。"遂从攻横江、当利,皆拔之。乃渡击秣陵,破笮融、薛礼,转下湖孰、江乘,进入曲阿,刘繇奔走,而策之众已数万矣。因谓瑜曰:"吾以此众取吴会平山越已足。卿还镇丹杨。"瑜还。顷之,袁术遣从弟胤代尚为太守,而瑜与尚俱还寿春。术欲以瑜为将,瑜观术终无所成,故求为居巢长,欲假涂东归,术听之。遂自居巢还吴。是岁,建安三年也。策亲自迎瑜,授建威中郎将,即与兵二千人,骑五十匹。瑜时年二十四,吴中皆呼为周郎。以瑜恩信著于庐江,出备牛渚,后领春谷长。顷之,策欲取荆州,以瑜为中护军,领江夏太守,从攻皖,拔之。时得桥公两女,皆国色也。策自纳大桥,瑜纳小桥。复进寻阳,破刘勋,讨江夏,还定豫章、庐陵,留镇巴丘。

五年,策薨,权统事。瑜将兵赴丧,遂留吴,以中护军与长史张昭共掌众事。十一年,督孙瑜等讨麻、保二屯,枭其渠帅,囚俘万余口,还备宫亭。江夏太守黄祖遣将邓龙将兵数千人入柴桑,瑜追讨击,生虏龙送吴。

十三年春,权讨江夏,瑜为前部大督。其年九月,曹公入荆州,刘琮举众降,曹公得其水军,船步兵数十万,将士闻之皆恐。权延见群下,问以计策。议者咸曰:"曹公豺虎也,然托名汉相,挟天子以征四方,动以朝廷为辞,今日拒之,事更不顺。且将军大势,可以拒操者,长江也。今操得荆州,奄有其地。刘表治水军,蒙冲斗舰,乃以千数,操悉浮以沿江,兼有步兵,水陆俱下,此为长江之险,已与我共之矣。而势力众寡,又不可论。愚谓大计不如迎之。"瑜曰:"不然。操虽托名汉相,其实汉贼也。将军以神武雄才,兼仗父兄之烈,割据江东,地方数千里,兵精足用,英雄乐业,尚当横行天下,为汉家除残去秽。况操自送死,而可迎之邪?请为将军筹之:今使北土已安,操无内忧,能旷日持久,来争疆埸,又能与我校胜负于船楫间乎?今北土既未平安,加马超、韩遂尚在关西,为操后患。且舍鞍马,仗舟楫,与吴越争衡,本非中国所长。又今盛寒,马无藁草。驱中国士众远涉江湖之间,不习水土,必生疾病。此数四者,用兵之患也,而操皆冒行之。将军禽操,宜在今日。瑜请得精兵三万人,进住夏口,保为将军破之。"权曰:"老贼欲废汉自立久矣,徒忌二袁、吕布、刘表与孤耳。今数雄已灭,惟孤尚存,孤与老贼,势不两立。君言当击,甚与孤合,此天以君授孤也。"

时刘备为曹公所破,欲引南渡江,与鲁肃遇于当阳,遂共图计,因进住夏口,遣诸葛亮诣权。权遂遣瑜及程普等与备并力逆曹公,遇于赤壁。时曹公军众已有疾病,初一交战,公军败退,引次江北。瑜等在南岸。瑜部将黄盖曰:"今寇众我寡,难与持久。然观操军船舰首尾相接,可烧而走也。"乃取蒙冲斗舰数十艘,实以薪草,膏油灌其中,裹以帷幕,上建牙旗,先书报曹公,欺以欲降。又豫备走舸,各系大船后,因引次俱前。曹公军吏士皆延颈观望,指言盖降。盖放诸船,同时发火。时风盛猛,悉延烧岸上营落。顷之,烟炎张天,人马烧溺死者甚众,军遂败退,还保南郡。备与瑜等复共追。曹公留曹仁等守江陵城,径自北归。

瑜与程普又进南郡,与仁相对,各隔大江。兵未交锋,瑜即遣甘宁前据夷陵。仁分兵骑别攻围宁。宁告急于瑜。瑜用吕蒙计,留凌统以守其后,身与蒙上救宁。宁围既解,乃渡屯北岸,克期大战。瑜亲跨马擽阵,会流矢中右胁,疮甚,便还。后仁闻瑜卧未起,勒兵就阵。瑜乃自兴,案行军营,激扬吏士,仁由是遂退。

权拜瑜偏将军,领南郡太守。以下隽、汉昌、刘阳、州陵为奉邑,屯据江陵。刘备以左将军领荆州牧,治公安。备诣京见权,瑜上疏曰:"刘备以枭雄之姿,而有关羽、张飞熊虎之将,必非久屈为人用者。愚谓大计宜徙备置吴,盛为筑宫室,多其美女玩好,以娱其耳目,分此二人,各置一方,使如瑜者得挟与攻战,大事可定也。今猥割土地以资业之,聚此三人,俱在疆场,恐蛟龙得云雨,终非池中物也。"权以曹公在北方,当广揽英雄,又恐备难卒制,故不纳。

是时刘璋为益州牧,外有张鲁寇侵,瑜乃诣京见权曰:"今曹操新折衄,方忧在腹心,未能与将军连兵相事也。乞与奋威俱进取蜀,得蜀而并张鲁,因留奋威固守其地,好与马超结援。瑜还与将军据襄阳以蹙操,北方可图也。"权许之。瑜还江陵,为行装,而道于巴丘病卒,时年三十六。权素服举哀,感动左右。丧当还吴,又迎之芜湖,众事费度,一为供给。后著令曰:"故将军周瑜、程普,其有人客,皆不得问。"

初瑜见友于策,太妃又使权以兄奉之。是时权位为将军,诸将宾客为礼尚简,而瑜独先尽敬,便执臣节。性度恢廓,大率为得人,惟与程普不睦。

瑜少精意于音乐,虽三爵之后,其有阙误,瑜必知之,知之必顾,故时人谣曰:"曲有误,周郎顾。"

【译文】

周瑜字公瑾,庐江舒县人。堂祖父周景以及周景的儿子周忠都曾任汉朝的太尉。周瑜的父亲周异,曾任洛阳县令。周瑜身材魁梧高大,相貌英俊。当初,孙坚发动义兵讨伐董卓,将家迁到舒县。孙坚的儿子孙策和周瑜同岁,两人感情很好,周瑜将道路南边的大宅子让给孙策住,还常去后堂拜见孙策的母亲,在生活上互通有无。周瑜的从父周尚做丹杨太守,周瑜前去探望。适逢孙策将要东渡长江,到达历阳,让人快马送信给周瑜,周瑜率兵前来迎接孙策。孙策非常高兴,说道:"我有了你,大事就可成了。"于是周瑜随同孙策进攻横江、当利,都攻克了。又渡江进攻秣陵,打败了笮融、薛礼,转而又攻下湖孰、江乘,进入曲阿,扬州牧刘繇逃跑,此时孙策的军队已有几万人。孙策便对周瑜说:"我用这些人马取得吴郡和会稽郡,平定山越,力量足够了。你回去镇守丹杨。"周瑜回去了。不久,袁术派堂弟袁胤代替周尚做丹杨太守,周瑜和周尚一同回到寿春。袁术想让周瑜做自己的部将,周瑜觉得袁术成不了大事,就请求做居巢长,打算顺路东归,袁术同意了他的请求。周瑜于是从居巢回到吴郡。这一年是建安三年(198年)。孙策亲自迎接周瑜,任命他为建威中郎将,当即给他两千名士卒,五十匹战马。此时周瑜二十四岁,吴郡人都称他周郎。由于周瑜在庐江广施恩惠,很有威信,孙策就派他驻守牛渚,后来又兼任春谷长。过了不久,孙策想要攻取荆州,让周瑜做中护军,兼任江夏太守,跟随孙策进攻皖县,并攻克了皖县。当时得到乔公的两个女儿,都有倾国之貌。孙策娶了大乔,周瑜娶了小乔。周瑜又进军寻阳,打败了刘勋,征讨了江夏,回师平定了豫章、庐陵,就留下来镇守巴丘。

建安五年（200年），孙策去世，孙权统领军政事务。周瑜率领军队前来奔丧，因此就留在吴郡，以中护军的身份和长史张昭共同掌管各项军政事务。建安十一年（206年），督率孙瑜等人讨伐麻、保二屯，将敌军首领枭首示众，俘虏一万多人，回来后驻防宫亭。江夏太守黄祖派遣将领邓龙率领数千人进入柴桑，周瑜追击，活捉了邓龙并送到吴郡。

建安十三年（208年）春天，孙权征讨江夏，周瑜做先头部队的大督。这一年九月，曹操进入荆州，刘琮率众投降，曹操得到了他的水军，水兵和步兵发展到几十万人，东吴将士闻知，都非常惊恐。孙权邀请并召见部下，向他们询问对策。参加讨论的人都说："曹操像豺虎一样凶恶，却假托汉朝丞相之名，挟持天子以征讨四方，动不动就打着朝廷的旗号，现在如果抵抗他，事情就更不顺利。再说将军可以抵御曹操的有利形势不过是长江而已。现在曹操得到荆州，完全占有了那里的土地。刘表经营的水军，艨艟、斗舰数以千计，曹操将它们全部陈列在沿江一带，再加上他有步兵，如果水陆一齐进发，那么所谓的长江天险，他已与我们共同拥有了。而双方实力的强弱却又是不可同日而语的。我们认为迎接曹操才是最好的计策。"周瑜说："我不这样看。曹操虽然假托汉相之名，但实际却是汉贼。将军您凭借英明威武和雄才大略，再加上父兄创下的基业，割据江东，土地方圆数千里，兵精将强，财力充足，英雄们又都愿意为您效力，您早就该驰骋天下，为朝廷铲除逆贼。何况现在曹操自己前来送死，怎么可以向他投降呢？请让我替将军分析谋划：现在假如北方已经安定，曹操没有了内忧，他能够旷日持久地与我们争夺疆土，但他能够与我们在水战中较量胜负吗？何况当今北方并不安定，加上马超、韩遂还在关西，成为曹操后方之患。再说，放弃骑兵陆战的优势，依靠缴获的舟船来和我们吴越地区的军队在水战中较量，这本来就不是中原军队的长项。另外，现在正是严冬季节，战马没有草料，驱使中原士卒千里迢迢来到江河之上，士卒水土不服，必然会生疾病。上述几种情况，乃是用兵的大忌，而曹操却全然不顾这些禁忌行事。将军捉拿曹操，现在就是最佳时机。我请求带三万精兵,进驻夏口,保证为将军打败曹操。"孙权说:"老贼想废汉帝而自立为帝很久了,只是顾忌二袁、吕布、刘表和我罢了。现在他们几位都已被消灭,只有我还在。我与老贼势不两立。你说应该抗击曹操,很符合我的想法,这是上天把你送来助我啊。"

当时刘备被曹操打败,想要带兵渡江向南撤退,与鲁肃在当阳相遇,于是共商大计,便进驻夏口,派诸葛亮去拜见孙权。孙权于是派周瑜和程普等人与刘备并力迎击曹操,双方在赤壁相遇。当时曹操的士卒中已经有不少人患病,刚一交战,曹军便败退,退驻江北。周瑜等率军驻扎在南岸。周瑜的部将黄盖说:"现在敌众我寡,很难与他们长时间抗衡。但据我观察,曹军战舰首尾相连,可用火攻将敌人打败。"于是周瑜调拨大型帆船和战舰数十艘,船里装满柴草,在柴草上浇上膏油,再用帷幕包裹起来,上面竖起牙旗,事先让黄盖写信报告曹操,声称要去投降。同时预备好快船,分别系在大船的后面,依次前进。曹军将士都伸长脖子观望,指着船队说黄盖前来投降了。黄盖解开各条小船,同时在大船上点火。当时风势很猛,不仅烧了曹军战船,而且火势蔓延到岸上,连营寨都烧着了。不一会儿,烟火弥漫,曹军人马烧死淹死者不计其数,全军败退,退守南郡。刘备与周瑜等人又一同追击。曹操留下曹仁等人驻守江陵,自己则直接返回北方。

周瑜和程普又进攻南郡,与曹仁对峙,隔江相望。军队尚未交锋,周瑜就派遣甘宁前去据守夷陵。曹仁另外分派兵马去围攻甘宁。甘宁向周瑜告急。周瑜采用吕蒙的计策,留下凌统守卫后方,自己与吕蒙溯江而上去救甘宁。解除敌人对甘宁的包围以后,周瑜的军队便渡江驻扎在长江北岸,约定日期与曹仁大战。周瑜亲自跨马冲击敌阵,恰巧被敌人的乱箭射中右肋,伤势严重,就回营了。后来曹仁听说周瑜卧床不起,便带兵来到阵前挑战。周瑜就强行从床上起来,巡视军营,激励将士,曹仁因此只好撤军。

孙权任命周瑜为偏将军,兼任南郡太守。以下隽、汉昌、刘阳、州陵四县作为他的奉邑,驻守江陵。刘备以左将军的身份兼任荆州牧,治所设在公安。刘备到京口拜见孙权,周瑜上疏说:"刘备是一代枭雄,又有关羽、张飞两员猛如熊虎般的大将,绝对不会长久屈居人下。我以为最好的计策是将他迁到吴郡安置,为他广筑宫室,多给他美女和珍宝,使他纵情于声色,再把关羽和张飞二人分开,各自安置在不同地方,然后让我这样的将领控制他们,让他们和我们一道作战,大事就可以成功了。现在迁就他,割让土地以资助他的事业,让他们三个人聚在一处,又都在同一战场上,恐怕是蛟龙得到云雨,最终就不会是池中之物了。"孙权以为曹操在北方虎视眈眈,所以应该广揽英雄,又担心刘备最终难以制服,因此没有采纳他的建议。

这时刘璋为益州牧,外面有张鲁的侵扰,周瑜于是到京口拜见孙权,说:"现在曹操刚刚打了败仗,正担心自己内部不稳定,还不可能与将军刀兵相见。因此我请求与奋威将军(指孙瑜)一起进攻西蜀,取得蜀地并且兼并张鲁的军队,然后留下奋威将军牢牢地把守蜀地,再与马超结援呼应。我再退回来和将军一起据守襄阳以胁迫曹操,北方就可以谋取了。"孙权同意了他的建议。周瑜回到江陵准备行装,但途经巴丘时因病去世,年仅三十六岁。孙权身穿丧服哀悼恸哭,身边的人无不感动。周瑜的灵柩运回吴郡时,孙权又亲自到芜湖迎接,丧事的一切费用,都由孙权承担。后来孙权又下达命令:"已故将军周瑜和程普,他们家的佃客一律免除赋税和徭役,官府不得过问。"

当初,周瑜就是孙策的知己好友,孙权的母亲又让孙权把周瑜当作兄长来看待。当时孙权的职位只是将军,他的部将和幕僚对他的礼节还比较随便,唯有周瑜待他非常恭敬,用的是臣下对人君的礼节。周瑜为人性情豁达,宽宏大量,总的来说是得人心的,只是和程普不够和睦。

周瑜少时就精通音乐,即使酒过三杯以后,如果演奏者出什么差错,他都一定能够听出来,他听出错误以后往往会回头看一下演奏者,所以当时有歌谣说:"曲有误,周郎顾。"

鲁肃传（节选）

【导读】

鲁肃是东汉末年东吴杰出的战略家和外交家,具有高远的战略眼光和卓越的外交能力,他一生主要有以下三大功绩:一是在孙权刚刚继承江东基业后不久就向他提出了"榻上策",为他制定了成就帝业的战略规划,其战略眼光不亚于七年之后向刘备提出"隆中对"的诸葛亮;二是在赤壁之战前奔走斡旋于孙、刘之间,最终促成双方定下了联合抗曹的策略,后来又协助周瑜取得了赤壁之战的胜利,此战为后来三国鼎立局面的形成奠定了基础;三是在赤壁之战后从全局考虑,劝说孙权将荆州借给刘备,进一步巩固孙刘联盟。鲁肃的这三项策略,奠定了孙吴立国的基石。

赤壁之战后东吴将士凯旋,孙权亲自持鞍下马迎接鲁肃,问他此举是否足够让他感到显赫荣耀,鲁肃的回答是,他看重的并不是一时的殊荣,他要的是辅佐自己的主公一统天下、克成帝业,要的是那时候的功成名就。这番话语,让人更加敬佩鲁肃的气魄不凡和高瞻远瞩。

可惜的是,鲁肃跟周瑜一样,在三国鼎立局面形成之前就英年早逝了,但他们生前为孙吴政权的建立作出了不可磨灭的贡献。

【原文】

　　鲁肃字子敬,临淮东城人也。生而失父,与祖母居。家富于财,性好施与。尔时天下已乱,肃不治家事,大散财货,摽卖田地,以赈穷弊结士为务,甚得乡邑欢心。

　　周瑜为居巢长,将数百人故过候肃,并求资粮。肃家有两囷米,各三千斛,肃乃指一囷与周瑜,瑜益知其奇也,遂相亲结,定侨、札之分。袁术闻其名,就署东城长。肃见术无纲纪,不足与立事,乃携老弱将轻侠少年百余人,南到居巢就瑜。瑜之东渡,因与同行,留家曲阿。会祖母亡,还葬东城。

　　刘子扬与肃友善,遗肃书曰:"方今天下豪杰并起,吾子姿才,尤宜今日。急还迎老母,无事滞于东城。近郑宝者,今在巢湖,拥众万余,处地肥饶,庐江间人多依就之,况吾徒乎?观其形势,又可博集,时不可失,足下速之。"肃答然其计。葬毕还曲阿,欲北行。会瑜已徙肃母到吴,肃具以状语瑜。时孙策已薨,权尚住吴,瑜谓肃曰:"昔马援答光武云'当今之世,非但君择臣,臣亦择君'。今主人亲贤贵士,纳奇录异,且吾闻先哲秘论,承运代刘氏者,必兴于东南,推步事势,当其历数,终构帝基,以协天符。是烈士攀龙附凤驰骛之秋。吾方达此,足下不须以子扬之言介意也。"肃从其言。瑜因荐肃才宜佐时,当广求其比,以成功业,不可令去也。

　　权即见肃,与语甚悦之。众宾罢退,肃亦辞出,乃独引肃还,合榻对饮。因密议曰:"今汉室倾危,四方云扰,孤承父兄余业,思有桓、文之功。君既惠顾,何以佐之?"肃对曰:"昔高帝区区欲尊事义帝而不获者,以项羽为害也。今之曹操,犹昔项羽,将军何由得为桓、文乎?肃窃料之,汉室不可复兴,曹操不可卒除。为将军计,惟有鼎足江东,以观天下之衅。规模如此,亦自无嫌。何者?北方诚多务也。因其多务,剿除黄祖,进伐刘表,竟长江所极,据而有之,然后建号帝王以图天下,此高帝之业也。"权曰:"今尽力一方,冀以辅汉耳,此言非所及也。"张昭非肃谦下不足,颇訾毁之,云肃年少粗疏,未可用。权不以介意,益贵重之,赐肃母衣服帏帐,居处杂物,富拟其旧。

刘表死,肃进说曰:"夫荆楚与国邻接,水流顺北,外带江汉,内阻山陵,有金城之固,沃野万里,士民殷富,若据而有之,此帝王之资也。今表新亡,二子素不辑睦,军中诸将,各有彼此。加刘备天下枭雄,与操有隙,寄寓于表,表恶其能而不能用也。若备与彼协心,上下齐同,则宜抚安,与结盟好;如有离违,宜别图之,以济大事。肃请得奉命吊表二子,并慰劳其军中用事者,及说备使抚表众,同心一意,共治曹操,备必喜而从命。如其克谐,天下可定也。今不速往,恐为操所先。"权即遣肃行。

到夏口,闻曹公已向荆州,晨夜兼道。比至南郡,而表子琮已降曹公,备惶遽奔走,欲南渡江。肃径迎之,到当阳长阪,与备会,宣腾权旨,及陈江东强固,劝备与权并力。备甚欢悦。时诸葛亮与备相随,肃谓亮曰:"我子瑜友也。"即共定交。备遂到夏口,遣亮使权,肃亦反命。

会权得曹公欲东之问，与诸将议，皆劝权迎之，而肃独不言。权起更衣，肃追于宇下，权知其意，执肃手曰："卿欲何言？"肃对曰："向察众人之议，专欲误将军，不足与图大事。今肃可迎操耳，如将军，不可也。何以言之？今肃迎操，操当以肃还付乡党，品其名位，犹不失下曹从事，乘犊车，从吏卒，交游士林，累官故不失州郡也。将军迎操，欲安所归？愿早定大计，莫用众人之议也。"权叹息曰："此诸人持议，甚失孤望；今卿廓开大计，正与孤同，此天以卿赐我也。"

时周瑜受使至鄱阳，肃劝追召瑜还。遂任瑜以行事，以肃为赞军校尉，助画方略。曹公破走，肃即先还，权大请诸将迎肃。肃将入阁拜，权起礼之，因谓曰："子敬，孤持鞍下马相迎，足以显卿未？"肃趋进曰："未也。"众人闻之，无不愕然。就坐，徐举鞭言曰："愿至尊威德加乎四海，总括九州，克成帝业，更以安车软轮征肃，始当显耳。"权抚掌欢笑。

后备诣京见权，求都督荆州，惟肃劝权借之，共拒曹公。曹公闻权以土地业备，方作书，落笔于地。

周瑜病困，上疏曰："当今天下，方有事役，是瑜乃心夙夜所忧，愿至尊先虑未然，然后康乐。今既与曹操为敌，刘备近在公安，边境密迩，百姓未附，宜得良将以镇抚之。鲁肃智略足任，乞以代瑜。瑜陨踬之日，所怀尽矣。"即拜肃奋武校尉，代瑜领兵。瑜士众四千余人，奉邑四县，皆属焉。肃初住江陵，后下屯陆口，威恩大行，众增万余人，拜汉昌太守、偏将军。十九年，从权破皖城,转横江将军。

先是,益州牧刘璋纲维颓弛,周瑜、甘宁并劝权取蜀,权以咨备,备内欲自规,仍伪报曰:"备与璋托为宗室,冀凭英灵,以匡汉朝。今璋得罪左右,备独竦惧,非所敢闻,愿加宽贷。若不获请,备当放发归于山林。"后备西图璋,留关羽守,权曰:"猾虏乃敢挟诈!"及羽与肃邻界,数生狐疑,疆场纷错,肃常以欢好抚之。备既定益州,权求长沙、零、桂,备不承旨,权遣吕蒙率众进取。备闻,自还公安,遣羽争三郡。肃住益阳,与羽相拒。肃邀羽相见,各驻兵马百步上,但请将军单刀俱会。肃因责数羽曰:"国家区区本以土地借卿家者,卿家军败远来,无以为资故也。今已得益州,既无奉还之意,但求三郡,又不从命。"语未究竟,坐有一人曰:"夫土地者,惟德所在耳,何常之有!"肃厉声呵之,辞色甚切。羽操刀起谓曰:"此自国家事,是人何知!"目使之去。备遂割湘水为界,于是罢军。

肃年四十六,建安二十二年卒。权为举哀,又临其葬。诸葛亮亦为发哀。权称尊号,临坛,顾谓公卿曰:"昔鲁子敬尝道此,可谓明于事势矣。"

【译文】

鲁肃字子敬,临淮东城人。他出生不久父亲就去世了,和祖母一起生活。他家资丰厚,为人慷慨,爱以钱物周济他人。当时天下已经大乱,鲁肃不料理家业,将家中钱物大量散发出去,标价出卖家中的田地,把救济穷人和结交士人当作自己的追求,在当地深得民心。

周瑜任居巢长时,带领几百人特意去拜访鲁肃,并请求他资助粮食。鲁肃家中有两仓米,每仓装有粮食三千斛,他于是用手指着其中一仓粮食慷慨地让周瑜全部取走，周瑜也就更加了解到了他的与众不同，于是与他结为好友，他们之间的情分就像春秋时期郑国的公孙侨（子产）和吴国的公子季札那样。袁术听说了鲁肃的名声，就委任他为东城长。鲁肃看到袁术这里军纪松弛，没有严明的制度约束，认为他不足以成就大业，于是携带家族老幼和有侠气的青年男子一百多人，南下到居巢投奔周瑜。周瑜率军东渡长江，于是鲁肃和他同行，将家属留在了曲阿。当时又碰上鲁肃的祖母亡故，他便将灵柩送归东城安葬。

曹操的谋士刘晔（字子扬）与鲁肃关系友好，他写信对鲁肃说："现在天下众多豪杰涌现，您的资质才能，尤其适合在当前这种形势下施展。你还是赶快回去接走年迈的母亲，不要无端地滞留在东城。最近出现了一个叫郑宝的人，目前身在巢湖，手下有一万多人，占据着富饶的土地，庐江郡中的很多人都归附了他，何况我们这些人呢？看他的发展趋势，还会广泛地会集更多的人马，您不能失去这个好机会，应该速去那里。"鲁肃听从了他的建议。安葬好祖母后回到曲阿，鲁肃就打算到巢湖去投奔郑宝。正巧周瑜已将鲁肃的母亲接到了吴郡，鲁肃便把打算投奔郑宝的事全都告诉了周瑜。当时孙策已去世，孙权尚驻扎在吴郡，周瑜对鲁肃说："当年马援回答光武帝时曾说'当今时势，不是只有君主可以选择能够辅佐自己的臣下，臣下也可以选择值得自己侍奉的君主'。现在我们的主公（指孙权）亲近贤士，看重有能力的人，接纳录用有特殊才能的人，况且我听说过前代哲人的神秘言论，秉受天命取代刘氏江山的人，必定兴起于东南方，推算日月星辰的运行，观察天下形势，现在轮到此人来代天理民，他终将开创帝王的基业，来符合上天预示帝王受命的符瑞。现在正是有抱负、志向高远的人归附英主以成就功业的时代。我现在明白了这个道理，您不必在意子扬（刘晔）的话。"鲁肃听从了周瑜的劝说。于是周瑜向孙权推荐鲁肃，说他的才能应该用来辅佐当世之君治理国家，认为孙权应该广泛地寻求这样的人才，以成就帝王的功业，而不能让他们离开。

孙权立即接见了鲁肃，同他谈话之后非常高兴。各位宾客告退后，鲁肃也向孙权告辞出去,而孙权却单独邀请他留下,两人共坐一榻对饮。于是孙权与鲁肃秘密商议:"现在汉王朝面临即将倾覆的命运,四方动荡不安,我继承父兄遗留下来的基业,希望能建立像齐桓公和晋文公那样的功业。既然您肯屈尊光临我这里,请问您有何良策助我成功呢?"鲁肃回答说:"当年汉高祖诚挚恳切地想拥戴义帝而不能如愿,这是因为有项羽从中破坏。现在的曹操,就像当年的项羽,有他在,将军您怎么可能成为齐桓公和晋文公那样的君王呢?我私下里估量,汉王朝不能从衰落中再次兴盛起来,曹操也不可能立马被除掉。替将军考虑,只有占据江东巩固根基,静观天下形势的变化,然后再见机行事。天下形势就是这样,占据一方之地自然也不会招来各方仇怨。为什么呢?因为现在北方正处于多事之秋。您正好可以趁着现在的这种形势,先铲除江夏的黄祖,然后进攻刘表,完全占有长江流域,派兵据守,然后称帝立国以便进一步夺取天下,这就是建立汉高祖那样的大业啊!"孙权说:"我现在致力于经营这片地区,只是希望能够辅佐朝廷而已,你所说的不是我的能力所能实现的。"张昭指责鲁肃不够谦逊,对他颇有诋毁,说鲁肃年轻,行事草率,不可重用。孙权对张昭的这番话并不在意,反而更加看重鲁肃,赐给鲁肃的母亲服饰、帷帐及日用杂物,使鲁肃的家境和过去一样富有。

刘表死后,鲁肃劝说孙权:"荆楚之地与我们东吴毗邻,顺水而往可达北方,外连长江和汉水,内部被山岳阻隔,城郭坚不可摧,土地肥沃广袤,百姓殷实富足,如果占有了这块地盘,就是为将来称帝打下了坚实的基础。如今刘表刚刚去世,两个儿子素来不和,军中的各位将领也由此分为两派。加之刘备是天下杰出人物,和曹操之间有矛盾,依附于刘表,刘表嫉妒他的才能而不能重用他。如果刘备与刘表的两个儿子团结一心,上下合力,我们就应该安抚他们,和他们结成同盟友好;如果他们之间离心离德,我们就应该另作打算,以成就帝王的大业。我请求能够奉命前往荆州慰问刘表的两个儿子,并慰劳他们军中掌权的将领,以及劝说刘备安抚刘表的部下,团结一致,共同对付曹操,刘备一定会高兴地接受我们的建议。如果这件事能够圆满成功,那么天下就可以平定了。若现在不速去荆州,恐怕会让曹操抢先一步。"孙权当即派遣鲁肃前往荆州。

鲁肃到了夏口,听说曹操已向荆州进军,就开始日夜兼程。待鲁肃赶到南郡时,刘表的儿子刘琮已经投降了曹操,刘备惊惶奔走,准备南渡长江。鲁肃直接去迎接刘备,到当阳长坂坡与刘备会面,向他详细转述了孙权的意图,并陈述了江东的强盛巩固,劝说刘备与孙权联合抗曹。刘备十分高兴。当时诸葛亮正跟随刘备,鲁肃对诸葛亮说:"我是子瑜(诸葛亮的兄长诸葛瑾)的朋友。"两人当即结为朋友。刘备于是到夏口,派遣诸葛亮出使东吴拜见孙权,鲁肃也回来复命。

当时孙权正得到曹操打算东进的消息,就与各位将领商议,大家都劝孙权迎接曹操,向他投降,只有鲁肃一言不发。孙权起身去厕所,鲁肃追到廊檐下,孙权明白他的心思,握着他的手说:"你想说什么?"鲁肃回答说:"刚才我仔细分析大家的议论,他们的主张只会耽误您,不值得与他们共谋大事。现在我鲁肃可以投降曹操,对于将军您来说却不可以。为什么这么说呢?如果我现在投降曹操,曹操会把我送回故乡,品评我的名望地位,至少还能做个下曹从事之类的小官,乘坐牛车,身边带着随从,跟士大夫们交往,以后再一步一步地晋升,也少不了做个州郡长官。而如果将军您投降曹操,会得到什么结局呢?希望您尽早定下大计,不要再听取众人的议论了。"孙权叹息说:"这些人的主张,让我非常失望;现在你阐明了长远大计,正好和我的想法一致,这是上天将你赐给我啊!"

当时周瑜奉命前往鄱阳,鲁肃劝孙权赶紧召回周瑜。于是孙权任命周瑜掌管此事,让鲁肃做赞军校尉,协助周瑜,策划作战方案。曹操兵败后撤退,鲁肃当即先返回吴郡,孙权隆重地请各位将领迎接鲁肃。鲁肃正要入殿门拜见孙权,孙权却起身向他行礼,趁便问他:"子敬,我扶鞍下马来迎接你,足以让你感到显赫荣耀了吧?"鲁肃小步疾走上前说:"还不够。"众人听了都感到很惊愕。就座后,鲁肃缓缓举起马鞭说:"我希望您的威仪和恩德遍布四海,统一天下,能够成就帝王大业,到那时再用车轮包裹着芳香的蒲叶以防颠簸的、可以安然地乘坐的马车（古代专门用来迎送德高望重的人的马车）来征召我，这才算得上是显赫荣耀。"孙权听了之后拍手欢笑。

后来刘备前往京口会见孙权，请求统管荆州，只有鲁肃劝孙权将荆州借给刘备，以便共同抵御曹操。曹操听说孙权拿土地来资助刘备，那时他正在写信，惊愕得连笔都掉到了地上。

周瑜病危，向孙权上奏说："当今天下，正逢战事，这是我日夜忧心的事，希望主公凡事都未雨绸缪，过后再去考虑安逸享受。现在已经和曹操对立，刘备近在公安，与边境靠得非常近，附近的百姓尚未归附，应当用优秀的将领前去镇守和安抚。鲁肃的才智和谋略足以胜任，我请求让他来接替我。我死的时候，也就没有要牵挂的事了。"孙权当即任命鲁肃为奋武校尉，代替周瑜统领军队。周瑜部下四千多人、以收取赋税作为俸禄的四个县的封地，全部归属于鲁肃。鲁肃起初驻守江陵，后又顺江而下移驻陆口，威望与恩德广为传扬，手下兵众增加了一万多人，孙权任命他为汉昌太守、偏将军。建安十九年（214年），鲁肃随孙权攻破皖城，转任横江将军。

在这之前，益州牧刘璋治下法度废弛，周瑜和甘宁都劝孙权攻取蜀地。孙权就此事询问刘备的意见，刘备在内心里替自己规划，表面上仍然假意回答说："我与刘璋托名为皇族后裔，希望借助祖先的英灵，来匡扶汉王朝。如今刘璋得罪了您，我却偏偏惊惧不安，不敢听到您说要攻取蜀地的话，希望您能宽容饶恕他。如果这个请求没能得到答复，我将披散头发归隐山林。"后来刘备向西进军谋取刘璋的地盘，留关羽镇守荆州，孙权说："奸诈的东西竟敢耍弄诈术！"后来关羽与鲁肃二人的辖区相邻，关羽数次心生猜疑，边界纷乱交叉，鲁肃经常以欢悦友好的姿态进行安抚。刘备平定益州后，孙权要求他归还长沙、零陵、桂阳三郡，刘备没有答应这一要求，孙权就派吕蒙率领军队进攻，打算夺取三郡。刘备收到消息，亲自带兵回到公安，派遣关羽争夺这三郡。鲁肃的军队驻扎在益阳，与关羽相抗衡。鲁肃邀请关羽相见，各自带来的兵马都停留在百步开外的地方,只请关羽带着一口刀和少量随从赴会。鲁肃于是指责关羽说:"我们主公之所以真心诚意地将土地借给你们,是因为你们遭遇兵败后远道而来,无法立足。现在你们已经得到了益州,竟然没有归还荆州的意思,那么我们就只要求你们归还长沙、零陵和桂阳三郡,可是你们还是不从命。"鲁肃的话还未说完,座席间有一个人打断说:"土地向来是有德者居之,哪有专属一家的道理?"鲁肃严肃地大声斥责那个人,言语和表情都十分严厉。关羽拿刀站起来说:"这些原本是国家大事,这个人知道什么!"他使了个眼色让那人离开。刘备于是以湘水划界,与东吴分割荆州之地,双方就此停战。

鲁肃活了四十六岁,在建安二十二年(217 年)去世。孙权为他举行丧礼,又亲自出席他的葬礼。诸葛亮也为鲁肃举行了悼念仪式。孙权称帝时,登临祭坛,回头对各位重臣说:"过去鲁肃常跟我谈起建立帝业这件事,可以说他真的是看清了天下的形势啊!"

陆逊传（节选）

【导读】

陈寿的《三国志》，在魏、蜀、吴三国众多的文臣武将当中，只分别为两个人单独立传，一位是蜀国的丞相诸葛亮，另一位便是吴国的大将陆逊。两人一文一武，凭借自己的经世之才，各自为所效忠的政权建立了不朽的功勋。

陆逊堪称文武全才，从一个做文书工作的普通幕僚，再到政绩显著的地方官，后来又一步步成长为与周瑜齐名的一代名将。本文详细记载了陆逊指挥过的三场重要战役，来体现陆逊杰出的军事才能：荆州争夺战，袭破关羽大军，夺取荆州三郡，进一步巩固了东吴政权的安全；夷陵之战，火烧连营，使蜀汉遭受重创；石亭之战，大败魏将曹休，曹魏损兵折将，孙权称帝的时机日趋成熟。在这三场战役中，陆逊表现出了一个优秀的军事统帅所具备的高超谋略和远见卓识。

陆逊不仅具有杰出的军事才能，而且为人正直，不畏权贵，即使在皇帝面前也敢于忠言直谏。令人遗憾的是，他晚年卷入了孙权的两个儿子太子孙和与鲁王孙霸的储位之争，被猜忌多疑的孙权逼得抑郁而终，这样的结局是非常令人惋惜的。

【原文】

　　陆逊字伯言，吴郡吴人也。本名议，世江东大族。逊少孤，随从祖庐江太守康在官。袁术与康有隙，将攻康，康遣逊及亲戚还吴。逊年长于康子绩数岁，为之纲纪门户。

　　孙权为将军，逊年二十一，始仕幕府，历东西曹令史，出为海昌屯田都尉，并领县事。县连年亢旱，逊开仓谷以振贫民，劝督农桑，百姓蒙赖。时吴、会稽、丹杨多有伏匿，逊陈便宜，乞与募焉。会稽山贼大帅潘临，旧为所在毒害，历年不禽。逊以手下召兵，讨治深险，所向皆服，部曲已有二千余人。鄱阳贼帅尤突作乱，复往讨之，拜定威校尉，军屯利浦。

　　权以兄策女配逊，数访世务，逊建议曰："方今英雄棋跱，豺狼窥望，克敌宁乱，非众不济。而山寇旧恶，依阻深地。夫腹心未平，难以图远，可大部伍，取其精锐。"权纳其策，以为帐下右部督。会丹杨贼帅费栈受曹公印绶，扇动山越，为作内应，权遣逊讨栈。栈支党多而往兵少，逊乃益施牙幢，分布鼓角，夜潜山谷间，鼓噪而前，应时破散。遂部伍东三郡，强者为兵，羸者补户，得精卒数万人，宿恶荡除，所过肃清，还屯芜湖。

　　吕蒙称疾诣建业，逊往见之，谓曰："关羽接境，如何远下，后不当可忧也？"蒙曰："诚如来言，然我病笃。"逊曰："羽矜其骁气，陵轹于人。始有大功，意骄志逸，但务北进，未嫌于我，有相闻病，必益无备。今出其不意，自可禽制。下见至尊，宜好为计。"蒙曰："羽素勇猛,既难为敌,且已据荆州,恩信大行,兼始有功,胆势益盛,未易图也。"蒙至都,权问:"谁可代卿者?"蒙对曰:"陆逊意思深长,才堪负重,观其规虑,终可大任。而未有远名,非羽所忌,无复是过。若用之,当令外自韬隐,内察形便,然后可克。"权乃召逊,拜偏将军右部督代蒙。

逊至陆口,书与羽曰:"于禁等见获,遐迩欣叹,以为将军之勋足以长世,虽昔晋文城濮之师,淮阴拔赵之略,蔑以尚兹。闻徐晃等少骑驻旌,窥望麾葆。操猾虏也,忿不思难,恐潜增众,以逞其心。虽云师老,犹有骁悍。且战捷之后,常苦轻敌,古人杖术,军胜弥警,愿将军广为方计,以全独克。仆书生疏迟,忝所不堪,喜邻威德,乐自倾尽,虽未合策,犹可怀也。傥明注仰,有以察之。"羽览逊书,有谦下自托之意,意大安,无复所嫌。逊具启形状,陈其可禽之要。权乃潜军而上,使逊与吕蒙为前部,至即克公安、南郡。逊径进,领宜都太守,拜抚边将军,封华亭侯。备宜都太守樊友委郡走,诸城长吏及蛮夷君长皆降。逊请金银铜印,以假授初附。是岁建安二十四年十一月也。

逊遣将军李异、谢旌等将三千人,攻蜀将詹晏、陈凤。异将水军,旌将步兵,断绝险要,即破晏等,生降得凤。又攻房陵太守邓辅、南乡太守郭睦,大破之。秭归大姓文布、邓凯等合夷兵数千人,首尾西方。逊复部旌讨破布、凯。布、凯脱走,蜀以为将。逊令人诱之,布帅众还降。前后斩获招纳,凡数万计。权以逊为右护军、镇西将军,进封娄侯。

黄武元年,刘备率大众来向西界,权命逊为大都督、假节,督朱然、潘璋、宋谦、韩当、徐盛、鲜于丹、孙桓等五万人拒之。备从巫峡、建平连围至夷陵界,立数十屯,以金锦爵赏诱动诸夷,使将军冯习为大督,张南为前部,辅匡、赵融、廖淳、傅肜等各为别督,先遣吴班将数千人于平地立营,欲以挑战。诸将皆欲击之,逊曰:"此必有谲,且观之。"备知其计不可,乃引伏兵八千,从谷中出。

逊曰:"所以不听诸君击班者,揣之必有巧故也。"逊上疏曰:"夷陵要害,国之关限,虽为易得,亦复易失。失之非徒损一郡之地,荆州可忧。今日争之,当令必谐。备干天常,不守窟穴,而敢自送。臣虽不材,凭奉威灵,以顺讨逆,破坏在近。寻备前后行军,多败少成,推此论之,不足为戚。臣初嫌之,水陆俱进,今反舍船就步,处处结营,察其布置,必无他变。伏愿至尊高枕,不以为念也。"诸将并曰:"攻备当在初,今乃令人五六百里,相衔持经七八月,其诸要害皆以固守,击之必无利矣。"逊曰:"备是猾虏,更尝事多,其军始集,思虑精专,未可干也。今住已久,不得我便,兵疲意沮,计不复生,掎角此寇,正在今日。"乃先攻一营,不利。诸将皆曰:"空杀兵耳。"逊曰:"吾已晓破之之术。"

乃敕各持一把茅,以火攻拔之。一尔势成,通率诸军同时俱攻,斩张南、冯习及胡王沙摩柯等首,破其四十余营。备将杜路、刘宁等穷逼请降。备升马鞍山,陈兵自绕。逊督促诸军四面蹙之,土崩瓦解,死者万数。

备因夜遁,驿人自担,烧铙铠断后,仅得入白帝城。

其舟船器械，水步军资，一时略尽，尸骸漂流，塞江而下。备大惭恚，曰："吾乃为逊所折辱，岂非天邪！"

当御备时，诸将军或是孙策时旧将，或公室贵戚，各自矜恃，不相听从。逊案剑曰："刘备天下知名，曹操所惮，今在境界，此强对也。诸君并荷国恩，当相辑睦，共翦此虏，上报所受，而不相顺，非所谓也。仆虽书生，受命主上。国家所以屈诸君使相承望者，以仆有尺寸可称，能忍辱负重故也。各在其事，岂复得辞！军令有常，不可犯矣。"及至破备，计多出逊，诸将乃服。权加拜逊辅国将军，领荆州牧，即改封江陵侯。

又备既住白帝，徐盛、潘璋、宋谦等各竞表言备必可禽，乞复攻之。权以问逊，逊与朱然、骆统以为曹丕大合士众，外托助国讨备，内实有奸心，谨决计辄还。无几，魏军果出，三方受敌也。

备寻病亡，子禅袭位，诸葛亮秉政，与权连和。时事所宜，权辄令逊语亮，并刻权印，以置逊所。权每与禅、亮书，常过示逊，轻重可否，有所不安，便令改定，以印封行之。

七年，权使鄱阳太守周鲂谲魏大司马曹休，休果举众入皖，乃召逊假黄钺，为大都督，逆休。休既觉知，耻见欺诱，自恃兵马精多，遂交战。逊自为中部，令朱桓、全琮为左右翼，三道俱进，果冲休伏兵，因驱走之，追亡逐北，径至夹石，斩获万余，牛马骡驴车乘万两，军资器械略尽。休还，疽发背死。诸军振旅过武昌，权令左右以御盖覆逊，入出殿门，凡所赐逊，皆御物上珍，于时莫与为比。

黄龙元年,拜上大将军、右都护。是岁,权东巡建业,留太子、皇子及尚书九官,征逊辅太子,并掌荆州及豫章三郡事,董督军国。时建昌侯虑于堂前作斗鸭栏,颇施小巧,逊正色曰:"君侯宜勤览经典以自新益,用此何为?"虑即时毁彻之。射声校尉松于公子中最亲,戏兵不整,逊对之髡其职吏。

中书典校吕壹,窃弄权柄,擅作威福,逊与太常潘濬同心忧之,言至流涕。后权诛壹,深以自责。

赤乌七年,代顾雍为丞相。先是,二宫并阙,中外职司,多遣子弟给侍。全琮报逊,逊以为子弟苟有才,不忧不用,不宜私出以要荣利;若其不佳,终为取祸。且闻二宫势敌,必有彼此,此古人之厚忌也。琮子寄,果阿附鲁王,轻为交构。逊书与琮曰:"卿不师日磾,而宿留阿寄,终为足下门户致祸矣。"琮既不纳,更以致隙。及太子有不安之议,逊上疏陈:"太子正统,宜有磐石之固,鲁王藩臣,当使宠秩有差,彼此得所,上下获安。谨叩头流血以闻。"书三四上,及求诣都,欲口论嫡庶之分,以匡得失。既不听许,而逊外生顾谭、顾承、姚信,并以亲附太子,枉见流徙。太子太傅吾粲坐数与逊交书,下狱死。权累遣中使责让逊,逊愤恚致卒,时年六十三,家无余财。长子延早夭,次子抗袭爵。孙休时,追谥逊曰昭侯。

【译文】

陆逊字伯言,吴郡吴县人。他本名陆议,祖上世代为江东的豪门大族。陆逊很小就失去了父亲,跟随叔祖父庐江太守陆康在他任职的地方生活。袁术与陆康之间有矛盾,准备攻打陆康,陆康派陆逊和内外亲属回吴县。陆逊比陆康之子陆绩大几岁,便替陆康管理家族事务。

孙权为将军时,陆逊二十一岁,开始担任孙权的幕僚,曾任东西曹令史,后来出任海昌县屯田都尉,兼管县里的政务。海昌县连年大旱,陆逊打开官仓放粮救济贫民,劝勉督促百姓从事耕织,使百姓受益。当时吴县、会稽、丹杨有很多藏匿在山中躲避战乱的人,陆逊向朝廷建言献策,请求招募这些人。会稽一带的山越大帅潘临一直在该地区危害百姓,多年来一直未被官府擒获。陆逊让部下召集人马,讨伐藏身在深山险境中的武装势力,所到之处的敌人都被他降服了,他的部众已发展到两千多人。鄱阳郡贼寇的首领尤突作乱,陆逊又带兵前往讨伐,被授予定威校尉一职,军队驻扎在利浦。

孙权将兄长孙策的女儿许配给陆逊,多次向他征询对时局的看法,陆逊建议说:"现在天下豪杰各据一方争雄对峙,残暴而有野心的敌人暗中对我们窥伺图谋,要想打败敌人平息战乱,没有大量的人马是无法成功的。而山越贼寇过去与我们结下仇怨,凭借深山的阻隔来作乱。我们的内乱还没有平定,就难以图谋对付远方的敌人,我建议扩充军队,挑选精壮的人成为我们的士兵。"孙权采纳了他的计策,让他担任帐下右部督。适逢丹杨贼寇首领费栈接受了曹操的任命,煽动山越部族作乱,充当曹操的内应,孙权派遣陆逊去讨伐费栈。费栈的党羽众多而陆逊带去讨伐他的兵力很少,陆逊便增设了很多牙旗,分置战鼓和号角,夜晚潜伏在山谷之间,擂响战鼓、吹响号角向敌人进攻,费栈的人马立即就被打败而四下逃散。陆逊整编东三郡(丹杨、新都、会稽)的部队,健壮的人继续留在军队中,瘦弱的人回到当地落户补充人口,通过此举获得了精壮士兵数万人,旧有的贼患被清除,军队所到之处秩序安定,于是陆逊回师驻扎在芜湖。

吕蒙声称自己患病离开驻扎地前往建业,陆逊前去拜见他,问他:"关羽的大军驻扎在与我们东吴交界的地方,您怎么在这个时候离开呢?以后不会有什么后顾之忧吗?"吕蒙说:"情况正如你所说的,但是我现在已经病重。"陆逊说:"关羽自恃骁勇与胆气过人,欺凌他人。他刚刚才立了大功,意气骄横志向狂肆,一心只想着向北进军攻打曹操,对我们未存戒心,他若是听说您病重,必然更加不会去防备。如果我们现在出其不意地袭击他,一定能够制伏他。您见到主公后,应该好好策划。"吕蒙说:"关羽向来勇猛,本来就难以与他对抗,而且他又占据了荆州,广施恩德信义于人,再加上他刚立下大功,胆量和威势更加盛壮,要想打他的主意不容易。"吕蒙到建业后,孙权问他:"谁可以接替您?"吕蒙回答:"陆逊考虑事情深远,才能足以担当重任,看他的规划和谋虑,最终能够担负起大任。而他又尚未声名远播,不是关羽所顾忌的对象,没有比他更合适的人选。如果任用他,应该让他表面上隐藏起真实的意图,暗中观察有利的地理形势,然后就可以击败关羽。"孙权于是召见陆逊,任命他为偏将军右部督,接替吕蒙。

陆逊到陆口后,写信给关羽说:"于禁等人被您俘获,远近的人都欣赏赞叹您,认为将军您的功勋足以流传后世,即使是当年晋文公出师城濮、淮阴侯韩信拔赵旗立汉帜打败赵王歇的谋略,也比不上将军您。听说徐晃等驻扎了少量骑兵,来窥探您的动向。曹操这个奸诈的敌人,因为失败而忿恨到不去考虑后果,恐怕会暗中增加兵马,以求实现他的野心。虽说他的军队出师日久,但还是有一些勇猛强悍的将士。况且一支军队在打了胜仗之后,常常会产生骄傲轻敌的思想,古人根据兵法,军队打胜仗后会加倍警惕,希望将军多方采取措施,以保住自己的胜利。我书生意气粗疏迟钝,非常惭愧自己不足以胜任这个职位,十分高兴能与有威望有德行的将军您为邻,乐意向您倾诉心中的想法,我所说的即使与您的策略不合,但仍然可以看出我的心意。倘若承蒙您的关注,您将会明察我的心意。"关羽看完陆逊的信,内容含有谦虚和依附的意思,感到十分放心,再没有戒备之处。陆逊将关羽的态度向孙权作了汇报,陈述可以擒获关羽的要点。孙权于是暗中派兵沿长江而上,命令陆逊与吕蒙率部作为先头部队,东吴大军一到就攻克了公安和南郡。陆逊率军长驱直入,兼任宜都太守,被任命为抚边将军,封华亭侯。刘备手下的宜都太守樊友弃城而逃,各城邑的高级官员和少数民族首领纷纷投降。陆逊向孙权请求发给金银铜印,以便授给那些刚刚归附的人物。当时是建安二十四年(219年)十一月。

陆逊派遣将军李异、谢旌等率领三千名士兵,攻打蜀将詹晏、陈凤。李异率水军,谢旌率步兵,截断险要之处,很快就打败了詹晏等,陈凤被擒后投降。接下来又攻打西蜀的房陵太守邓辅、南乡太守郭睦,大败他们。秭归的世家大族文布、邓凯等人集合少数民族士兵几千人,连结西蜀。陆逊又部署谢旌击败文布、邓凯。文布、邓凯逃走,西蜀任命他们为将军。陆逊派人诱使他们投降,文布又率军转来投降东吴。陆逊前后斩杀、俘获和招降的人总数达到数万。孙权任命陆逊为右护军、镇西将军,进封娄侯。

黄武元年(222年),刘备亲率大军伐吴,直奔吴国西部边界,孙权任命陆逊为大都督,授予符节,监督指挥朱然、潘璋、宋谦、韩当、徐盛、鲜于丹、孙桓等部五万大军抵御刘备的进攻。刘备从巫峡、建平连围到夷陵边界,安置几十座营寨,用金银锦缎和爵位封赏来引诱各少数民族军队跟他联合,任命将军冯习为大督,张南的军队为先头部队,辅匡、赵融、廖淳、傅肜等人为别督,先派吴班率领数千人在平地扎营,打算以此向吴军开战。东吴的各位将领都想出兵应战,陆逊说:"刘备这样的安排一定有诈,我们姑且先观望一下。"刘备知道自己的计谋没有得逞,于是率领八千名伏兵从山谷中撤出。

陆逊说:"我没有听从各位的建议进击吴班的原因,是揣摩到蜀军此举必定有诈。"陆逊上奏疏说:"夷陵是重要的军事据点,是我国重要的关隘,虽说容易夺取,但也容易丢失。如果失去夷陵的话,不只会丢掉一郡的土地,更严重的是荆州的形势会令人担忧。现在争夺此地,一定要取得成功。刘备违背常理,不守着自己的巢穴,而竟敢自己送上门来。臣虽然没有才能,但凭借陛下显赫的声威,以顺应天命讨伐倒行逆施,击溃蜀军就在眼前。探究刘备前后用兵作战,败多胜少,由此推之,这个人没有什么好担忧的。臣起初担心他会水陆并进,可现在他却舍弃船只而只以步兵作战,到处扎营相连,观察他的军事部署,一定不会再有什么大的变化。希望陛下放宽心,不必挂念此事。"各位将领都说:"进攻刘备应当选在他刚进军的时候,如今已让他深入国境五六百里了,两军相持了七八个月,很多重要的关口都被他们严密防守,现在出击必然会对我们不利。"陆逊说:"刘备是个狡诈的敌人,亲身经历过很多变故,他的军队刚刚集结时,考虑问题细致周密,用心专一,不可轻易进犯他。现在他驻军很久了,没有从我们这里占到什么便利,兵卒疲累,士气低落,再也想不出新的计策,夹击这样的敌寇,现在正是时候。"于是陆逊下令先进攻蜀军的一处营寨,但没能取得成功。各位将领都说:"这是让士兵们白白去送死。"陆逊告诉他们:"我已经掌握打败敌人的方法了。"

于是陆逊命令全军将士每人拿着一把茅草,用火攻的方法攻破蜀军的营寨。火势迅速蔓延开来,陆逊便率领各部人马同时进攻,斩下蜀将张南、冯习及胡王沙摩柯等人的首级,攻破了蜀军四十多处营寨。刘备手下的将领杜路、刘宁等走投无路而被逼投降。刘备登上马鞍山,列阵布兵防守。陆逊督促各路人马四面收围紧逼,蜀军大败,死者数以万计。

刘备趁着黑夜逃走,只有传递公文的驿卒自行用肩膀挑起蜀军扔下的铠甲和铙(一种用来在军中传播号令的金属器具),在隘口烧化以阻断追兵,刘备一败涂地,只能逃入白帝城。蜀军的船只武器,水军、步兵的军需物资和器材,一时间几乎全都丢掉了,阵亡士兵的尸体随着水流漂向下游,壅塞了江面。刘备非常羞惭恼恨,说:"我竟然被陆逊打击羞辱,这难道不是天意吗!"

在抵御刘备进攻时,吴国各位将领有的是孙策时的老部下,有的是皇亲国戚,都骄矜自负,不服从陆逊的指挥调度。陆逊握住剑柄说:"刘备天下闻名,连曹操都忌惮他,如今他进犯我国,这是一个强劲的对手。各位都深受国家恩泽,应当团结和睦,共同除去这个强敌,报答朝廷的恩泽,现在各位却不和睦融洽,这并不符合我们原本的意图。我虽然是一介书生,但是接受了主上的任命。国家之所以委屈各位来受我调遣,是认为我还有些许长处可以被人称道，能够忍受暂时的屈辱去完成艰巨的任务。每个人要各自肩负起自己的职责，怎能再相互推诿？军令如山不可动摇，千万不能违反！"等到打败刘备时，所采用的计谋大多是由陆逊制定出来的，各位将领这才心服口服。孙权加授陆逊辅国将军，兼任荆州牧，随后又改封为江陵侯。

再说刘备住在白帝城之后，徐盛、潘璋、宋谦等将领争相上奏说一定能擒获刘备，请求再次出兵攻打。孙权就此事询问陆逊的意见，陆逊和朱然、骆统认为曹丕正在大规模集结军队，表面上打着帮助吴国共同讨伐刘备的旗号，实际上却别有用心，因此应该郑重地做决断将军队撤回。没过多久，魏国果然出动三路大军讨伐吴国，吴国三面受到进攻。

不久刘备病逝，其子刘禅继位，诸葛亮执掌政权，与孙权交好联合。关于当前的政事中应该注意的事项，孙权就命令陆逊告知诸葛亮，并命人镌刻自己的印玺，放置在陆逊的官署内。孙权每次写信给刘禅、诸葛亮，都让陆逊过目，看看措辞的轻重和处理事务的方式方法是否得当，如果有不妥之处，就叫陆逊修改订正，然后用孙权的印玺封印好后送出去。

黄武七年（228年），孙权派鄱阳太守周鲂欺诈魏国大司马曹休，曹休果然中计，率军进攻皖县，孙权于是召见陆逊，赐予黄钺（象征着代表皇帝行使征伐之权），任命他为大都督，迎击曹休。曹休发觉受骗后，耻于被欺，倚仗自己兵马众多、实力雄厚，于是同陆逊交战。陆逊自领中路军，命令朱桓、全琮率领左右翼军队，三路大军一齐进攻，果然冲击了曹休的伏兵，趁势驱赶，追击逃走的败兵，直接进抵夹石，斩杀和俘获魏国士兵共计一万多人，缴获用牛马骡驴等牵引的战车一万辆，魏军的军用物资、武器等也被缴获殆尽。曹休回师后，背部毒疮发作而死。吴国各路兵马整队班师过武昌，孙权命令身边侍从用皇帝专用的伞盖遮护陆逊出入宫殿大门，所有赐给陆逊的物品，都是帝王的专用之物和上等的珍品，这样高的待遇在当时无人能比。

黄龙元年（229年），陆逊被任命为上大将军、右都护。这一年，孙权东巡建业，留太子、其他皇子及尚书九卿等中央官员在武昌，征召陆逊辅佐太子，并掌管荆州及豫章三郡的政务，管理和监督军国大事。当时建昌侯孙虑（孙权次子）在堂前建起一座斗鸭栏，建造得十分精致小巧，陆逊严肃地说："您应当勤读经典来增加自己的新知，玩弄这些东西有何益处？"孙虑当即就拆毁了斗鸭栏。射声校尉孙松（孙权三弟孙翊之子）在吴国宗室中和孙权最亲近，他军纪不严，放纵部下，陆逊当着他的面将他下属官吏的头发剃光，以示惩戒。

中书典校吕壹，盗用和玩弄国家权力，滥用职权，作威作福，陆逊与太常潘濬都非常担忧，每次说起此事都忧虑痛心以致流泪。后来孙权诛杀吕壹，并深深自责。

赤乌七年（244年），陆逊接替顾雍担任丞相。原先，太子与鲁王两宫并立，朝廷内外掌管各项事务的官员，大多派遣自己的子侄辈来侍奉太子或鲁王。全琮将这种情况报告给陆逊，陆逊认为如果这些贵族子弟的确有才干，不必担心得不到任用，但是不能私自请托谋求职位或追求晋升以邀利取荣；如果他们的才能不佳，授予他们官位最终只会招来祸患。况且听说两宫势均力敌，这些贵族子弟必会各为其主，拉帮结派。这是古人非常忌讳的事。全琮的儿子全寄，后来果然奉承依附鲁王，轻率地与鲁王相互勾结。陆逊写信给全琮说："您不效法金日䃅（汉武帝时的大臣）杀掉自己行为不端的儿子来规劝皇帝，反而让您的儿子阿寄留在宫中承担值宿的任务，最终会给您的家族招来祸患。"全琮不仅没有听从陆逊的规劝，反而和他结下怨隙。到后来出现了关于太子孙和地位动摇的议论后，陆逊上奏疏进言说："太子是皇位的正统继承人，地位应该坚如磐石，鲁王作为拱卫皇室的藩臣，应当在荣宠程度和地位品级上将他与太子区别对待，这样使他们各得其所，上下才能得到安宁。臣谨向陛下叩头至流血，陈述自己的看法让您听到。"他的奏疏呈上去很多次，他还请求前往都城，打算当面向孙权阐明嫡庶之分，来纠正孙权在立储问题上的失误。孙权并没有听从他的意见，而陆逊的外甥顾谭、顾承和姚信等人都因为亲近依附太子,后来无辜地遭到流放。太子太傅吾粲因为多次与陆逊有书信往来而获罪,被关进监狱致死。孙权多次派遣宫中使者前去责备陆逊,陆逊因为怨愤痛惜而死,时年六十三岁,去世时家中没有多余的财产。陆逊的长子陆延早逝,次子陆抗继承了他的爵位。景帝孙休在位时,追谥陆逊为昭侯。

"崇文国学经典"书目

诗经	古诗十九首 汉乐府选
周易	世说新语
道德经	茶经
左传	资治通鉴
论语	容斋随笔
孟子	了凡四训
大学 中庸	徐霞客游记
庄子	菜根谭
孙子兵法	小窗幽记
吕氏春秋	古文观止
山海经	浮生六记
史记	三字经 百家姓 千字文 弟子规
楚辞	声律启蒙 笠翁对韵
黄帝内经	格言联璧
三国志	围炉夜话